教師的教育信念與專業標準

中華民國師範教育學會◎主編

理事長的話

　　近年來，為順應世界潮流的趨勢與回應社會大眾的期盼，教育部陸續對教育著手進行重大的改革與檢討，希望透過改革提升學子們受教的品質，從而，也為下一世紀的教育事業奠下基礎。

　　然而，面對如此多元複雜的教育環境，身為第一線的執教者——教師，其壓力與挑戰可謂十分沉重。教育信念，是教師本身內在經驗的成長，可以支撐教師貫徹自我的教學理念，排除困難的阻礙。教師的專業標準，則是教師外在能力的展現，經過教師本身專業知能的訓練，轉化為成功的教學，並表現在課堂上。因此，對教師而言，若無堅定的教育信念與篤實的教學專業作為憑藉，則不易扮演好教師的角色。有鑑於此，中華民國師範教育學會特以「教師的教育信念與專業標準」為主題，廣邀各界人士一同發表研究成果與心得，期盼藉此論文集的成冊，能為正在現場努力教學的教師們，提供多面向的觀點與建言，並作為教師們教學時的重要參考依據。

　　本次論文集所蒐集的論文十分精彩，邀稿的論文，計有四篇，諸多來稿經審查後擇優採用者有八篇，整體探討的面向可謂相當多元。在「教師的教育信念」部分，邀請黃乃熒教授與陳玉娟助教合撰〈從相信學生能學觀點建構教師專業〉一文，提出「新典範的教學專業觀，在於教師堅持教育理想的熱情，並展現反省、真誠與情境解讀的素養與行動」的精闢見解。同時，有徐秀菊教授與黃秀雯研究助理來稿的〈通識教育藝術領域教師教學信念研究〉，本文以三位教師為研究對象，透過半結構式質性訪談法，對通識教育藝術領域教師的教學信念，提出具體的建言。

　　在「教師專業標準理論、實務或模式」部分，特邀楊深坑教授等人撰寫〈從教師專業理論論各國教師專業管理機制〉，文中對各國教師專業管理的機制有相當深入的討論。此外，來稿論文尚有：郭諭陵教授〈中小學教師專業化之探討〉、黃琬婷小姐和周柏廷先生合撰〈學校本位課程實踐之教師專業發展探討〉、高熏芳教授和楊欣燕小姐合撰〈美加英澳等國教師專業標準發展對於

我國教師素質的啟示〉，以及沈翠蓮教授與沈怡慧小姐合撰〈中美大學教師專業發展組織現況與啟示〉，以上諸文，分別自中小學教師專業化、學校本位課程、美加英澳等國教師專業標準、中美大學教師專業發展組織現況與啟示等面向，對教師專業標準理論提出建議與見解。

在「落實教師教育信念與專業標準的師資培育策略」部分，則邀劉美慧教授撰文〈多元文化師資培育：一位師資培育者的敘事探究〉、吳武典教授撰寫〈專業標準本位的師資培育制度之建構〉，專就「師資培育」的議題加以探析；來稿論文，另有張仁家助理教授〈大學教學評鑑之實施與檢討——以國立臺北科技大學為例〉，續就「教師評鑑」議題，加以討論，文中透過因素分析（factor analysis）發現教學評鑑可細分為「教學能力」、「學習評量」、「教學目標」、「學生學習」與「作業指定」五個向度，深具價值。

再者，於「學校領導與教師專業素養之提升」部分，有來稿王慧勤老師的〈教師專業與課程領導〉與黃彥和老師的〈國民小學教師集體效能感之研究〉。前文以教師身分，探討課程領導成效的影響因素與改善策略，進而說明充實專業知能有助於實踐教師課程領導，以及教師課程領導模式的逐步建構方式，最後，對教師課程領導者提出建議；後文則在了解國民小學教師集體效能感之現況，及其在不同的背景變項下是否有所差異，並探討教師教學情境知覺、教師自我效能感與教師集體效能感之關聯性。兩文對於「學校領導與教師專業素養」均深富參考價值。

中華民國師範教育學會自成立以來，對於教育的關注即無刻稍移，也感謝各界關懷教育的人士對於本會的支持與鼓勵，期望藉由本次論文集的刊行，能起拋磚引玉之效，進而，引起更多關於教育議題的熱烈討論與建言，一起為明日的教育共同努力。

理事長　吳清基

Contents

Part *I*

教師的教育信念

Chapter 1 >.>.>.>.>.>

從相信學生能學觀點建構教師專業

黃乃熒
國立臺灣師範大學教育學系教授兼教育研究中心主任
陳玉娟
國立臺灣師範大學教育學系博士候選人

壹、緒論

在現實的教學情境之中，人們會面臨一些學生無論怎麼教總是學不會，就算教師如何運用技巧，不是完全無效，就是效果僅維持短暫的時間，無奈之餘，有一些學生每日背著書包到學校，完全看不到學習的行為，結局是被教師放棄，或學生放棄自我。這樣的現象已經讓教育工作者慢慢接受有些學生根本不可能有學習的能力，所衍生的問題是：它會導致教師放棄學生，使得學生的學校生活舉步維艱，困難重重。故重拾教師之悲天憫人的胸懷，成為教師專業實踐最重要的課題。

教師專業的提出源自於工業革命後中產階級的興起，在這之前，社會僅有貴族與貧民兩個階級；但無論如何，中產階級常被視為優勢階級，代表著教師在專業實踐的過程中，容易以優越的心態來進行教學（Blanke, 1991），而產生權力關係的偏見，或者有意、無意在維持優勢階級的利益，加上中產階級意識型態具有優勝劣敗的特質，注定有一些學生在學習的過程會失敗。當這種失敗被歸咎於學習者本身，學生無法學的立論便應運而生。有鑑於此，教師專業的邏輯本身即隱含接受學生不能學習的假定。但是教育作為志業，必須有將所有學生皆培養起來的假定，這也是教育促進社會進步的原因。故有必要提出新觀點的教學專業觀，相信學生能學乃最基本的價值。教育學的基礎理論常扮演建構教師專業素養的角色，原因在於它常提示能讓學生學習的機制。故透過各學門的探索，可以發現學生必定能夠學習的原因，讓人們能夠相信學生能夠學，進而提升「相信學生能學」之教學專業建構的合理性，藉以改造教學文化。

本文旨在探索以相信學生能學為觀點，來建構教學專業內涵。首先，說明中產意識型態專業觀，會把學生無法學習的狀況歸咎於學生本身的迷思；其次，再從教育的基礎理論去探索學生一定能夠學的機制；最後，再透過上述兩個環節的討論，提出相信學生能學觀點之教學專業內涵，以提供教師作為專業實踐的準則。

貳、傳統教學專業立論預設學生不能學的迷思

　　傳統的教學專業是建立於中產階級的意識型態，其特質是透過教學技術的發展及運用，有效達到教學目標；而且在專業實踐的過程中，它把競爭當作必要的手段，透過評斷標準的建立，競爭之贏家表示其是學習成功者；反之，則是學習失敗者。這樣的論點間接在暗示整個學習過程中，有不能學習者是一種必然的現象，如此教學專業的觀點間接鼓勵可以放棄一些學生，也隱指教師不必為學生學習成就負責到底。有鑑於此，傳統教師專業觀點乃造成學生不能學習之元兇。茲究其原因分述如下：

一、教師專業實踐會複製社會階級之迷思

　　中產階級一般而言是優勢階級，當教學專業本諸中產階級的觀點時，課程、教材、教法、態度都是優勢階級習慣的生活型態，使得社會階級較為優勢的學生比較有競爭力，社會階級低下的學生因為適應困難，而出現學習困境，教育成為複製社會階級的機制（張光甫，2003）。加上中產階級的教學專業觀，把學習困難看成學生能力不夠、學生努力不夠所致，當其無法學習、最終自我放棄時，因為教師會把責任歸咎學生本身，而有學生學不來的說法。

　　事實上，教師大部分也出身於中產階級的家庭，其教學過程在表達具霸權性的文化，進而壓抑其他文化價值為基調的學習活動，使得某些學生喪失了學習活力。尤其，中產階級意識型態之教師專業觀，強調菁英團體文化價值決定正確智能的基礎，他們的行為方式、語言表達都是智能的象徵（周德禎，1999）。由於學校教育知識符碼屬於精密符碼，有利於上、中層階級的學生，教育更會讓他們變得更高貴聰明（謝維和，2002），因此學生在學習一開始，就存在競爭態勢的不公平性，進而導致學業成就的差異（轉引自詹棟樑，2003）。問題是，當學生無論盡多少心力努力學習，若其學習成就永遠處於較差者，則終究放棄自我，更催化教師放棄學生的動機，原因是教師教學專業實踐的過程中，會一直說服學生學習失敗是他們自己所造成的（徐超聖譯，1989），讓教師出現學生不長進、神仙也難救的藉口。

韋伯認為佔有優勢地位的階級，教師作為中產階級，為力求保持他們的地位，以利學生順從其權威，方便進行班級管理的工作，會控制作為教學的手段，包括對知識、學歷和文憑的控制（謝維和，2002）。教學會透過功績機制，來複製學生的學習成就，讓學生產生公平性的認知，但本質上是化約經濟條件不公平之教學實踐，並使之合法化，讓弱勢者處於不利的學習地位（李錦旭譯，1989b）。

綜合來看，中產階級意識型態之教學專業實踐的過程中，充滿階級偏見，使得教育成為維護優勢階級利益的工具，弱勢者學習機會受到剝奪的結果，產生學習障礙的問題（張輔軍譯，1992a）。

二、教師專業實踐崇尚競爭價值的迷思

中產階級意識型態之教學專業觀，崇尚優勝劣敗的競爭模式，會著重提升效率的教學技巧，而忽略因材施教的社會互動，學生也會在意自己在班上的排名，而非以自己的進步作為學習成功與否的判準。這種強化與別人競爭的心態，會讓弱勢學生以他人的價值來進行學習，學習過程容易產生疏離感，而無法產生學習的意義感。值得說明的是，許多智力高的學生，因為來自經濟地位低的家庭、受歧視的種族等等，呈現學習潛力無法充分發揮的狀況（劉慧珍譯，1992b）。

以競爭為本的教學模式，教師為了力求優劣判準的客觀性，會以標準化的測驗進行評量，固然能夠提升教學效率之便，但是卻無法診斷出因為文化背景之故，所產生的學習困難，以致學生學習效果不彰（周德禎，1999）。也就是說，中產階級意識型態教學實踐，會使教師疏於理解學生的學習動機，甚至疏於考慮學生的個別差異，故某些學生會在此教學歷程中被犧牲；加上大部分的學生屬於成功一群，教師會迷戀於這樣的成功歷程，更合法化違反教育理想的行動。

除此之外，以競爭為本的教學模式，在教學的歷程中，教師常會提供更多的教育時間、心力來對於地位不利的學生進行額外的輔導，藉著努力提供更多學生更多的教育，來改進他們的地位。然而這樣的教學歷程，會刺激優勢階級

之家長、學生，投注更多的心力增加自己的教育水準，來繼續維持教育優勢（徐超聖譯，1989），弱勢階級會永遠處於競爭不利的地位。基於崇尚競爭的教學模式必定要分出輸贏，所以考評之假定需要有輸家來陪襯制度的運行，加上輸家可能永遠成為輸家，結局是放棄自我，因此學生之無法學習可能不在於其沒有能力學，而是受制度不公平對待之後，所表達出來對於制度的抗拒，產生不願意學的結果。尤其，成績不好之學生若出現受不公平待遇的認知，會出現故意拒絕學習的舉動。因此，教學實踐竟然成為傷害學生的元兇。

三、教師專業實踐之不可侵犯性的迷思

　　中產階級意識型態的教學專業觀會擴大教師的權威感，學校是一群具權威心態者來執行教學，會衍生教師因專業身分而具不可侵犯性的特質，此群集的權威意識主導著個體教師與其學生的關係，會讓學生處於一個不安全的環境來學習（王震宇譯，1992）。而且，教師呈現威權心態的教學行為無法回應學生之所需時，學生默默承受、或故意叛逆，以致學習歷程受阻，這種教師專業觀會催化教師以勝利者的姿態出現，相對貶抑學生的自尊心，而壓抑其學習潛能。Seeley（1985）稱這種現象為專業病態，因為信守權威主義的教學專業實踐，無法回應學生之差異，也無法回應受不同文化影響的學習需求（陳美玉，1998）。

　　事實上，中產階級意識型態的教學專業觀，會型塑教師成為絕對權威的集團，而忽略能夠被接受的學習知識具個人的特質，它讓學習者無法成為主角，而影響其學習意願（陳美玉，1998）。尤其，它企圖建立一個讓大家都能遵循的學習方式，必定有一些學生出現適應的困難（Banks & Thompson, 1995）。

　　承襲中產階級意識型態的教學專業觀，林玉体在《教育概論》一書中，比較東西傳統教育，發現東西傳統教育權威意味甚濃。在中國，教師在古代的地位相當崇高，「天地君親師」五者並列。教者是長者。權威教育的另一種層面就是不得向道統、法統或學統批評或挑戰，教師是維繫法統、道統或學統的代言人，嚴師才能使人尊重。而在西洋教育史上的權威作風，也大行其道（林玉体，1998）。由此顯示，為何中產階級意識型態教學專業觀之牢不可破，但它

也是導致一些學生出現學生障礙的元兇。

四、教學專業之崇尚技術的迷思

　　中產階級意識型態之教學專業觀，企圖以可以類化的技術來提升教學效率，藉以激勵學生的學習成就。這樣的專業觀強調具共通價值的知識是好的，若學校所要教給學生的知識具此特質，則表示教學專業實踐的過程中缺乏公平性（Apple, 1990），原因是它會透過標準化的測驗，作為教學專業實踐的手段，而其所運用的知識是在確保某些特定階層的利益，而產生不公平的現象。然而問題是，學習成功的經驗會累積成功，當某些階層者因利益受損而出現無法成功學習時，責任反而是教學專業不彰的緣故，而不是學生不長進。

　　事實上，中產階級意識型態之教學專業觀，會以技術理性為基礎，普遍呈現填鴨式的教學法，並偏重量化的學習及其評量方式，教學實踐不免顯得膚淺而短視（陳美玉，1998），這樣的教學歷程缺乏動態性、無對話性，使學生在一個無法愉悅的互動中快樂學習。若無法營造一個會把學習當作享受的環境，學生視學習是痛苦事情的時候，則良好情緒作為不可或缺的學習素材，受到嚴重壓制。

　　更深入來看，崇尚技術的教學實踐，具普遍之可用性的特質，教師教學歷程會著重標準化的流程，以致於產生手段代替目的之迷思；當手段沒有辦法提升學生學習效益時，信守手段之便利性的結果，會成為教師無法促進學習之責任推卸的藉口。當這種藉口變成學校的教學氛圍時，教師會把學生無法學習的狀況，歸咎於學生的不受教，技術為本的教學專業實踐，充斥誤解學生的舉動，也注定一些學生因而被犧牲。

參、學生一定能夠學的立論基礎

　　教育哲學、教育心理學、教育社會學及教育人類學可以說是教育學的理論基礎，皆從不同觀點探索人類具有學習的可能性，故可以透過它們的探索，來確立學生能學的機制。茲就對其探索分述如下：

一、 教育哲學的探索

　　哲學是智慧之學，也是辯證之學。哲學是透過辯證的方法來探索智慧的一門學問。辯證的方法旨在透過矛盾的理解，進而提出足以解決矛盾的機制，以促進社會關係的發展，有智慧之事物具促進師生關係發展的功能，社會關係發展成為促進學生學習的重要途徑。

　　事實上，由於資本主義的倡行，學校常被看作是文化和經濟再製的機制，因為其存在社會生存本質的不公平性，會造成尖銳的階級對立，活生生在學校呈現，如學生故意以叛逆的姿態在學校出現，致使學校成為批判、解構的對象（張光甫，2003）。然而，一般教師不看待這種現象為學校專業結構不合理的反動，而會視學生行為是離異的行為，並視為問題學生，使其學校的生活失去尊嚴。若教師具有教育哲學的素養，則會將這種對立視為正常，並企圖以重建師生間的社會關係，作為教學專業實踐的途徑。要重建新的師生關係，必須先將教師的權威放下，也要加入學生個體為本的知識探索，藉促進師生關係的發展，以利提升學生繼續學習的意願。

　　除此之外，教師在教學過程中，之所以會產生師生間的矛盾，乃在於教師對於情境缺乏詮釋的能力，而產生極大的焦慮感。須知，因為動機改變之故，學生的學習意願具有情境性，上週的表現不見得在本週會有同樣的表現，當教師缺乏權變能力，會極力壓制矛盾，而破壞學習關係。因此，若教師具備哲學素養，便會透過理解的過程，了解學生反應背後之因素，並以疏導代替教導、以接納代替訓示，判讀某種情境下的合理關係，而非死守理想的師生關係，不斷補充學生的學習動機，以延續其學習意願。

二、 教育心理學的探索

　　教育心理理論是主導教學專業的重要學門，但因為觀點不同、或角度不同，並未能型塑確保學生可以學習的圖像。因此，以下透過教育心理學理論的討論，來對於學生必定可以學之假定進行探索。

　　認知學習理論已主控教育心理學長達三十年以上，當人們探求複雜的學習

行為時，該理論扮演舉足輕重的地位（Watkins & Biggs, 1999）。過去行為學派被應用於教學歷程時，受重視的程度高於認知學派，但是它著重人類共通性偏好的假定，使得其無法解釋人類複雜的行為，很多學生在這種「刺激一反應」連結的學習模式中，並無法滿足自我的學習需求，放棄學習，因此以認知理論來解釋學生一定能學的立論更合理。

談論心理學的認知論，當以皮亞傑的認知發展論最為著名，他主張個體有認知基模，會因環境的需要與年齡的增長而改變，由小而大與由簡而繁地隨時變化（張春興，1996）。這樣的立論確認學生認知發展具階段性及普遍性，人類智力發展階段是普同的（劉玉玲，2003）。但是，這樣的立論產生了發展目標先於學習的普遍法則，所有的教學方法、課程的設計、教材的編寫皆根據這樣的原則。若運用這樣的理論於教學專業實踐的過程中，缺乏因成長速度不同的考量，導致學生學習出現困難的問題。例如，所謂發展應包括和他人互動之語言運用能力（黃乃熒，2000），而語言能力常具文化性與個殊性，這也會影響其認知能力，故以一個普遍性的原則作為教學專業實踐的基礎，並未能適用學生之所需。

俄國發展心理學家 Vygotsky 就認為，學生的認知會受其所處的社會文化及其歷史背景所影響，學生所處的語言、社會、經濟、文化、政治或物質的條件，會有形或無形地影響學生對事物的認知，也因為如此每個學生皆具有認知的範疇（溫世頌，1997）。假如教師在專業實踐的過程中，教學方法及課程設計皆能顧及學生有認知範疇的差異性，並能提出與學生落差較少的課程內容，或能夠本諸彈性原則回應個別的差異，則容易產生學生能夠願意學及能夠學的效應，可說明學生必定能夠學論點之可信度。難怪，Vogotsky（1978）會認為遊戲允許學生釋放其情感與壓力，可以促進學生表達自我（王淑芬等譯，2000），能夠增進教師正確理解學生認知範圍的機會。無奈，在我國中小學階段，遊戲並未被當作教學方法的主流觀點，當然，有一些學生表現拒絕學習是教師操作不當所致。

Bruner（1966）在其《教學理論之建構》一書中，談論教學專業實踐，有如下的陳述：教學絕不是對學生心靈中灌輸一些固定的知識，而是啟發學生主

動去求取知識與組織知識。教師不能把學生教成一個活動書櫥，而是教學生學習如何思維（張春興，1996）。這樣的論點在於鼓勵學生應該有自己思維的空間，透過自我認識的合理性分析，確保其學習成就感，引發其學習動機。David Ausubel 就認為學生有意義的學習，在於學生的先備條件，能夠與教學方法與課程內容銜接（張春興，1996）。要讓學生產生自我實現的學習感，必須要先確保其學習的尊榮感、美感，而從其文化生活為本位，提供符合其認知的素材來進行教學，作為開展其學習的基礎，構成學生一定能夠學的必要途徑。

三、教育社會學的探索

　　教育實踐是一種文化性的活動，所以教育具備維持和諧秩序的功能，而教育社會學有一重點是在於探討文化功能及偏見的一門學問，從教育社會學的論點來探索學生能學的立論，在於減少教育文化活動偏見。談論文化偏見之反省，當推從社會學家 Bourdieu（1991）為首，其認為文化所構成的社會秩序是一種象徵性的支配機制，會產生一種符號暴力，所衍生的教學歷程，會產生學習的不公平、複製成就、文化資本不足等現象，皆是導致學生無法學習的原因（詹棟樑，2003）。茲就其詳細意涵分述如下：

　　首先，就文化活動會造成學習之不公平性現象而言，教學是一種文化活動，意指其有一個重要功能是在延續社會文化，但是所有的文化皆是權力運作的產物（Morgan, 1997），文化代表著菁英團體或者權力階級的利益，文化本身代表一種霸權，一直教化著出身勞動階級家庭之學生學習行為不應為自己著想（李韌竹譯，1992）。當學生的學習動機不在於成就自我，而是社會菁英階級的陪襯，會產生學習失敗的正常現象，進而對教師不斷透露出不必花時間在自己身上的線索，讓教師產生無力感，進而放棄教導。故把教學當作文化活動已經預設著學生不能學的謬誤。

　　其次，就文化活動會造成學習之成就複製的現象而言，教學歷程所呈現的文化活動，教學知識會被階層化，有所謂高級知識與低級知識（李韌竹譯，1992）。由於文化是由菁英階級所型塑而成，預設著學校所要教授的知識被認定為高級知識，但是有些勞工階級的文化價值與主流文化有很大的落差，故在

教學的歷程中，有些學生自然被矮化，進而表現自卑，進而自我孤立於教學活動之外，而被認定為拒絕學習的份子，並誤認為其本質上是沒有能力學習的人。故把教學當作文化活動已經預設著學生不能學的謬誤。

最後，就文化活動會造成學習之文化財不足的現象而言，教學歷程所呈現的文化活動，因為是維護上層階級的利益，並維護中、上階級家庭的學習利益，使得他們的學習適應力比其他階級強。也就是說，在教學過程中，某些學生會因為文化財不足之故，而產生學習適應困難的問題，但是一般教師不會承認自己教學活動存在著本質上的偏見，進而產生強力灌輸、填鴨的行為，導致學習歷程痛苦不堪，最後放棄學習。故提升個性化學習的教學活動，提供不同文化素質的課程，且不同文化素質間能受到等量齊觀的看重，學習的功效也因而發揮得淋漓盡致，學生也能展現自己能學的具體行動（Banks & Thompson, 1995）。

四、教育人類學的探索

人類學是一門研究人轉化的學問，整個學門假定在於人類具有發展的可能性，人類也具有改變的可塑性。即使是大多數哺乳動物和鳥類呈現智力不高的狀況，但是牠們還是具有學習能力，去製作和使用簡單的工具，來完成工作（宋光宇編譯，1984；蕭秀玲等譯，1998）。可見學生不能學不是智力的問題，很多教師將學生不能學歸咎於智力不足，是一個錯誤的假定。周德禎（1999）就認為，智力並非決定學生能學習與否的關鍵因素，更重要的是其文化條件是否有助於學習。當把教育當作文化發展的活動時，必定不能與學生過去的文化生活斷裂，否則所有學習本質上是一種文化壓抑的活動，當個體處於否定自我的狀態之下來進行學習時，無意義感油然而生，進而拒絕學習。故若不把智力高低當作學習的唯一機制時，則會發現學生一定有能力學習，其之所以最後呈現無法學習的結果，乃因為教學操作不當所致。

除了從文化的觀點來探索學習，以確立學生能夠學的立論成立之外，周德禎（1999）更認為教比學複雜多了，原因是教學過程中，所面對的是多元文化背景者，加上人類學是研究人轉變的學問，所以教師不能以自我的立場，來型

塑所有的教學活動,那注定有一些學生是無法適應教學。故在教學過程中,學生不能學不是其根本的能力有問題,而是教師不能找到可以改變他人的機制,而這樣的探詢過程中是不能急就章的,更凸顯中產階級之教師專業觀強調效率為本之教學的謬誤(Musgrove, 1982)。

事實上,學生透過教育企圖完成濡化時,單靠有熱忱的教學者是不夠的,還要學生願意學,而在教學的過程中,要提升學生的學習意願,必須能夠回應人類之生物性、心靈性、精神性本質。茲就其詳細意涵分述如下:首先,就滿足生物性而言,學生有生理需求,這是人類最根本的需求,如溫飽。雖然這個需求相較簡單,但是當學生無法滿足生理需求時,常會呈現人類最野蠻的一面,使得教學經營的穩定感難以維持;加上教師上課心切,無心照顧學生這一面,情況惡化的結果,學生不願意學。其次,就滿足心靈性而言,在教學的過程中,教師會以定義事務好壞的仲裁者出現,並以人類文明推進者自居,但是好的事務在學生的認知層級可能是不道德的,例如,教師認為髮禁可以型塑學生正面的形象,有助於增進其行為的合宜性,但從學生次級文化來看,它確有傷害人權的不道德認知,若經反應得不到善意的回應,則會出現故意抗拒學習的行動。最後,就精神性而言,學生會信守某些價值,但是這些價值常被賦予不成熟的表徵,而加以忽視,因此學習之過程充滿精神踐躪的問題,進而學生會刻意逃離教學的情境。綜合言之,學生一定能夠學習,學生之所以呈現不能學的狀況,乃因為其不願意學。

肆、相信學生能學之教師專業內涵

經由中產階級意識型態教師專業觀迷思的討論,以及學生一定能學機制的探索,由於學生一定能夠學習的原因,在於維持學習之公平性及個人性,因此教師信守有教無類、因材施教的教育價值,是教學專業的重要一環;由於學生之所以能夠學習的原因,在消除中產階級之守普遍法則的效益,並能維護弱勢階級的利益,以減少權力的偏見,因此教師能展現反省的行動,是教學專業的重要一環;由於學生之所以可以學習,持續維持學習動機是重要的事情,必須仰賴情境詮釋能力,因此教師展現情境解讀的能力,是教學專業重要的一環;

由於學生之所以能夠學的原因在於學生學習成就感能夠持續維持，必須仰賴教師提供可以確保學生學習成就感的素材與方法，因此教師表現真誠態度，是教學專業的重要一環。茲就其詳細意涵分述如下：

一、教師應具備信守有教無類、因材施教理想價值的熱情

過去教學專業是中產階級意識型態的產物，本質上已經造成學生學習不公平的狀況，而且以普遍的法則提升教學效率、或競爭的邏輯將學生分類，皆是導致學生沒有能力學的原因，元兇是將學生分優劣等級，而且也疏於處理個別的差異，讓教師優越心態的劣等者或者與教師價值不同者，容易產生無法適應教學與課程的問題，終究導致學生無法學習的結果。故有教無類、因材施教成為確保學生能夠學習的重要途徑。唯能本諸有教無類的價值來進行教學，方能降低教學過程的傲慢與偏見，透過合理的權力關係，來遂行教學活動，會提升教學的操作性，讓學生能夠感受到具體的學習效益（Roach, 1995）；唯能本諸因材施教，方能設計符合延續學生文化價值的課程，使教學活動的進行更貼近各群集學生的文化世界，這種尊重個別文化的學習，是確保一定能夠學的保證，學生的文化環境不受壓抑或受到尊重，更是促進學生發展的必要機制（Bohm, 1987）。 是以，若透過相信學生能夠學的命題來建構教師專業，則教師應該堅實信守有教無類、因材施教的教育理想價值，這是教師專業最為根本的要求。故堅守有教無類、因材施教之理想價值是教師專業的重要內涵。

有鑑於此，教師應具備質樸的教育人格，至少具備下列的特質。首先，教師應以具備謙遜的態度，並同等看待他人與自己世界落差大的學生，以避免將學生分類的偏見，提升學習的條件，例如，教師不應對於表達笨拙的學生發出不耐煩的訊息。其次，教師應該具備多元觀，對於自己信守之價值體系不斷進行補充，以利提出符合學生性向、興趣、能力的教學內涵，確保學生學習的持續進行。例如，信守升學價值的學生，也應信守課外活動能力亦同等重要的價值，以避免教師出現對某些學生特別友善的心態，讓一些學生感受不受重視，而不利於班級經營。最後，教師應具備積極的教育人格，以利發現無法進行學習時，能夠具尋找他途的動機，不斷挑戰困難，例如，當學生視數學為畏途

時，並拒絕學習時，教師必須創新教學法，先讓其接受數學的重要性，並設法調整內容讓其喜歡數學，逐步引導之。

二、教師應具備反省實踐的素養與能力

教師是處於中產階級（Blanke, 1991），屬於優越階級，故其教學歷程所呈現的價值，或能夠回應多數的學生，但是也有少部分的學生活生生被犧牲，並將學生無法學習的過錯歸咎他人。假如教師能夠信守所有的學生皆能夠學習的話，則在教學實踐的過程中，必須超越自我的信念體系，藉以修正不合理的權力關係，包括師生、學生與學生間的關係，透過矛盾的管理，促進社會關係的改善，確保學生具備學習的條件。而反省實踐本質性是探索矛盾、管理矛盾的素養與行動，教師在專業實踐過程中，有一些具備的知識與方法，但必須正視這些知識與方法在實踐過程中，有反效果的可能性，進而在自我信念體系補充更豐富的價值；並透過共同探究的過程，將學生的立場納入教學歷程，以利回應學生的需求，提升學生學習的起始條件，也提升學生的學習意願，以確保學生能夠學習（Lindblom, 1990）。故反省實踐是教師專業的重要內涵。

有鑑於此，教師應至少具備下列的教育人格。首先，教師應具備挑戰霸權的素養，包括課程知識體系的不合理，勇於提出補充的教材進行教學，提升良好的學習環境，例如，小學曾經出現聽到「嗚嗚」聲音即表示火車聲，仍有進一步補充的空間，會讓學生的學習更貼近其生活經驗，進而提升學生的學習動機。其次，教師應該具容納學生不同聲音的胸懷，透過論述，以修正自我專業知識的偏見，提升愉悅的學習互動，例如，最近教育部之解除髮禁的聲明，引發學校或教師的反彈，教師應與學生進行溝通、協商，以澄清教師是否用自己已沈澱之價值，來度量學生世界的是與非，會引發學生拒絕學習的情緒。最後，教師應該具備憐憫他人的素養，以利能夠努力排除學生學習通路的障礙，以建立有助於弱勢學生學習的結構，例如，當學生學不會時，是否能對其創造一個新的評量機制，提供適合其學習的方式，來提升其學習的可能性。

三、教師應具備脈絡解讀的素養與能力

有效教學關係的型塑，乃在於教師能夠一點一滴地累積學生的信任感，而這種信任感的建立不在於教師具備熟練的教學技巧，而在於學生在學習的過程中，當涉入文化價值於教學過程中，會產生各種的意義，以致教師好不等於學生接受學習的結果。因此，教師在教學過程中，必須不斷地激勵詮釋，一是充分理解學生的處境，一是啟蒙學生的思考盲點，以確保學生具有學習意義感的認知，增加教師的信任，增進學習意願。基於此，教師不能死守僵化的價值來進行教學，以增進情境解讀的教學，不斷累積學生信任感，補充學生學習的能量，並轉化為改造自我的行動。故情境解讀能力是教師專業的重要素養。

有鑑於此，教師至少應具備下列教育人格。首先，教師應該展現願意與他人互動的素養，脈絡是互為主體的網絡（黃乃熒，2000），透過開放的互動容易捕捉某情境下之合理的課程規劃、教學手段，以利維持學生學習動機，例如，一些學生冷冷地坐在教室的一個角落，從來就得不到教師關愛的眼神，疏於互動的結果，教師更無法理解其願意或能夠學習的機制。其次，教師應具備詮釋的能力，以彰顯超越教師自我信念之其他有意義之價值，以利提出符合情境需求之價值進行教學，例如，當學生非常愛睏時，若教師以責罵的態度對待之，則會催化學生拒絕學習的情緒，須知，愛睏、注意力無法集中是生理的必然現象，教師首要做的是，設法讓其恢復精神，而非一味責罵。最後，教師應具備選擇價值的能力，以確保能不失誤地了解學生學習動機，藉以創新教學機制，以建立更合理的教學關係，例如，學生因為照顧生病媽媽之故，無法完成家庭作業，教師必須考慮照顧媽媽的價值是否比完成家庭作業還高，以便能以冷靜態度來面對學生超越自己價值以外的新可能探索。

四、教師應具備真誠性的素養與能力

教師本諸真誠具確保學習成就感的意義，具真誠的教師就不會把學生學不會的過錯歸咎於他人，進而尋找可以提升學習成就感的素材來進行教學（Terry, 1993）。也就是說，當學生學不會時，教師不是填鴨式的要求必須達到某種標

準，而是從文化之無銜接性、知識基礎之不對稱性、教材之缺乏意義感、教學認知之不道德性、學生價值之受貶抑等概念，來進行教學反饋，進而提出確保學生學習成就感的課程、教材，並建立有助於學習之權力關係與溝通方式，來增進學生對教師教學具道德性的認知，以提升學習的意願，並增進學習能力。故真誠是教師專業實踐重要的素養與行動。

有鑑於此，具真誠性教師專業至少應包括幾種特質。首先，教師應抱持班級上一個學生失敗、教學就未竟其功的信念，以提升尋找學生成就感的動機，例如，當有一個學生學習失敗，應讓其有補救的機會，以確保學習成就感，並避免累積失敗感，來促進學習意願的持續。其次，教師應視學生學不會是課程設計、教學方法不當所致，藉以探究新的專業行為，回應學生的需求，例如，有些學生對於教師一直趕進度非常不能適應，須知，在一定時間內趕完某些課程，對於某些學生的學習戕害很大，必須創造新的學習機制，以回應進度設定的不合理性。再者，教師應主動提供多元教材，提升學生自我選擇空間，例如，教師進行同一主題的教學時，若能提供多元的補充教材，則會提升學生對於某個主題學習的機會。最後教學評量能夠把握主動替學生尋找成就感的特質，例如，當學生對於紙筆測驗完全無法適應時，也應該思考能讓其透過口試或其他方式完成測驗的可能性。這四種教師專業素養與能力無非在確保學生的學習成就。

伍、結論

教育專業觀念的提出乃受中產階級意識型態所影響，成為當前教學實踐的重要依據，然而這樣的專業觀會複製社會階級、崇尚技術與競爭、導致教師地位的神聖化，或因不公平、忽略動機、忽視個性、教化學生自己無能之故，皆有造成學生無法學習的空間。然而，基於所有學生皆應受相同品質教育的命題，有必要對於傳統的教學專業觀進行挑戰，企圖說明學生無法學習是因為人謀不臧，而非學生本身的因素。

為了更進一步證明學生一定能夠學，從開啟人際智慧的立場、回應學生認知範圍的立場、文化偏見的立場、人類轉化的立場加以探索，結果發現學生一

定能夠學習，學習所呈現無法學習的狀態，乃因為教師用錯誤的觀點來進行教學，因此教育體系需要新觀點的教師專業觀，教師專業典範有必要轉移。

由於提升學習之公平性、適性是學生能夠學習的重要機制，因此教師應該信守有教無類、因材施教的理想價值，作為專業倫理規範，是教師專業的重要內涵；由於權力關係的合理性，或者無霸權效應的權力，是確保學生能夠學的機制，加上反省實踐乃在於不斷探索更健康的權力關係，因此教師應具備反省的素養，並加以實踐，是教師專業的重要內涵。由於教學能夠銜接學生的舊有經驗，乃是確保學生能夠學習的機制，加上真誠重點在於提出確保學生學習成就感的課程與教學，因此教師具備真誠的素養，並展現行動，是教師專業的重要內涵。由於持續維持學生的學習動機，是確保學生能夠學習的重要機制，教師必須具有情境感，因此教師具備情境解讀的素養與能力，是教師專業的重要內涵。基於此，新典範的教學專業觀在於堅持教育理想的熱情，並展現反省、真誠與情境解讀的素養與行動。

參考文獻

中文部分

王淑芳、宋惠娟、林夷真、林祝君、胡月娟、張美娟、張美雲、張淑敏（譯）
（2000）。Anne V. Gormly 著。**人類發展學**。臺北市：高立。

王震宇（譯）（1992）。作為社會有機體的學校。載於厲以賢（主編），**西方
教育社會學文選**（頁 551-566）。臺北市：五南。

宋光宇（譯）（1984）。**人類學導論**。臺北市：桂冠。

李韌竹（譯）（1992）。課程作為社會構成知識的一種研究取向。載於厲以賢
主編，**西方教育社會學文選**（頁 664-693）。臺北市：五南。

李錦旭（譯）（1989a）。蔡璧煌總校訂。**教育社會學**。臺北市：五南。

李錦旭（譯）（1989b）。鮑里斯、季亭士著。**資本主義美國學校教育──教
育改革與經濟生活的矛盾**。臺北市：桂冠。

周德禎（1999）。**教育人類學導論──文化觀點**。臺北市：五南。

林玉体（1998）。**教育概論**。臺北市：師苑。

徐超聖（譯）（1989）。蔡璧煌總校訂。**教育社會學**。臺北市：五南。

張光甫（2003）。**教育哲學**。臺北市：雙葉。

張春興（1996）。**教育心理學──三化取向的理論與實踐**。臺北市：東華。

張輔軍（譯）（1992a）。文化再製與社會再製。載於厲以賢（主編），**西方
教育社會學文選**（頁 423-452）。臺北市：五南。

張輔軍（譯）（1992b）。階級與教學法：有形的與無形的。載於厲以賢（主
編），**西方教育社會學文選**（頁 473-508）。臺北市：五南。

陳美玉（1998）。**教師專業──教學法的省思與突破**。高雄市：麗文。

黃乃熒（2000）。**後現代教育行政哲學**。臺北市：師大書苑。

溫世頌（1997）。**教育心理學**。臺北市：三民。

詹棟樑（2003）。**教育社會學**。臺北市：五南。

劉玉玲（2003）。**教育人類學**。臺北市：揚智。

劉慧珍（譯）（1992a）。制度化的領導——教導。載於厲以賢主編，**西方教育社會學文選**（頁 596-603）。臺北市：五南。

劉慧珍（譯）（1992b）。社會經濟地位、智力與高等教育成就。載於厲以賢（主編），**西方教育社會學文選**（頁 361-384）。臺北市：五南。

蕭秀玲等（譯）（1998）。Marvin Harris 著。**人類學導論**（Culture, people, nature: An introduction to general anthropdogy, 6th）。臺北市：五南。

謝維和（2002）。**教育社會學**。臺北市：五南。

西文部分

Apple, M. W. (1990). *Ideology and curriculum*. New York: Routledge.

Banks, S. R., & Thompson, C. L. (1995). *Educational psychology: For teachers in training*. New York: West Publishing company.

Blanke, V. (1991). The United States of America, social class, and schooling. In V. Blanke (Ed.), *Eduaction change* (pp. 9-29). Columbus, OH: The Ohio State University.

Bohm, D. (1987). *Unfolding meaning*. New York: Paperbacks.

Bourdieu, P. (1991). *Language & symbolic power*. Cambridge: Harvard University Press.

Lindblom, C. E. (1990). *Inquiry and change*. New York: Yale University Press.

Morgan, G. (1997). *Images of organization*. Beverly Hills, CA: Sage Publication.

Musgrove, F. (1982). *Education and anthropology*. New York: John Wiley & Sons.

Roach, J. (1995). Culture and performance in the Circum-Atlantic world. In A. Watkins, D. A. & Biggs, J. B. (1999). *The Chinese learner: Cultural, psychological and contextual influences*. China, Hong Kong: CERC & ACER.

Seeley, D. S. (1985). *Education through partnership*. Washington, DC.: American Enterprise Institute for Public Policy Research.

Terry, W. R. (1993). *Authentic leadership*. San Francisco: Jossey-Bass.

（本文由黃乃熒撰寫，陳玉娟蒐集、整理資料）

通識教育藝術領域教師教學信念研究

徐秀菊
國立花蓮教育大學藝術學院教授兼院長
黃秀雯
國立花蓮教育大學視覺藝術教育研究所研究助理

壹、緒論

一、研究背景與動機

　　近幾十年來，由於大學基礎教育被重視，許多學校廣設通識教育課程。但許多學者仍認為，目前臺灣通識教育實施的成效有待檢討，像是師資的問題與學生學習心態的問題。其中師資的問題就是「師資難求」，而師資難求的原因即是現今功利的社會中，因學術上講求專業與專精，且有專業學術上的獎賞及升等制度，來衡量教師之專業成就，因此個人專業上研究成績卓越的老師容易鄙視通識課程，認為通識課程並非專業課程（黃俊傑，1999；鄭美華，2003；王立文，2003）。此外，修通識教育課程的學生來自各個科系，背景差異大，讓專精於個人學術研究的老師覺得通識課程的內容不僅無法專業化，甚至覺得沒有挑戰性，而感到興致缺缺，因而無意願參與通識課程之教學。也因為師資難求，使得課程必須以願意開課之教師的意願為主；教師有時也會參考學生喜好，開設簡單、容易或趨近生活化之課程，以吸引同學選修，此可能造成通識課程日趨娛樂化（黃俊傑，2002；鄧志松，2002），喪失了通識課程真正之意涵，使得通識課程成為名副其實的營養學分（徐秀菊，2003）。

　　針對於改善通識教育問題之關鍵點，郭盛助（1999）和謝明村（2000）認為主要來自於師資。然而大學學術自主，教師課程規劃的依歸來自於其教學信念，即是教師於教學歷程中所秉持的觀點，因此，若要改善通識教育之有效途徑之一，則是探討通識教育教師之教學信念。高強華（1992）認為，深入探討教師的觀點、知覺、態度、教學信念，將可幫助教師發現教學上的自我，並促進其對教育專業的認識，亦可提升教學效率和專業行為表現。且黃淑苓（1997）更指出，國內教師信念的研究主要開始於一九九〇年，但偏重科學教師的教學信念研究，而有關語文、人文社會學科、藝術和其他學科的教學信念極少，高中職和大專院校教師的教學信念幾乎不見。鑑於大學教師信念及通識教育師資的相關研究甚少，因此研究者認為，通識教育教師之教學信念研究有其努力空間。

教學是一項專業化的工作，而教師信念就是支持從事教學專業的動力。面對這瞬息萬變的未來和其所帶來的挑戰，如何提升通識教育藝術領域教學，建立通識教育教學專業？教師是主導通識教育教學成效的重要角色，通識教育教師的教學信念會導引未來教師實際的教學行為，因此探討通識教育教師教學信念刻不容緩，亦是通識教育革新的重要研究之一。

在這學術自由的時代，教師具備高度的教學自主權，而通識教育的授課教師大都非通識教育的專任教師（王立文，2003），他們在大學時代也可能未曾修過通識教育的課程，大學的教師不用經過師資培育機構的培訓，那麼他們對於通識教育之教學信念理論是什麼？通識教育藝術課程設計之教學信念為何？

二、研究目的與問題

基於研究背景與動機，可以了解教師教學信念主宰著教學決定，且目前大學教師信念及通識教育師資的研究甚少，有其努力空間，值得深入了解與探究。本研究透過多重個案之研究來探究通識教育藝術領域的教師教學信念理論，並分析通識教育藝術課程設計之教學信念。

基於上述之研究目的，本文之研究問題如下：

（一）通識教育藝術領域教師教學信念理論為何？

（二）通識教育藝術課程設計的教學信念為何？

三、研究方法

（一）研究對象

本研究以國立花蓮師範學院（更名為國立花蓮教育大學）「師範學院通識教育整合型革新計畫」藝術領域（徐秀菊、黃秀雯，2004a），參與此計畫之三位行動研究教師為研究對象，分別為陳老師（化名）、黃老師（化名）、張老師（化名）。

（二）研究方法

本研究以質性研究為方法中的多重個案研究為主，資料蒐集方式則透過半結構式的訪談法與每個月教師成長省思會議之會議紀錄為資料來源。於訪談及會議後，研究者會將錄音檔轉成逐字稿，並將逐字稿的內容交由受訪者校對且確認無誤後，進行編碼、分類、歸納、主題分析及比較驗證等資料分析。研究者將訪談的逐字稿資料，以 I（Interview）為代碼；教師成長省思會議以 M（Meeting）為代碼，資料編碼如下表 2-1：

表 2-1　訪談資料編碼方式

受訪者	授課科目	資料來源	訪談日期	流水號	資料編碼
陳老師	藝術的表現	I	921231	01	TAI92123101
		M	930520	03	TAM93052003
黃老師	書道與人生	I	930220	01	TBI93022001
		M	930520	05	TBM93052005
張老師	東洋藝術與人文	I	920328	01	TCI92032801
		M	930520	01	TCM93052001

貳、通識教育的理論與教學信念相關研究

一、通識教育的理論內涵

國內通識教育的前趨，應是一九八一年前臺灣大學校長虞兆中所提倡的「通才教育」的辦學理念（劉阿榮，1999；趙天儀 1998）。提出的用意是期望在學科分立的時代，能達到人文學科與自然學科相互溝通，讓學生接觸到專業外的學門，使學生在學習上不至於太過狹隘，且能融合各門知識，以達科際整合與運用。通識教育常被視為「通才教育」、「博雅教育」與「全人教育」，以下針對此三理論說明其內涵與差異。

（一）通才教育

以趙金祁（2004）的定義，通才教育主要是培養專業領域熟知外的知識，

且要能觸類旁通，融合各領域知識，並非僅是對各學科領域零碎而膚淺的都懂一些，其較重視能力的培養，以培養通曉一切且能適應的個人為目的。而就領域融合與知識統整之觀點，與威爾森（Edward O. Wilson）在《Consilience——知識大融通》一書中所提到的學術研究和教學應強調自然科學與社會科學、人文學科之間的融會貫通相同，即去除學術的疆界，使得各知識能交融互用，成為運用知識的主人（梁錦鋆譯，2001）。但通才教育之實行有其相當困難性，因要融通各領域知識，必須要熟知各知識的精髓與精義所在，否則斷章取義易扭曲原意，又通識教育課程時數有限，因此培養精通各領域之通才人才，有其相當的困難性。

（二）博雅教育

而也有學者將通識教育認為是博雅教育，此主要源於希臘羅馬的自由人的教育，其教育內容包含七藝：文法、修辭、邏輯、算術、幾何、天文及音樂等七種科目，教育的重心在於心智能力的提升，與訓練人格完美、智慧通達、文學熟識的文化人（金耀基，1983；郭為藩，1992；張浣芸，2001）。

（三）全人教育

梁家麟（1996）認為通識教育即為全人教育，以人為本、兼顧人的全面發展，每個教育目標與教學活動均在配合人的均衡成長與需要，使之不致有所偏廢。且此教育模式是將人視為一個整全的個體，而非不同部門的組合，因此教育必須以陶冶理想人格做整體之規劃，因其不以傳授知識及技術為指標，故已超越實用主義之功用。且黃俊傑（1999）認為通識教育其實就是「全人教育」，因其旨在建立人的主體性，以完成人的自我解放；所謂人的解放，指的是與人所處的人文與自然環境建立起互為主體性之對等關係。

全人教育則是以人為主體，較著重於人之身心的全面發展，而博雅教育之目的在培養有人文素養之文化人，也就是著重在心靈陶冶與人文內涵，以建構一個獨立、自主與完整的人格。因此全人教育之內涵與博雅教育有其相似性，不同的是全人教育在各個年級層面均可培養與實行，但博雅教育需要不斷思

索，其效能會隨時間而增長，所以不能太早實行。

　　從上述之通識教育理論中可知，通識課程與專業課程之差異在於專業課程主要以工具論之觀點，注重知識之實用性，旨在訓練特定之專家學者，其目的是訓練學生快速、系統、有效地接受、熟練一套知識，以作為研究或應用之基礎（鄧志松，2002）。而通識課程並不強調技藝或背誦（葉國良，2004），強調知識內在邏輯及學習過程的自主，主要在培養學生正確的知識態度、獨立思考與判斷（鄧志松，2002），亦即在於培養基本知識，讓學生面對新知識時能有再學習的能力（謝明村，2000）。因此，通識課程應著重於啟發性與延續性，其教學目標是在於學生未來的認知與領悟（葉國良，2004）。

　　通識課程並非在灌輸學生知識，而是給學生獲得探究知識、啟發知識的方法，以培養終身學習與自我學習之涵養與態度，有別於注重技藝與實用性的專業課程。因此，通識課程主在培養學生內在心靈的素養，而專業課程主在訓練學生外在實用的技能。

二、通識教育藝術課程設計的內涵與目標

　　藝術具有其獨特的價值，可以幫助學生審美能力之提升，了解生活美感層面（郭禎祥，1996）。Eisner（郭禎祥譯，2002）指出，藝術教育的目標應基於藝術本身的獨特功能與價值，必須要考慮人和環境的特性，設定目標或應用時，也需考慮人格發展的階段。郭禎祥（1996）認為藝術是了解生活美感層面的素養，除了藝術外，沒有任何學科能夠結合情感與知識。且張浣芸（2001）表示，藝術通識教育的基礎目標是建立學生的藝術素養，但藝術素養的形成，仍須借重藝術知能為基礎，且不可脫離「人為主體」的考量。

　　哥倫比亞大學Ziegfeld在一九五三年指出大學通識教育藝術課程的五項目標：(1)發展個人創造本能與培養藝術創造表現方式；(2)培養對美感經驗的了解與對美的感受能力；(3)培養對周遭環境提出美感評價，並鼓勵其發展出大學生的氣質；(4)了解當代藝術形式並豐富大學生的世界觀；(5)經由鑑賞藝術史而增加大學生對過去人類文化貢獻的認知。

　　陳瓊花（2002，46-47）在通識教育性別議題之藝術課程設計時，於統整

藝術教育與人文素養的學習與教學中，認為大學通識教育鑑賞課程的目標，旨在培養學生藝術鑑賞之七項基本能力：(1)運用現代資訊工具，從事藝術相關學習或活動；(2)思辨及分析藝術相關知能的能力；(3)對多元複雜的藝術相關議題，具有客觀自主判斷和解決能力；(4)能透過藝術的學習，訓練應變能力；(5)進行美感價值與社會行為、人文精神和道德修養的思辨，並了解藝術與生活、藝術與文化的相關性；(6)以自我出發，能有負起社會藝術功能的意識；(7)能宏觀地接受許多當代的議題及現象。

國立花蓮師範學院通識教育革新研究之藝術領域小組，根據九年一貫課程綱要所提出國民所需十項基本能力，也擬定四個目標，分別是探索、理解、鑑賞與應用，期望學生在通識教育藝術課程中養成「探索」、「理解」、「鑑賞」與「應用」四個向度的能力指標，其內容如下表2-2（徐秀菊、洪于茜、楊仁興，2002，26-27）：

表 2-2　通識教育藝術領域能力指標

指標項目	指標內涵
探索	1. 能探索不同的藝術形式、風格及其媒材的表現。 2. 能探索藝術與文化之關聯。
理解	1. 能認識不同藝術類型之元素。 2. 能理解不同文化所形成的藝術風格之差異。
鑑賞	1. 能使用適當的知識闡述藝術的風格與內涵。 2. 能使用分析、判斷與批評等方式，表達對藝術的經驗與見解。
應用	1. 能適當地將藝術融入日常生活。 2. 能主動參與各種藝術活動。

針對通識藝術領域課程設計理念，徐秀菊、黃秀雯（2004b）依過去藝術領域課程之相關文獻中，將其整理為以下七個目標：(1)了解生活美感層面；(2)了解美的感受力；(3)建立審美能力；(4)了解當代藝術形式；(5)培養創造思考的能力；(6)培養批判思考的能力；(7)激發藝術表現能力。

　　藝術具有其獨特的價值，可以幫助學生提升審美能力，了解生活美感層面，能將審美能力與專業相結合（洪麗珠，1996；郭禎祥，1996；郭禎祥譯，2002）。且張浣芸（2001）也表示，通識教育藝術領域的基礎目標是建立學生的藝術素養，且不可脫離「人為主體」的考量。藝術是人類獨有之產物，蘊含了許多人文精神，因此透過藝術不僅能對自己所處之文化與環境有所認識，亦可在藝術鑑賞或創作的過程中，學習到創造思考與批判思考之能力，加強對美的感受力，了解生活美感之層面，建立自己的審美能力，提升藝術知能與人文素養。

三、教學信念的內涵

（一）信念的意涵

　　信念是存在於個人內在，是一種對事物預期的、設想的、確信的或接納的心理傾向，但並不完全是心智或理性之判斷，往往是一種情感或意志上的判斷，與行為表現有所關聯（高強華，1992）。藍雪瑛（1995）指出，信念是一種不一定為人所知或所感的內隱思想，但卻是行為的參照架構，對行為的形成具重要的心理引導。因此，信念是潛藏於個人認知體系中對於某項事物存在的觀點，林進材（1997）將信念分為四種：(1)心理傾向或命題；(2)認知的要素；(3)原則或信以為真；(4)評價認定。而高強華（1992）也認為，信念構成的因素包含了認知、情意與行為的成分，因信念是個人認知作用的結果，往往是具主觀的、意志或情緒的成分，最後信念的內容將會轉化為具體行為實踐，故信念是態度的先決條件。

　　信念是一種個人認知、情意、價值觀的內在思維，其會透過行為來表現，信念會影響到人們的邏輯推理、知覺情意、社會互動等。然而，相對地，我們可以透過言行舉止、行為、態度或表情等去推測個人的信念。

（二）教學信念的定義

　　信念是一個人的行為態度的依歸，有顯性亦有隱性，左右一個人的判斷與

行為。國外學者O'Loughlin（1989）指出，教學信念是教師對於教學學科的知識與知覺。而 Pajares（1992）則認為，教師信念是教師對於學生學習過程、學校之社會角色、教師的態度、教學方法的信念。國內學者藍雪瑛（1995）與劉威德（1999）認為，教學信念是指教師於教學歷程中所秉持的觀點，這些觀點可能是隱含非系統化，但皆會影響教師的評估、計畫與教學決定的運作。顏銘志（1996）則認為教學信念為教師教學歷程，因教師個人特質、專業背景、教學對象、教學情境等不同因素之影響，於教學歷程中相信其能為學生帶來正面影響的內在想法。因此，教學信念意指教師個人學習背景或教學過程中所累積之經驗與知識，所持的一種內心思想或信以為真的信念；且信念會隨著思想、時代背景與個人經驗而有所改變或愈形堅定，教師也會將其信念透過教學行為予以傳達與轉化（王恭志，2000；林進材，1999；高強華，1992）。

由上可知，教學信念為教師教學歷程中內心所信以為真的理念，受到個人經驗、學習背景、教學情境、教學對象、工作環境等因素所影響，且這些影響因素正主宰著教師之教學決定，對於教師教學理念、課程設計、教學目標、教學策略之使用等具相當之影響力。

（三）教學信念相關研究

國外教師信念已有相當多之研究，研究內容包含教師信念的內涵、類型、影響因素、教學行為等，而主題則是以信念結構本質、取向、理論等之相關研究居多。而國內研究較偏向教學實務，以教學行為、教師效能方面居多。可見國內外教學信念研究之差異。在教學信念研究中，目前為止，研究對象偏重幼教、國小、國中，並以科學領域為多數。研究方法集中以問卷、個案研究、訪談、教學觀察。且研究領域偏重科學教師之教學或教育信念，而關於人文、藝術等學科之教學信念相當少，且大專院校教師的教學信念研究更是少之又少，幾乎不見（黃淑苓，1997）。

方吉正（1998）曾針對近三十年國內教師信念相關研究分為六大類：(1)內涵或類型；(2)影響因素；(3)教學行為；(4)教師效能；(5)課程革新；(6)師資培育。本研究則將之大略歸納為教學信念內涵與影響因素兩方面探討。

1. 教師信念類型

以教師信念的類型而言，Bauch（1982）將教師信念分為專制型、策略型、放任型、民主型，且不同類型信念教師行為與教學效率有所差異。另外，Horak（引自林進材，1999）則將教師信念取向分為學生中心型及結構性課程和多樣化變通性的教材內容三類。而 Bunting（1984）則將教師教育信念分為以學生為中心和指導式的教學兩個主要層面。以學生為中心型的教師重視同理心與支持情感的關係，相信透過給予學生預測、推論、歸納和評量的機會，學生會更熱衷於學習；指導教學型的教師重視教師在教育過程中所應負的責任，此型教師要求嚴格，強調秩序和管理，並認為應由教師主導課程的學習。李佳錦（1994）則將教師教學信念體系分為專業性、經驗性與心靈性三類，且教師會有共通與個別的教學信念，以因應多樣化的教學行為需求。整理如表 2-3。

表 2-3　教師信念類型相關研究

研究者與年代	研究主題	研究對象	研究方法	研究結果
Bauch（1982）	教師信念類型	286 位小學教師	問卷調查	教師信念可分為專制型、策略型、放任型、民主型
Horak（1984）	不同類別科學教師之信念			教師信念分析比較之內涵（引自林進材，1999）
李佳錦（1994）	國中理化教師的教學信念	國中理化教師 3 位	觀察與文件分析	1. 教育信念主導教師教學策略及教學行為 2. 教學信念有共通與個別 3. 教師教學信念體系可分為專業性、經驗性與心靈性

2. 教師信念的影響因素

教師之教學信念影響著教師的教學歷程與行為，Clark 和 Peterson
（1986）指出，教師思考歷程決定教師教學行為，教學過程中
可從教學行動來觀察與測量教師之思考歷程。另外，Olson
（1988）認為可以從教學信念中了解教師的教學行為，深入分
析教師的教學型態，才能將教學意義化。國內過去研究教師信
念的結果發現，教師信念的內涵包含了學習歷程、情意價值、
認知價值、指導式的教學行為、課程教材、兒童之目標、兒童
之需要、教室管理、計畫與組織、學習、教學歷程、學業、考
試評量、家庭與父母、知識、管理、溝通、彈性、非指導性、
社會系統等關聯性之信念（藍雪瑛，1995）。

影響教師信念的因素包含過去學習經驗、專業背景、人格特質、
教學環境、任教年資、任教班級、社會背景、學校行政、家庭
因素、教師角色、同儕（邱文純，1994；張小菁，1995；黃
敏，1994；劉曜源，2000），整理如表 2-4。

表 2-4　教師信念內涵相關研究

研究者與年代	研究主題	研究對象	研究方法	研究結果
Myers（1985）	二年級教師教學信念	幼兒教師	問卷調查	教師對當老師、對兒童、父母與課程等方面之信念
黃　敏（1994）	國小教師教育信念	2 位國小教師	教學觀察、訪談、教室日誌	1.教師的教育信念會影響教室內的活動與決策 2.教育信念受過去背景經驗等影響
邱文純（1994）	國中理化教師教學模式及教學信念之探討	3 位國中理化女性教師	教室觀察	1.教學模式受教學環境影響 2.教師信念影響受教學經驗、求學過程授業教師的教學表現影響

表 2-4　教師信念內涵相關研究（續）

研究者 與年代	研究主題	研究對象	研究方法	研究結果
藍雪瑛 （1995）	我國國民中學國文教師教學信念及形成因素之研究	13 位國中國文教師	凱利方格技術進行開放性訪談	1. 教師教學信念五領域 2. 信念形成因素
張小菁 （1995）	台北市國民小學教師閱讀教學信念之研究	正式教師 708 人、實習教師 93 人及市北師四年級中五個系的學生學生 141 人	問卷調查進行輔以晤談	不同專業背景、任教年資、任教班級的教師，閱讀教學態度及閱讀教學信念具差異
劉曜源 （2000）	國小美勞科教師教學信念個案研究	1 位國小教師	參與觀察、訪談	影響個案教師教學信念的因素

　　綜合上述教師信念的影響因素，研究者將之歸納分為個人先備因素、職前養成教育、教學過程、社會與工作環境四大類。研究教師教學信念內涵，主要著眼於影響教師的因素與歷程，研究方法大多採質化的方式進行，因量化的研究僅能呈現一個普遍的現象，數字對於第一線的老師在教學上沒有實質的幫助。教師信念的內涵會受到學經歷背景、人格特質、教學與工作環境等因素的相互影響，非單一面向，而是互動所產生的理念觀點。

　　從上述文獻中可發現，國內教學信念的相關研究主要著眼於國小、國中之教師，其中又以科學領域居多，大專院校之教學信念之研究則顯得相當缺乏，驗證了黃淑苓（1997）所說之國內教師信念的研究偏重科學教師的教學信念研究，而有關語文、人文社會學科、藝術和其他學科的教學信念極少，高中職和

大專院校教師的教學信念幾乎不見，更別說是大學通識教育教師之教學信念探討，因此研究者認為，通識教育教師之教學信念研究有其努力空間。

參、通識教育藝術領域教師之教學信念分析

通識教育的觀點與課程設計理念來自於教師的教學信念，也是影響通識教育實施成敗的關鍵之一，本文透過質性資料之蒐集與整理，了解此次參與行動研究藝術教師的通識教育理論信念與藝術課程設計之教學信念，其分析如後。

一、通識教育的理論信念

為確實了解參與此次行動研究的藝術教師對通識教育的認知，研究者將訪談與教師成長會議資料整理成逐字稿，並將逐字稿資料編碼歸類、精簡與整合成藝術教師對通識教育的觀點（徐秀菊、黃秀雯，2004a）。從這些觀點中，可發現藝術教師對通識教育理論信念略有出入，但其思考的向度可歸納為以下五點：(1)均衡發展之博雅教育；(2)專業補足之基礎教育；(3)能力發展之通才教育；(4)心靈涵養之人格教育；(5)自我實踐之全人教育。

（一）均衡發展之博雅教育

時代愈進步，服務愈講求精緻，且分工愈來愈細，大學也為因應社會之需求，所以分科也愈來愈專精，導致知識的片面學習之狀況。三位教師提及均衡與博雅之觀點，陳老師（化名）著重於學習素養之均衡，黃老師（化名）強調人文與自然學科的均衡學習，張老師（化名）較重視專業基礎知識的均衡學習。

陳老師認為一個健全的人，必須要含括德、智、體、群、美五育之均衡發展，因此通識教育是彌補專業以外之知識素養，從擴大學習視野，增廣見識後，自然就會產生個人的思維與美感。陳老師的通識教育觀點是一種專業補足的多元素養之主張。此符合 Eisner 在一九九四年即提及大學多元素養的重要性，因他認為這是「由我們所經驗的過程當中獲得意義的能力，也是人類的一項基本需求……」。

「博雅」，學生應該要有廣博的知識。（TAI93021204）

我認為通識教育是補充專業，均衡發展知識與人格，而且要能運用是蠻重要的。譬如現在臺灣趨勢比較注重理工，比較缺乏藝術素養……，需要補充一些人文素養。（TAI93021206-1）

如何讓你的思維更開闊，而不只是皮毛。因為，你看得多見識就廣，你見識廣以後自然會有膽識，然後讓你的生命更美好，你的見解也不會在很狹隘的世界、某一個點。因為你看的東西比較多，你自然而然就會有比較多思維創意、藝術與美感。（TAI93021206-2）

黃老師提及人文與自然學科應均衡發展，他認為通識教育是要讓學生除了專業科目外，還能學習到博雅教育，期望具備廣博的知識與人文素養，以促進品德之提升，以達到人格教育之最終目的。因此博雅教育是在不同科目的學習中，培養人具有獨立、自主、完整的人格（趙金祁，2004）。

因為我們大學分科比較細，從大專聯考以後就有不一樣的分類，學自然科學的，他的人文素養就缺少機會去接觸；學人文的他可能對自然科學也比較少接觸，通常不是走專業，但是他是一個廣博的、博雅的教育基礎。這個教育基礎就建立在：第一個是廣博知識、第二個就是能夠培養人文素養，還有就是思考、判斷、探索那些能力的具備。可是我覺得這些都要回歸到一個點就是道德，就是人格。如果沒有在這樣人格或品德上的基礎，你有這些東西也好像沒有達到真正的目的。（TC93022703）

不同於前兩位受訪教師，張老師所提及之博雅教育則是在於專業知識之均衡。

……通識教育課程涵蓋一般博雅的學問，非以前學習方式能比擬，都因現在的學習領域比較細的分工以符合社會需求。隨著時代潮流快速轉

動，學理工科的人，除了只專精於自己專攻學習的部分以外，還要了解其他專業的部分。（TJ93021201）

（二）專業補足之基礎教育

分工趨於專業之趨勢，學校過度分科分系，導致基礎教育之不足，張老師有感於時代的進步，認為通識教育可以強化專業知能之不足，而課程範圍必須涵蓋一般基礎課程，讓學生除了專精於專業領域外，還能充實其他專業知識，以符合社會之需求。

早期通識教育在一般大學課程中稱為共同科目，其目的有加強國文、國家憲法、哲學思辨、外語等知識能力，或是一些道德教育，或是對社會學科的學生開幾門基礎科學科目，強化補充專業智能學習上不足之處。……通識教育課程涵蓋一般博雅的學問，非以前學習方式能比擬，因為現在的學習領域講求比較細的分工以符合社會需求。隨著時代潮流快速轉動，學理工科的人，除了只專精於自己專攻學習的部分以外，還要了解其他專業的部分。（TCI93021201）

以藝術領域來說，張老師認為通識教育的功能，具有精神及輔助創意兩方面，從精神方面則是從修身與審美的行為去感受，就輔助創意而言則是與專業結合，增加專業領域中之美感。

雖然通識教育是一個很大的框架裡面的一部分，但一樣可以獨立探討它的教育功能。從精神方面來談美的範圍，藝術教育是作為一個修身的、一個審美行為上的感受。另外以功能來講，它可以輔助某一個創造意念，如理科、商科、工科等，甚至思考性的哲學科目，就色彩的部分、造型的部分，其他科目很少談到這方面，而藝術的範圍很大，如何在應用上融入於不同領域裡面是一個很重要的目的，從精神形式和使用功能來做一個區分。（TCI93021205）

（三）能力發展之通才教育

不同於博雅教育和基礎教育，通才教育較重視能力的培養，著立於培養全方位的通才者（趙金祁，2004）。因此在三位教師中，唯有張老師提及通識教育的目的之一是在提供通才知識訓練之學習場域，期望能在課程上達到廣博吸收知識的效能，以因應時代之需求。相較於陳老師和黃老師的觀點，張老師曾經於技職院校擔任過教職，比較注重一般社會實務的需求。

> 通識教育的目的可以說是一個提供通才知識訓練的學習區域，更是知識化、生活化、社區化，課程上可以廣博的吸收養分，以因應時代細分工下的社會要求。（TCI93021203）

當研究者進而請教張老師所認為藝術領域在通識教育所扮演的角色是專業領域之輔助嗎？張老師補充說明如下：

> 藝術領域在通識教育中所扮演的角色，在應用功能上可以作為輔助，但主要目的在精神方面，講美這是可以獨立自主在藝術領域上充分發揮。（TCI93021206）

（四）心靈涵養之人格教育

教育部（2001）提到大學教育要有崇高理想的色彩，需有兩個方向：(1)知識上追求「創造性的學問」；(2)培育完美的人格。完美人格指的是培養擁有人文素養、有品德、有品味、有品質的人，能享受生命，過有意義的生活的人。

黃老師認為，通識教育的核心應在於人文思想，透過人文素養的培養，來建構健全的人格，透過人類文化培養審美能力，並藉由創作思考之探索將其運用到日常生活中，進而關懷自己所處之世界，回歸於以人為萬物的主體，以期提升學生心靈涵養，達到自我學習與解決問題之能力。

　　我想說它的意義是在說明在人文與自然對立當中，人跟自然之間得到比較均衡共存的發展，也希望通識能夠培養我們大學生更廣博、更開闊的知識跟眼界，還有恢弘的器度跟人文素養。而最重要就是能夠培養學生的思考獨立判斷，也就是自我學習、能夠解決問題的能力。要不然現在社會有很多人，也許他在科技方面很有成就，但是可能在某些方面對於調和解決自己心靈的能力，較為缺乏，所以社會上就會出現很多不一樣的狀況。如果我們在大學能夠讓孩子各方面均衡的成長，將來到社會上也許可以減少這方面的偏頗。（TBI93022701）

黃老師認為通識教育的核心在於人文之思想，如同黃俊傑（1999）所說，通識教育目標在於建立以人為本的主體性，因科技與技術會因為時代的進步而淘汰，唯有創意與思維是無法取代的。

　　我想整個通識教育的核心應該在人文思想，所有領域都應該回歸到建構一個人，因為我覺得你學再多東西都不是任何科技可以取代的，他最後的回歸應該是到人，還是以我們為主體，所以他是一個人文思想的核心。（TBI93022705）

（五）自我實踐之全人教育

很多人認為通識教育是一種人文素養培育的全人教育，而全人教育意指人與其所在之世界互為主體性之教育（黃俊傑，1999），以啟發學生之心智，建立學生之人生觀與價值觀。有學者將全人教育詮釋為人格的通盤養成之教育（郭盛助，1999；郭為藩，1992），即培養一個能全面應付環境的人才。

陳老師將全人教育與博雅教育做連結，他認為全人教育之理想太過遙遠與實際距離相差過大，所以實現之困難度相當高，因此他認為「全人」之定義應由學生自己去選擇及決定自己所需之養分，以達到自己認為的全人目標。因藝術可以培養學生的敏感性、創造力以及批判之思維能力，故藝術在通識教育中，對於人文素養及達成全人教育之目標扮演著重要之角色。

　　我認為通識是博雅教育，目的是希望發展一個我們現在比較常用的是
「全人教育」的目的。全人的話，我覺得就是讓學生自己去定義，說你自
己想要走的是什麼樣的人，我比較強調這個。因為「全人」理想很高很
遠，你自己認為你要成為什麼樣的人，這是一種自我實現。自我實現包括
你需要什麼樣的養分，你在大學有機會在專業領域學習，但其他養分你可
能忽略，大學通識你覺得對你有幫助的，你去修，因通識領域具有均衡的
作用。（TAI93021207）

　　藝術領域課程對大學生的人文素養還有邁向全人教育的理想扮演重要
的角色，因為它能培育藝術的敏感性，發展創意和批判的思維。
（TAI93021209）

　　陳老師認為大學生應該要具備獨立思考的能力，了解自己所需之知識，進
而廣博且均衡的涉獵專業外所需之知識，期能與專業知識統整與運用，以達到
知識、藝能與情意之目標。

　　一般的通識教育目的，我認為是培養「自己」。因為是大學生了，應
有獨立思考的能力。自己想要成為什麼樣的人？自己培養自己成為什麼樣
的人去吸收養分。……同樣的我們也有結合技能跟情意，知識方面就會注
重他的廣博性跟統整性。我們剛所講的均衡一方面要廣、一方面他能把所
學跟專業結合起來統整。在他的技能方面有包括表達、了解、批判。在情
意方面包括自我探索、尊重他人、關懷人類生命。（TAI93021210）

二、通識藝術課程設計的教學信念

　　本研究從訪談與教師省思會議的逐字稿資料中，整理三位教師的通識藝術
課程設計的理念（徐秀菊、黃秀雯，2004a），並從中發現三位藝術教師的藝
術課程設計的教學信念可歸納為以下五個：(1)提升美感的鑑賞能力；(2)培養藝
術的判斷力及創造力；(3)擴展藝術與人文的關懷；(4)建構個人藝術觀；(5)培養

對藝術的主動與終身學習。

（一）提升美感的鑑賞能力

陳老師的課程設計信念強調「審美關懷」，即透過「藝術即生活；生活即藝術」的理念，打破精緻藝術的典範想法，期望藝術不再為藝術而存在，而應為美化生活、提升審美能力而存在。陳老師的教材即是透過生活經驗及現實中美的事物，讓學生產生共鳴與認同，引起藝術的感動，讓學生體驗美感，進而發展自己的創意生活美學，豐富人生經驗。

> 創意、美感、思維，課程大多是這三個主軸，培育學生達到這三個基本能力的自我要求。藝術素養與人格陶冶是從美麗的心出發，擁有感恩的心，先體驗到美好的事物，再來批判；批判性思考的話能夠把優缺點看清楚，我希望同學一開始從美麗的心、感恩的狀況出發，確實了解到、感受到美好，再跳脫出來把事情看清楚。（TAI93021219）

黃老師將創作融入「書道與人生」的課程中，她認為透過書法藝術的創作可以讓學生體驗創作者創作的歷程，藉此提升對藝術的認同與心靈體驗，進而增加與藝術對話的能力，及審美的能力。

> 現在的課，以書法藝術審美能力的培養，以生命為主體的創作觀，來開拓書法學習的文化視野，因而追求生命的趣味，並能夠將融會在我們的生活中，我想我的主題可能是訂在這裡。（TBI93022707）

> 第一個能夠具備書法理論的基本知識，能夠提升審美能力，能夠開拓書法藝術的文化視野，這都是能力。（TBI93022709）

張老師重視基礎教育，認為要培養學生具有美感，需先讓學生了解審美與鑑賞的基本要素。張老師在課程中運用不同藝術創作的媒材和形式，拓展學生對不同藝術的認識與了解，其中內容則包含了東洋藝術的歷史、美感、作品形成、表現方式等，進而從色彩、造型、社會背景等方面去引導與培養學生對美

術的基本認知。

通識教育設計課程的基礎概念，最主要是對一個課題廣泛性的敘述，而不是一個精專的研究論述。所謂廣泛性就是從歷史的角度、從美感的角度、從作品的形成角度、個別不同表現方式等，許多面向來源探討美術的概念。（TCI93021204）

教學目標裡面我還是比較強調一種涵養，就是培育他們對美術的基礎認識。基礎認識裡面，比如說從色彩的觀念、從造型的觀念、從作品的產生背景等等，這些方向學習認識視覺要素與視覺形式原理的基礎……。（TCI93021207）

（二）培養藝術的判斷力及創造力

藝術具有提升創造力與想像力的本質，尤其在這變化萬千的世代，萬事求新求變，創造力與想像力愈顯得重要。陳老師以美感、創意與思維為通識教育藝術課程之理念主軸，培養學生的藝術判斷力與創造力之思維。黃老師認為學生處於資訊萬千的世代，更需要培養對藝術敏銳的觀察力與獨立判斷的思考能力，才能洞察與分辨訊息之真偽。

通識教育的教學目標，包括知識、情意、藝能三大主軸，我上鑑賞課時強調「美感」、「創意」跟「思維」。（TAI93021211）

課程三部曲：感恩→評析→創意改進……先體驗到美好的事物，再來批判；批判性思考，能夠把優缺點分辨清楚，客觀評析後再運用創意加以改善。（TAI93021219）

獨立思考判斷，應該是探索思考、主動學習、敏銳觀察書法的審美能力，又可以分為三種能力，思考能力、創作能力，還有審美能力。

（TBI93022710）

（三）擴展藝術與人文的關懷

　　人因群居過生活，為了達到人與社會之和平共存，於是有了社會規範的產生，而生活習慣與風俗即成為一種文化，而藝術是人類文明的產物，因此藝術課程設計的理念應包含對人類生活與文化之關懷。陳老師與黃老師均提及審美關懷的人文教育理念如下：

　　　　在我的理念，一個是想到「藝術素養」，一個是「人格陶冶」這兩個部分。剛好在通識裡面，我運用到藝術方面的藝術素養；在人格方面重視人文關懷，這是我主要的理念。（TAI93021208）

　　　　教學目標，就是藝術理論、探索思考、主動學習、敏銳觀察審美能力、書法跟現代藝術還有人生連結。……能夠學習蒐集書法藝術資訊，開拓文化視野，應用多媒體，分享藝術學習經驗，還有藝術與人文哲思，對社會人生的審美關懷，培養學生快樂學習書法，能夠建構終身學習的興趣。（TBI93022708）

　　張老師亦期望學生能在課餘時多參與藝術相關活動，從接觸多元展覽活動中去刺激思考、體驗及豐富思維，促進生活之感動，增加人文的關懷。

　　　　我在鑑賞課程中一直希望同學能夠花時間去接觸展覽，不管是音樂、戲劇、舞蹈、美術，這些都應該含蓋，為什麼呢？因為在現代的社會，民眾活動的機會很多，現實私生活的不想受干擾是可以理解，彼此互不關心的社會冷漠狀況，愈來愈明顯。（TCI93021209）

　　　　一次人文參觀的接觸，可以看到本地的作品，可能有外地的甚至於外國的不同形式的表現時，可能會刺激不同的思考元素在這裡面，多元接觸展覽活動的時候，藉活動的內容與意義促進不同的體驗，豐富思想或是人

文的概念，我想這樣的基本理念對這門課程非常重要的。
（TCI93021210）

（四）建構個人的藝術觀

陳老師認為每個人均有其獨特的特質與自己想追求的理想與目標，因此教師必須尊重每個學生的發展，故在教學中應扮演輔助者的角色，幫助學生發展與建構自己所需的知識與欲獲得之能力，老師也可以透過學生的資料蒐集與表現媒材或方式，了解學生之興趣、判斷力與自我學習之情況。

> 我主要訓練學生建設性藝術觀。我們讓學生自己去畫，自己說看法，……我較強調見解，把心放鬆以後，原來藝術是很有趣的，它可以深也可以淺，可以深入淺出，它一些基本的原理你可以把它簡單化，我要求的是視覺品質要好。（TAI93021214）

（五）培養對藝術的主動與終身學習

知識獲得的多少與個人學習能力有關，但更關鍵的是在於學習態度，若學生沒有積極的學習態度，則在學習成效上一定大打折扣，因為一切要有心，若無心向學，則做任何事情都會不感興趣，造成學習成效降低。因此，黃老師嘗試運用多元教學策略來提高學生的學習慾望，其目的是想讓學生因有興趣而主動去學習與探索，達到終身學習的目標。

> 創意、美感、思維，課程大多是這三個主軸，培育學生達到這三個基本能力的自我要求。藝術素養與人格陶冶是從美麗的心出發，擁有感恩的心，先體驗到美好的事物，再來批判；批判性思考的話能夠把優缺點看清楚，我希望同學一開始從美麗的心、感恩的狀況出發，確實了解到、感受到美好，再跳脫出來把事情看清楚。（TAI93021219）

> 教學目標，就是藝術理論、探索思考、主動學習、敏銳觀察審美能

力、書法跟現代藝術還有人生連結，能夠學習蒐集書法藝術資訊，開拓文化視野，應用多媒體，分享藝術學習經驗，還有藝術與人文哲思，對社會人生的審美關懷，培養學生快樂學習書法，能夠建構終身學習的興趣。（TBI93022708）

肆、通識教育藝術教師的理論信念與課程設計教學信念內涵

一、通識藝術教師的通識教育理論信念內涵

從資料分析中，三位教師對於通識教育之理論信念的著重點不盡相同，但亦有共同的觀點，如：三位教師均提到均衡與博雅教育之理念，但其詮釋與解讀著重有所差異。陳老師以統整知識與建構論之觀點，認為博雅教育是要有廣博的知識以補充專業之不足，透過廣博知識的學習，開拓學生視野。

注重人格教育之黃老師認為，博雅教育之最終目的在於透過通識教育讓學生習得專業科目外的知識，從不同科目中獲得新知，以培養具有獨立與健全的人格，建立以人為本的價值觀。此觀點與徐秀菊和黃秀雯（2004b）統整各家學者對博雅教育之定義旨在培養有人文素養之文化人，也就是著重在心靈陶冶與人文內涵，以建構一個獨立、自主與完整的人格相符。

張老師則以進步論與工具論的觀點，其認為博雅教育不僅在於強化專業知能之不足，讓學生除了專精於專業領域外，還能充實其他專業知識，並有助於拓展專業知識，以符合社會分工趨於專業趨勢之需求。此觀點如同黃俊傑（1999）說明進步論者所強調之教育內容與學生未來生活需相結合，讓學生能自我調適。

就通識教育是全人教育之說法，梁家麟（1996）認為全人教育在於以人為本、兼顧人的全面發展，每個教育目標與教學活動均在配合人的均衡成長與需要。然而受迫於功利主義之趨，以智育為主要訴求，此理想實很難能均衡發展。陳教師也體認全人之目標太過理想與廣泛，全人之目標應由學生自己去選擇及決定自己所需之養分，以實踐自己理想。在此令研究者心生疑問，因通識

課程大部分安排在大一與大二的年級，若大學生對於自己的未來與方向並非相當了解時，由學生自己選擇所需養分來建構全人的目標，似乎也可能成為另一種空泛的理想。

張教師所認為之通識教育則是提供通才知識訓練之學習場域，期望能在課程上達到廣博吸收知識的效能，以因應時代之需求。另外，通識教育又被視為是通才教育，就趙金祁（2004）定義通才教育是較重視能力的培養，主要是在培養全方位的通才者，且他也補充要做到樣樣精通才算是個通才者。此觀點與若以趙金祁之觀點似乎難以實現，因大學四年在專業領域上專研的學生，都不見得能對專業領域有很精湛的專業能力，更別說只是修過一學期的通識課程，可見通才教育之理念達到之機率極低。

另外，通識教育亦有人將其視為人格培養的教育，黃老師認為通識教育具有人格教育之特質，以人文思想為核心，培養人文素養，建構健全的人格，提升學生心靈涵養，培養解決問題的能力。與郭盛助（1999）認為通識教育在培養一個能全面應付環境的人才，也就是人格的通盤養成有相符之道。且黃俊傑（1999）認為之大學通識課程旨在建立人的主體性，以啟發學生之心智，建立正確的人生觀與價值觀為目標。然而，日前通識教育有日趨娛樂性的傾向（黃俊傑，1999；鄧志松，2002），是否能達到讓學生具備人文素養，以建構健全的人格，足以應付大社會環境之變遷，實讓研究者產生疑慮。

從本研究中，綜合三位個案教師對通識教育觀點之思考向度與內涵，將其歸納為以下五點：(1)均衡發展之博雅教育；(2)專業補足之基礎教育；(3)能力發展之通才教育；(4)心靈涵養之人格教育；(5)自我實踐之全人教育。其通識教育理論信念與內涵，請見表 2-5。

二、通識藝術課程設計之教學信念內涵

從三位受訪教師的通識藝術課程設計之教學信念中，可以發現三位教師透過不同的藝術類別與教學方式，來培養學生的藝術鑑賞能力與審美能力。如陳老師透過探索不同的藝術類型，讓學生具備更廣闊的的視野，進而思考與建立個人的藝術觀，經由探索與蒐集藝術的過程，發現藝術的樂趣；黃老師以書法

表 2-5　通識藝術領域教師的通識教育理論信念與內涵

通識教育理論	通識教育教學信念內涵
均衡發展之博雅教育	大學分科愈來愈專精，導致知識的片面，透過均衡與博雅教育之觀點，彌補專業以外之知識素養。
專業補足之基礎教育	通識教育之基礎課程可以強化專業知能之不足，讓學生能充實其他領域之專業知識，以符合社會之需求。
能力發展之通才教育	通才知識訓練之學習場域，期能在課程上達到廣博吸收知識的效能，以因應時代需求。
心靈涵養之人格教育	通識教育的核心在於人文思想，透過人文素養的培養，來建構健全的人格，提升學生心靈涵養。
自我實踐之全人教育	全人教育之目標應由學生自己去選擇及決定自己所需之養分，以實踐自己理想。

藝術與人生哲理的結合，將傳統藝術與生活經驗接合，以拓展書法藝術的發展，讓學生能愉快地學習書法，進而達到終身學習的興趣；張老師以東方的藝術史，透過藝術知識基礎的建立，促進學生體驗生活與認知自身文化，以達到人文社會之關懷。

　　三位受訪教師一致以擴展藝術與人文的關懷為課程設計理念。如陳老師透過生活經驗及美的事物，讓學生產生共鳴與認同，讓學生體驗美感，期望學生能發展自己的創意生活美學，透過藝術來關懷人文。黃老師課程設計目標讓學生透過書法資訊的蒐集與分享，引發學生的文化視野，進而能關懷社會與人生。另外，張老師期望透過校外參觀教學，讓學生從實際接觸藝術家或藝術作品開始去關懷社會與人文。

　　另外，受訪教師除了審美能力與美感知覺的提升外，也強調培養學生對藝術的主動與終身學習及建構個人藝術觀之兩項特色。陳老師認為教師是教學中的輔導者，協助學生從藝術知能的學習，經由藝術來提升美感知覺，進而思維與建構個人藝術觀；黃老師相當重視學生之學習態度。

　　教師對於通識教育的理論信念內涵，會影響其通識課程的設計，本研究從

三位受訪教師對通識藝術課程設計的教學信念，茲將統整為以下五項：(1)提升美感的鑑賞能力；(2)培養藝術的判斷力及創造力；(3)擴展藝術與人文的關懷；(4)建構個人藝術觀；(5)培養對藝術的主動與終身學習。通識教育藝術領域藝術課程設計之教學信念理念與內涵，請見表 2-6。

表 2-6　通識教育藝術領域藝術課程設計之教學信念理念與內涵

課程設計之教學信念	內涵
提升美感的鑑賞能力	經由美術基本知識的學習，培養鑑賞能力，透過多元藝術以刺激思考、體驗及豐富思維，促進對社會人文的關懷。
培養藝術的判斷力及創造力	培養學生具備創意、美感、思維三大基本能力，從感恩的心到分析批判，最後期望能具備創意思維。
擴展藝術與人文的關懷	利用藝術學習之經驗，來啟發學生終身學習的樂趣，並能運用於生活中，以達到關懷人生的理念。
建構個人藝術觀	教師扮演輔助者的角色，尊重學生的發展，期望透過藝術來提升美感知覺，經由創意與思維的訓練，促進對生活的關懷與感動。
培養對藝術的主動與終身學習	透過多元教學策略來提高學生的學習樂趣，期望能達到主動與終身學習的目標。

伍、結論與建議

一、結論

　　透過多重個案之研究，發現參與此次行動教學之教師，從本研究可以發現三位個案教師其教學信念屬於積極正面取向，對於通識教學具相當的熱誠與用心。從研究中可了解不同教師在閱讀學者專家所提之通識教育理念，各自解讀與著重點亦不同，有老師著重於人格培養，有老師注重通才教育之基礎養成，也有老師著重於多元素養的博雅教育。

然而，在通識教育藝術領域課程設計之教學信念，有提升美感的鑑賞能力、培養藝術的判斷力及創造力、擴展藝術與人文的關懷、建構個人藝術觀，以及培養藝術的主動與終身學習，而其教學信念之特色即在於強調多元素養之廣博學習，以開拓藝術視野，進而建構個人之藝術觀，達到主動學習與終身學習之目標。三位個案教師都期望透過課程設計理念的實踐，讓學生能提升美感鑑賞力與培養人文關懷之胸襟，關心自己所處的時代與周遭的生活；甚至為了提升學生對藝術學習之興趣，個案教師也不斷地思考、研發、設計遊戲與活動，以引發學生的學習興趣，以達到終身學習的目標。

大學教師擁有教學自主權，儘管學習者中心，其教師仍是左右教學的主控者，教師通識課程之設計理念來自於其對於通識教育理論信念，意味著教師是主宰與控制教學的重要關鍵，在此也凸顯出教師通識教育教學信念的重要性。因此，教師對於通識教育的認知與教學信念是否積極正向，是通識教育實行目標是否落實的首要因素，積極傾向的教學信念能讓教師有不斷求新、求進步的欲望與動力，有此動力才會有教學改革之創新，因此如何培育教師有此積極正面取向的教學信念，則是相當重要的課題。

二、建議

（一）建立通識教育藝術領域交流機制

從本研究中發現，不同教師的教育背景及教學經驗之教學信念也有所差異，並會影響教師對通識教育理念的觀點與教學行為。然而大學學術自由，教師有其個人之專長與研究，教師間缺乏溝通、互動的平台。教師教學信念左右著教學的設計與課程內容，又通識教育教師大多來自各專業領域的教師，其對通識教育的目的與精神是否了解，相對地影響學生對通識教育的認知與觀點。因此，研究者建議每學期初學校能召開通識教育藝術領域教師成長會議，讓藝術領域之任課教師能對通識教育的目的與精神更加了解，強化教師對通識教育的正向認知與重視；亦可在相同領域之會議中，共同研討通識藝術教學中所遇到之問題，透過同儕之教學經驗分享，得到的建議予以修正與改善，深化其通

識教育之教學信念，以提升通識教育的教學素質。

（二）舉辦通識教育教師研習與工作坊

　　大學教師有其專精與所長，教授完課程後，往往關在研究室中鑽研學術，使得教師間的交流與互動變少，且研究顯示教師教學信念在學習階段已形成與建立。而 Raths（2001）在其職前教師的教學信念研究中提出，要改變職前教師之教學信念是困難的，還不如以意向（disposition）的概念來強化職前教師正向的教學信念。職前教師的教學信念要改變已相當困難，更何況是教學年資久的大學教師呢？雖教師信念改變有其困難度，但透過通識教師之研習與工作坊，不僅能讓教師間有交流的管道，也可以透過教學觀摩，讓教師有正向之激勵，習得更多的教學策略，以能更確實地轉化其教學信念，提升教學的專業技能。

●此篇論文改寫自：

徐秀菊、黃秀雯（2004a）。通識教育藝術領域課程的理念與實踐。載於徐秀菊主編。**藝術領域課程設計與實踐**，1-48。花蓮：花蓮師範學院。

參考文獻

中文部分

方吉正（1998）。教師信念研究之回顧與整合——六種研究取向。**教育資料與研究，20**，36-44。

王立文（2003）。談大學教師的通識涵養與終身學習。載於私立元智大學舉辦之「**二十一世紀大學通識教育與終身教育學術研討會會議手冊**」。桃園縣：元智大學。

王恭志（2000）。教師教學信念與教學實務之探析。**教育研究資訊，8**（2），84-98。

李佳錦（1994）。**國中理化教師的教學信念研究**。國立高雄師範大學碩士論文，未出版，高雄市。

林進材（1997）。**教師教學思考——理論、研究與應用**。高雄市：復文。

林進材（1999）。從教師教學信念與決定談教學實施與效能。**中等教育，50**（3），9-20。

邱文純（1994）。**國中理化教師教學模式及教學信念之探究**。國立臺灣師範大學碩士論文，未出版，臺北市。

金耀基（2001）。**大學之理念**。香港：牛津大學。

洪麗珠（1996）。通識教育藝術課程之理念與規劃——為理工大學而設計。**通識教育季刊，3**（4），27-41。

徐秀菊（2003）。通識教育藝術領域課程革新之行動與省思。載於徐秀菊（主編），**藝術領域的行動與省思**（頁 1-48）。花蓮市：花蓮師範學院。

徐秀菊、洪于茜、楊仁興（2002）。花蓮師院通識教育藝術領域現況與課程能力指標之研究。載於徐秀菊（主編），**藝術領域的探索與思維**（頁 1-38）。花蓮市：花蓮師範學院。

徐秀菊、黃秀雯（2004a）。通識教育藝術領域課程的理念與實踐。載於徐秀菊（主編），**藝術領域課程設計與實踐**（頁 1-48）。花蓮市：花蓮師範

學院。

徐秀菊、黃秀雯（2004b）。理想與現實：通識教育理念與學生在認知上的差異。**通識教育年刊**，**2**，1-43。花蓮市：國立花蓮師範學院。

高強華（1992）。教師信念研究及其在學校教育革新的意義。**教育研究所集刊**，**34**，85-113

張小菁（1995）。**臺北市國民小學教師閱讀教學信念之研究**。臺北市立師範學院碩士論文，未出版，臺北市。

張浣芸（2001）。大學藝術通識教育——從通識教育的發展談藝術通識課程。**藝術學報**，**67**，114。

教育部（2001）。**大學教育政策白皮書**。臺北市：教育部。

梁家麟（1996）。廣東基督教教育中的全人教育。載於林治平（主編），**全人教育國際學術研討會論文集**。臺北市：宇宙光。

梁錦鋆（譯）（2001）。Edward O. Wilson 著。**Consilience——知識大融通**。臺北市：天下文化

郭為藩（1992）。**人文主義的教學信念**（第三版）。臺北市：五南。

郭盛助（1999）。大學通識教育的理念。**通識教育年刊**，**1**，1-5。

郭禎祥（1996）。藝術在通識教育中的角色。**美育**，**73**，2-10。

郭禎祥（譯）（2002）。Elliot W. Eisner 著。**藝術視覺的教育**（Educating Artistic Vision, 1972）（中譯再版）。臺北市：文景。

陳瓊花（2002）。大學通識教育之藝術鑑賞課程設計。**視覺藝術**，5，27-70。

黃 敏（1994）。**國小民小學教師教育信念之研究：以兩名國小教師為例**。國立臺北師範學院碩士論文，未出版，臺北市。

黃俊傑（1999）。**大學通識教育的理念與實踐**。臺北市：中華民國通識教育學會。

黃俊傑（2002）。邁向二十一世紀大學通識教育的新境界：從普及到深化。載於私立世新大學舉辦之「**第十屆全國通識教育教師研習會會議手冊**」，臺北市。

黃淑苓（1997）。國內教師信念研究的現況與未來展望。**興大人文社會學報**，

6，135-152。

葉國良（2004）。人文藝術與通識教育。載於花蓮師範學院舉辦之「**通識教育的實踐與人文關懷學術研討會論文集**」，花蓮市。

趙天儀（1998）。通識教育的理想與實踐—通識教育課程的一些構想。**靜宜人文報**，**10**，41-49。

趙金祁（2004）。通識教育理念淺釋。載於花蓮師範學院舉辦之「**通識教育的實踐與人文關懷學術研討會論文集**」，花蓮市。

劉阿榮（1999）。臺灣地區通識教育之變遷：批判與反思。**通識教育季刊**，**6**（2），17-37。

劉威德（1999）。教學信念的反省與覺察研究。載於國科會技術資料中心舉辦之「**九年一貫課程與師資培育之革新學術研討會手冊**」（頁 29-50），臺北市。

劉曜源（2000）。**國小美勞科教師教學信念之個案研究**。國立高雄師範大學碩士論文，未出版，高雄市。

鄭美華（2003）。通識教育與終身學習的義利雙成。載於元智大學舉辦之「**二十一世紀大學通識教育與終身學術研討會會議手冊**」，桃園縣。

鄧志松（2002）。通識與專業的整合：一個通識課程改革方案。載於世新大學舉辦之「**第十屆全國通識教育教師研習會會議手冊**」，臺北市。

謝明村（2000）。大學通識教育之理論與實際。**通識教育年刊**，**2**，1-10。

藍雪瑛（1995）。**我國國民中學國文教師教學信念及形成因素之研究**。國立臺灣師範大學教育研究所碩士論文，未出版，臺北市。

顏銘志（1996）。**國民小學教師教學信念、教師效能與教學行為之相關研究**。國立屏東師範學院國民教育研究所碩士論文，未出版，屏東市。

■ 西文部分

Bauch, P. A. (1982). Relationship between a typology of teacher educational beliefs and three domains of the elementary classroom. (ERIC Document Reproduction Service No.269346)

Bunting, C. E. (1984). Dimensionality of teacher education beliefs: An exploratory study. *Journal of Experimental Education, 52*(4), 195-198.

Clark, C. M., & Peterson, P. L. (1986). Teachers' thought process. In M. C. Wittrock (ed.), *Handbook of Research on Teaching.* (3rd ed.).New York: Macmillan Publishing.

Eisner, E. W. (1994). *Cognition and curriculum reconsidered.* (2nd ed.). New York: Teachers College Press.

Myers, R. (1985). Recent research on teacher beliefs and its use in the improve of instruction. (ERIC Document Reproduction Service No.259457)

O'Loughlin, M. (1989). The influence of teachers' beliefs about knowledge, teaching and learning on their pedagogy: A constructivist reconceptualization and research agenda for teacher education. (ERIC Document Reproduction Service No. ED339679)

Olson, J. K. (1988). The cultural context of teacher thinking and its significance for innovation. (ERIC Document Reproduction Service No. ED293832)

Pajares, M. F. (1992). Teachers' beliefs and educational research: Cleaning up a messy construct. *Review of Education Research, 6.*

Raths, J. (2001). Teachers' Beliefs and Teaching Beliefs. *Early Childhood Research & Practice, 3*(1), 1-10.

Ziegfeld, E. (1953). *Art in the College Program of General Education.* New York: Teachers college, Columbia University, 51-61.

Part **II**

教師專業標準理論、實務或模式

Chapter 3

從教師專業理論論各國教師專業管理機制

楊深坑
國立臺灣師範大學教育學系教授
國立中正大學教育學院教授兼院長
黃嘉莉
私立銘傳大學教育研究所助理教授
黃淑玲
國立暨南國際大學師資培育中心助理教授
楊洲松
國立暨南國際大學師資培育中心副教授

壹、前言

　　以知識經濟為主導的二十一世紀，教育在國家發展過程中扮演極重要的角色，提升教育品質為提高國際競爭力的一大指標，而教育品質繫於師資素質的良窳。國際教師聯盟（Educational International）和聯合國教科文組織（UNES-CO）在二○○一年十月五日第八屆「世界教師日」（World Teachers Day）共同提出口號——「有高素質的教師才有高品質的教育」（Qualified Teachers for Quality Education）。國際教師聯盟秘書長 Fred van Leeuwen 也呼籲各國進行四項具體措施以提高教師品質：至少 6%的國民生產毛額投注於教育預算；提供所有教師職前與在職訓練；提供教師與學生永續學習的學習環境與設施；教師應自我評鑑以找尋合於學生情境的最適切的教學方法。「聯合國教科文組織」總長（Director-General）Koichiro Matsuura、「國際勞工聯盟」（ILO）總長 Juan Somaria、「聯合國發展方案」（UNDP）行政長官 Mark Malloch 以及「聯合國兒童急難基金會」（UNICEF）執行長 Carol Bellamy 更在二○○一年十月五日發表共同聲明，指出優良教師是教育制度的有效運作，學習品質持續改進至為重要的關鍵。呼籲各國正視教師教育、晉用及工作條件之改善，以吸引並留任具有熱忱且專業涵養豐富的教師。

　　事實上，早在一九九六年聯合國教科文組織「國際二十一世紀教育委員會」（International Commission on Education for the Twenty-first Century）在 J. Delors 的主持下刊行《學習：內在的寶庫》，就已經強調師資培育理念更新的重要。報告書指出「終身學習」是為進入二十一世紀之鎖鑰。在「終身學習」的理念下，傳統的「職前教育」（initial education）和「繼續教育」（continuing education）的界限將漸漸消逝，而代之以一種終身學習社會之建立。在學習社會的理念下，教師的角色亦宜重新釐定。教師與學習者的關係宜由獨唱者（soloist）轉而為伴奏者（accompanist），教師工作的重點已不再是分派知識給予學習者，而是幫助學習者追求、組織並管理自己的知識。在這種教師角色的轉化過程中，社會對教師的期待與日俱增。正如「經濟合作開發組織」和「聯合國教科文組織統計研究所」（OECD & UNESCO-UIS）在「明日學校的

教師」中所指出的，為了因應社會與日俱增的期待，教師應具更高水準的學術能力，持續不斷更新專門知識與技能，以促進明日經濟與社會的進步；也應具有激勵學習、創意與合作的教學能力。再者，新科技已漸漸成為新專業的特徵，教師對新科技的潛能應有清楚的認識，也有能力運用於教育過程。更重要的是面對學習社會的到來，教師專業已並不侷限於個人能力而已，更指的是在學習型的組織中扮演其重要的角色，也因此，教師應有意願也有能力進出各種其他不同的生涯與經驗，以提升其教育專業知能。

質言之，隨著各國政、經、社會與文化的變遷與新科技的蓬勃發展，教師專業理念也有相當重大的改變，一種因應時代需求的新專業主義（New Professionalism）逐漸形成（Hargreaves & Goodson, 1996）。各國在這種新專業理念的影響下，或就師資學程規劃、或就教師資格的取得、或從進修體制等，各做不同層面的改革，以培育符應新時代需求之教師。英國教育與就業部（DfEE, 1998）在一九九八年的綠皮書《教師：迎接改革的挑戰》（*Teacher: Meeting the Challenge of Change*）就列專章規劃教師評鑑，以表現門檻（Performance threshold）來區分教師待遇，以激勵具有高度能力的教師，並且專章說明未來教師教育與專業發展的規劃。美國布希（G. Bush）總統甫於二○○二年一月八日簽署「二○○二年帶好每個學生法案」（No Child Left Behind of 2002）（U.S. Department of Education, 2002）。在這個法案的第 1119 節中，就責成各州以地方教育當局在二○○五到二○○六學年結束之前，要保證教育核心科目的教師均應具有高素質（highly qualified），對此要求地方、州及聯邦教育當局均須提出進度報告。隨後美國教育部即在二○○二年年度報告以《面對高素質教師的挑戰》（*Meeting the Highly Qualified Teachers Challenge*）為題，提出以高標準的表達能力（Verbal Ability）及內容知識（Content Knowledge）與精簡認證資格，作為不同於傳統師資培育課程的高素質教師取得渠道。德國於一九九九年成立類似我國教育改革審議委員會之教師組織「教育論壇」（Forum Bildung），經兩年的研議，於二○○一年十一月提出「教育論壇建議書」（Empfehlungen des Forums Bildung），對各國教育體制做了全面性的檢查，提出具體的改革措施。其中第五章就明確指出教師是教育改革的關鍵

（Schlüssel für die Bildungsreform），建議各邦（德國師資培育權限在各邦）對於教師與進修的課程、方法與實習作徹底的改革，並改善工作環境，以激勵教師專業發展、提升教師素質（Arbeitsstab Forum Bildung, 2001: 12-13）。

據上述可見，不僅國際組織強調教師素質的提升至為重要，各國政府近年來也相應採取積極的措施，加強教師品質的管理機制以增進教師的專業素養。我國近年來頒布的「師資培育法」、「師資培育法施行細則」，以及「教師法」等相關辦法，正是政府亟欲增進教師專業、加以品質管理的明證。然而，上述法令實施以來，似乎並未真能提升我國教師的專業素養，甚且治絲益棼，製造更多難以解決的問題，如專業知能與專業態度之涵育仍未受重視、教師資格檢定失之寬鬆、教師甄選與任用無法擺脫人情因素、教師待遇及工作條件之法令不夠明確、教師評鑑與專業發展缺乏明確評鑑機制與標準、不適任教師處理成效不彰等。仍亟需進一步針對相關問題進行研究，以提出改進之道。本文即試圖從教育專業理論之發展，分析各國在促進教師專業所致力的機制變革，並以其改革經驗提供我國在增進教師專業素質，研擬相關制度時之參考。

貳、教師專業理念的發展

根據社會學家 R. Collins（1990: 11-15）對專業理論的觀察，他指出一九三〇至一九五〇年代，功能論主要探討科層化中專業人員擁有的權限與自主權、專業人員的利他精神、組織中專業人員的角色衝突與權威等。而象徵互動論者則以身分的自我創造為立論，回應功能論者規範性與客觀理解專業的論點。無論是功能論或象徵互動論，皆以一般職業來論述專業。但是比較各種職業時，專業與其他職業的差異便成為另一個重點。尤其是專業係指專業人員能夠控制工作、能夠得到進入實際的允可，並且進行表現的評估，即非所有職業均可以成為專業。因此，專業特質與專業化過程便成為截然不同的探究取向。一九六〇至一九七〇年代，衝突論則以社會階層化論述專業，當教育成就為社會階層流動的主要管道之時，專業成為權益結構中的一部分。尤其是專業控制自身的訓練與進入職業的許可，以及專業教育與證照的保護，專業取得社會地位與資源，再製社會的不公。一九八〇年代後，專業理論已經不再討論理想的

專業與專業優勢，反而隨著政治經濟的轉變，專業如何在新的社會脈絡中維護其生存環境，以及專業與政治之間的消長，都是新興的議題。

　　隨著歷史發展，專業理論的議題也有所差異。雖然教師專業有其獨特的歷史文化背景，但是教師專業議題的發展不離相同的時空脈絡。因此，藉由Collins的觀察，檢視教師專業理論的發展。

一、教師專業理論的探討——功能論與象徵互動論

（一）專業理論的建立

　　1. 專業的社會功能

　　E. Durkheim的《社會分工論》（*The Division of Labor in Society*）一書中，社會是一個有機整體，是由不同部分所組成，而各部分的功能運作組成了社會整體。而社會之所以能夠和諧運轉，端賴分工體系，透過功能間交互作用導引個體產生認同的價值與道德，才能促使個體於社會中得以安置與獲得滿足（姜添輝，1999：252-253）。換言之，專業因其職業所需要的特殊技術，在社會分工中佔有重要的社會角色。亦如A. M. Carr-Saunders和P. A. Wilson（1933: 497）所指出，專業是社會變遷中仍保有社會傳統的遺產，專業必須提供生活的形式、思想習慣、判斷標準等具有維護社會和諧的功能，使得社會在變遷中穩定成長。

　　專業除了維護社會和諧的功能外，T. Parsons（1954: 48）為否認功利主義經濟學家的主張，即社會功能的運作是以個體自我利益極大化作為考量，因而提出專家在組織中之行動，是因為擁有組織中的授權與相當程度的自主，並且以服務的利他精神為出發。因專業的道德角色，使得社會各種不同勢力（如經濟、科層管理等）能維持均衡，發揮各職能的社會功能。誠如 R. Dingwall（1983: 8）所言，Parsons 因相信社會之中存在著社會規範，可以維持與促進社會的發展，因而有意無意地加諸專業

的價值觀。對功能論者而言，因專業在社會結構中的重要性，社會的生存與發展端視專業具備的特殊功能、利他精神、道德角色。

2. 專業與其他專業的差異

當工業化與都市化發展以及專業人員對社會的忠誠度下滑之際，推崇專業的社會地位與其扮演的角色更為人所強調，因而辨別專業特質與專業與否的問題，即顯得相當重要（Larson, 1980: 141）。另外，Parsons 也在一九五〇年代繼而提出，以利他或利己的動機作為專業與商業的分別是不夠的。因此，他提出以專業的理性、功能特殊性與普遍性，作為專業的獨特特質（Parsons, 1954: 36-42）。再者，當專業要與其他職業進行比較時，專業的特質也就能夠精確指出專業的界定。

最早界定專業規準的是 A. Flexner 於一九一五年〈社會工作是專業？〉（Is social work a profession?）一文中所提出（Ozga & Lawn, 1981: 12; Freidson, 1983: 21），他建議以客觀的標準來彰顯專業的特質。這些標準包括：

(1)專業工作是智能的活動，個體必須負起責任。

(2)處理專業工作的知識是習得的，是奠基在一套知識基礎之上。

(3)專業工作具有實踐且明確的目的，而非學術或是理論的。

(4)專業工作技術必須經過養成教育。

(5)具有強大的內部組織。

(6)是利他導向，以社會的善為宗旨。

從 Flexner 的專業規準來看，蘊含著專業的科學理性以及道德屬性（Becker, 1962）。換言之，在現代化的歷程中，專業是以理性推進社會發展。然而，在現代化中，專業道德卻是社會穩健進步的重要因素，尤其是專業精神，才能讓專業人員無私地奉獻專業能力於社會（Stinnett, 1968: 3）。而專業規準則能確切指出專業特質之所在，才能客觀地讓社會了解專業如何宣稱其擁

有自主權、組成組織、經濟上的保障、維護社會穩定之原因。

3. 專業認同的自我創造歷程

功能論視社會凌駕於個人之上，社會結構會對專業與個體產生制約的效果，影響到個體的認知、行動、思考，而且規範性的價值將內化到個體行動中，但是卻忽略個體是具有自主的認知能力（Giddens, 1984: 30）。而且，功能論是從外在的社會結構來討論專業的重要性與價值，但是如何讓個體認同於專業的歷程，比「什麼是專業？」和「這職業是專業嗎？」來得重要（Hughes, 1984: 340）。

象徵互動論重視社會互動中，人類心靈歸屬與展現自我的現象，E. C. Hughes 便指出，專業一方面是社會認同的地位；但另一方面個體卻因所屬的社會地位，加諸對自我的認同。因此，專業是個體在工作與自我層面追求的象徵目標（Hughes, 1984: 340）。這專業象徵會使個體以專業地位為目標，藉由職業的選擇決定過什麼樣的生活以及自己的角色，同時也認同專業角色的責任。

無論是個體或職業，取得社會階層中專業地位之歷程，即是專業化的過程。透過專業化歷程，一方面讓個體產生自我認同，另一方面讓職業取得社會認同。此過程中，則需仰賴專業如何協商及維持地位（Larson, 1977: xii），透過專業化的過程促使個體與職業集體流動（Hughes, 1984: 340）。Hughes（1984: 378）具體指出專業化歷程，包括：

(1)建立系統化與科學化的知識體系。

(2)在大學教育中佔有學術地位。

(3)吸收有才能的個體進入訓練。

(4)建立授與證書標準。

象徵互動論的專業化理論，使得個體有自我創造與產生認同的可能。但是相對而言，個體所欲追求的專業，必須能夠在社會

中佔有明確的地位。明確的專業地位,則需由集體職業在各層面為自身的地位進行協商與創造生存的環境。

(二)教師專業理論的發展

1. 教師專業的功能與半專業特性

教師是一種「職業」的概念,如同醫生或律師早就存在於社會歷史中。國家現代化過程是以學校教育為中介(Popkewitz, 1991: 106),學校中的教師成為一種「專業」的概念,則出現於政府建立並資助發展公立學校之時(Stinnett, 1968: 13-14)。由於教師在政治、經濟、社會發展中的重要性,使得教師必須具備專業的社會責任與知能。回顧二次大戰後,教師不僅維護社會穩定,更是支援政府在經濟和政治的措施;而在現代化與都市化後,人口的激增、義務教育的延長、家庭角色功能的轉變、科技的發展等,使得學校承續家庭的教養,促使教師的教育角色更加突顯。對教師而言,社會與教育的發展觸發教師專業化的動力,提升教師的知能水準,並以取得專業地位為目標(Stinnett, 1968: 11-12)。

M. Lieberman(1956: 2-6)比較典型的專業,如醫師和律師,進而提出區分專業的八種特性:

(1)獨特且重要的社會服務。

(2)提供服務時所需的智能。

(3)長期的特定訓練。

(4)個別與集體實踐者的自主性。

(5)實踐者的專業責任。

(6)無私的服務奉獻。

(7)自我管理的組織。

(8)專業倫理準則。

R. C. Smith(1957)也比較教師、醫師、律師、工程師的差異,

但和 Lieberman（1956）的討論有著雷同之處。兩人均認為，教師對於國家與社會福利而言是非常重要的，但是和其他已被認同為專業比較，卻顯得有所不足。特別是 A. Etzioni（1969: v）主編《半專業與他們的組織：教師、護士、社會工作者》（*The semi-professions and their organization: Teachers, nurses, social workers*）一書中便指出，因教師的訓練期較短、地位缺乏合法性、缺乏強大的組織、知識體系、自主權等，所以教師是半專業的。顯然教師專業的實然面與應然面是有所差距的，這差距不僅來自於教師的歷史文化背景，也來自於教師專業並未建立起自身的專業本質。

2. 教師專業的反省

誠如 E. Hoyle 和 P. John（1995: 6）指出，從社會共同認同的專業歸納出專業特質，過分簡化專業與非專業之間的差別。而且從認同中歸納出專業特質，不過是從語言中反映出社會事實，展現社會習性（Torstendahl, 1990: 47）。若以理想型的專業特質斷言教師是或否為專業的問題，極可能是武斷的答案，這並非是二分為非此即彼的問題。雖然專業化可以迴避專業特質列舉不全的疑慮，但事實上仍未解決專業的界定問題。因為專業化追求的目標即蘊含著專業存在的事實，而集體職業朝向專業的最終狀態為何也未能加以釐清（Freidson, 1983: 36），且專業化過程如何與社會環境產生關係也不夠具體（Turner & Hodge, 1970: 24）。

除了教職的歷史文化因素，以及專業特質與專業化理論自身所產生的疑慮外，教師尚未成為社會認同的專業之因素，還包括忽略政治性或排除社會與教師之間的交互影響（Avis, 1994: 63; Cullen, 1978: 48）。換言之，教師專業絕非中空於社會脈絡，教師專業深受政治、經濟、社會環境的影響，這是討論教師專業是否的問題與專業化所忽略的議題。

二、教師專業理念的批判——衝突論

（一）專業理論的建立

1. 專業是意識型態

衝突論者認為社會階層的差異，來自於資源的分配不均。對於專業而言，因專業技能與特定服務，使得專業比其他職業享有更多的社會與物質報酬。J. B. Cullen（1978: 48）指出，專業主義是社會和職業協議的資源，專業的教育和知識構成發揮功能所需的複雜性，即成為專業主義交換權力和優勢的資產。由此可見，專業教育與知識在交換社會地位的過程中相當重要。M. S. Larson（1977: 49-52）即明言，專業化是職業以特殊的知識和技能，轉換為社會與經濟報酬的過程，藉定義工作條件與方法與控制生產者的生產，以建立職業自主的認知基礎與合法性。因此，專業主義是一種意識型態，除了表達或辯護一個團體利益的功能外，也提供專業行動的意義來源與正當性（陳光中、秦文力、周愫嫻譯，1995：43-45）。根據 Hoyle 和 John（1995: 6）的說法，專業主義意識型態的產生，係來自於職業中菁英份子操控專業的圖像，設置符合專業的標準與程序，以控制職業成員素質的機制。並經由社會約定俗成的專業特徵，以同質化的方式推展專業的內涵。因此，專業成為一種階級意識或標誌，刺激專業人員產生動機以獲取更多的權力。

2. 專業是合法化自我利益

專業的頭銜在社會階層體系中是核心地位（Ben-David, 1964: 296-7），尤其是專業化的過程。W. J. Goode（1969: 268-271）即指出專業是半專業（semi-profession）尋求改善地位的過程。專業的意識型態，使其功能成為封閉的市場，藉由政府認可的合法知識與支持職業層級差異，設置進入專業的標準與程序，

並適切地運用知識與技能，以保衛專業市場的稀有性。另外，在專業人員與消費者之間的社會關係，由於專業人員仰賴的深奧知識得以進行獨立的決定，加深消費者對於專業人員的依賴程度（Johnson, 1972: 42）。因此，當專業成為一種控制自我管理的系統，以及嚴格招募的理念（如教育控制、訓練和品質控管的過程）時，會促使職業的團結與市場的秩序化。因此，專業不過是維持階級利益與控制的符號，合法化專業自身的利益。

（二）教師專業理論的發展

1. 教師專業為控制的工具

教師專業的呼籲與實質的社會地位不一致，形成教師工作環境與專業理想上的差異，R. Soder（1990: 52）便認為乃因教師專業傳統的說帖所致。傳統的教師專業說帖，使得教師相信教職工作的重要性，並且經由有目的的專業化過程，使教職提升為真正的專業。而對於「教師專業」作為操弄工具的掌握，則以英國政府在一九七〇年代前，讓教師在教室中享有自主權為例說明。當時教師成為服膺國家的好教師，取得對國家的忠誠，並為當時經濟與社會有振興與導正的作用。政府運用專業的社會期望，規範教師的行為，教師專業儼然成為意識型態，並蘊含社會控制的意涵（Ozga & Lawn, 1981）。教師在課程上的自主，是一種「被認可的專業主義」（licensed professionalism），教師的自主範圍是有限的，教師專業不過是政府管理教師的一種策略（Ozga & Lawn, 1981: 141）。B. H. Bergen（1982: 17）亦以英國為例，說明中產階級立法者、皇家督學等均支持教師成為專業的一員，以專業的特質作為教師取得專業地位的發展重點，使得教師接受符合社會所認同的價值體系。如此，教師專業不過是外在於教師，是外界作用於教師之物。

2. 教師專業掩飾階級和性別差異

教職有其歷史發展的社會脈絡，社會長期對於教職所形成的印象，影響到教師身為專業的觀感。十八世紀工業化後，社會需要大量的勞動人員，慈善團體訓練教師係以宗教承諾以及道德意識為重點，改善社會秩序的工作（黃光雄，1977：114）。教師訓練是以宗教團體所重視的公民素質與道德為核心。至政府接管師資培育後，仍延續原有的師資培育制度，承襲當時社會主流文化，以維持階級的差異（Maguire, 2000: 232-233）。

傳統上，教學是一種「照顧」的職業，照顧兒童是女性的工作，女性在養育上的天性與耐心特質即成為理想教師的圖像（Ginsburg, 1987: 89）。教學等同「女性工作」的概念，盛行於政府資助發展公立學校之時（Weiler, 1997: 722）。女性的教職角色與家庭照顧的角色，往往因衝突而對教師專業產生影響。如 P. H. Mattingly（1987: 42）便指出，學校工作充其量不過是女性家庭事務範圍的擴大，並成為女性的廉價勞動場所，這樣的概念使得社會對教師專業產生懷疑。而建立管理的科層體制，女性教師也較傾向於扮演受宰制的角色，如 Simpson 和 Simpson（1969: 199）、Herbst（1989: 191）都指出，在學校科層體制上，男性擔任校長或行政人員職務比女性為多。基於文化因素，女性較服從男性，女性較容易接受科層控制，也較少爭取自主與專業地位（Ginsburg, 1988: 32）。在強調客觀中立的教師專業特質下，不難發現這些學者的論點，有助於喚醒性別之間被忽略的權力結構與控制關係。

衝突論者主張教師專業作為意識型態的工具，並且掩飾了階級與性別的差異，明確地指出教師專業與政治和社會的交互影響。雖然教師專業是政府為了達到某種目的而運用的工具，但是教師基本上必須符合政府所界定的專業要件後，教師專業才能有被操弄的可能。

三、教師專業理念的再造——市場化取向

（一）專業理論的再造

　　一九八〇年代後，隨著各國政治、經濟、社會與文化的變遷與新科技的蓬勃發展，因應時代需求的新專業主義逐漸形成。面對後現代理論的論述以及新資訊科技的發展，專業主義因其知識條件的改變和對理論的衝擊，改變了原有對專業知識的認同（Nixon, et al., 1997: 6）。在市場運作邏輯的趨勢下，專業主義改以強調企業管理的技巧，具體客觀的績效標準來檢驗專業表現。換言之，專業主義過往以專業服務與專業知識所建構的封閉市場，改為以管理技巧與回應消費者的需求，取得社會大眾的認同（Fergusson, 1994: 96）。G. Hanlon（1998: 50-51）曾指出市場管理機制下專業主義之改變：

　　⑴以企業管理能力滿足顧客需求，專業人員的成功與利益有密切的關係。

　　⑵以取悅消費者的需求為主，忽略其他非消費者。

　　⑶管理技能取代傳統專業以理論知識為基礎的知能。

　　Hanlon 稱之為「商業化專業主義」（commercialized professionalism）。強調管理技能的專業主義，其管理原則係以建立管理者高於技術人員的階層體系。為達成革新目標所進行的兩種策略是：消費者的增權與控制生產者，以提升效率（Fergusson, 1994: 97）。消費者得以運用制度賦予的選擇權，直接表達聲音，此使生產者須依消費者的喜好或需求進行變革。如此，便降低專業人員的自主權。而為了促使生產者的效率，管理者則仰賴行政與控制的模式，包括檢視生產者的工作內容、統計成果、獎懲方式、職務升級模式、薪資的決定等措施，以促進生產者滿足消費者需求的結果。質言之，市場化的專業主義已不同於傳統對於專業主義的樣貌，而是呈現出以具體的標準，注重產品的控制、重視市場機制與商業風格的特性，傳統以社會服務和大眾利益為宗旨的專業主義儼然變質。

（二）教師專業理論的發展

政治經濟的轉變也影響到教育改革趨向，一九八〇年代後，後現代思潮衝擊、新管理模式的影響、新科技發展的突破、多元文化的影響等，促使師資培育面臨新的挑戰（楊深坑，1999：29-34）。Hoyle（1995: 62）指出，在強調市場、消費者、鬆綁、選擇以及績效的管理主義政策驅使下，傳統專業主義已經產生變化。新的專業人員必須經過基本能力訓練而符合契約規定的能力，並且能夠符合消費者的需求，達到規定的績效標準。教師在面對市場運作邏輯，必須管理日常生活的點點滴滴，清楚地了解如何管理資料、如何記錄資料、如何保存資料等，以提供具體的效率和品質的證據，使教學品質達到 3E，即經濟（economic）、效率（efficiency）、效果（effect）的水準（Bottery, 1996: 182）。

在管理主義為上的政治社會脈絡下，教師專業充滿技術性的特質（Harris, 1997: 59），此與傳統教師專業的概念是截然不同的。審慎展現教師專業概念和專業化的過程，便成為管理控制教師必要的環節（Fergusson, 1994: 106）。為了讓教師能夠符合管理主義的管理要求，從招募未來的教師、培育課程規劃、教師資格取得、教師甄選與任用、教師待遇與工作條件、教師專業發展等專業化的歷程，均以管控教師專業品質的概念為出發點。

回顧教師專業理論的發展，功能論、互動論、衝突論的觀點都呈現出教師專業是矛盾與可控制的特色。教師專業的發展歷程，每每見到教師專業為自身地位與特性所付出的努力，但往往礙於現實而顯得無疾而終。從發展的歷程中也可以了解到，教師專業理論忽略實質面的討論，尤其是整體營造專業文化的制度面，也是教師專業在實然面與應然面的矛盾原因之一。正值重新營造教師專業之際，實有需要從教師專業的環節或制度，檢視建構教師專業之可能與可行性。

參、各國教師專業管理機制

從前所述，今日教師專業的概念已有所轉移，為追求及維繫專業化，以符

合管理主義的要求，從師資培育理念與課程規劃、教師資格取得、教師甄選與任用制度、教師待遇與工作條件、教師專業發展模式、教師評鑑與升遷規劃、不適任教師之處理等專業化的歷程，均須管控教師的專業品質，許多國家的師資培育改革也即建立在這樣的專業理論基礎之上，底下即就各國相關情形進行闡釋。

一、教師素質計畫層面：師資培育理念與規劃

一九八〇年代以來，由於全球政治經濟劇烈的變遷，後現代思潮、市場經濟邏輯影響全球人民的生活，增權賦能（empowerment）、學校本位、家長選擇權、多元文化與知識經濟等理念瀰漫在社會中，教師專業也受到了新時局的影響，傳統的師資培育課程為因應社會變遷也需要極大的改革。如 M. Young（1998）所指出，師資培育政策改變的四大取向：(1)忽略教育理論科目；(2)走向學校為本的培育方式；(3)教師能力的集權管理；(4)加重中小學學校對教師專業發展的責任。這樣的教師專業觀點已瀰漫於全球，對於傳統師資教育的專業權威不啻為一種挑戰。

以美國為例，美國國會於一九九八年的修正高等教育法案時，通過以受過師資培育的畢業生所通過的教師檢定考試的數量，來評斷師資培育的品質。旋即，師資培育機構便整合相關專家學者進行研究，以了解如以通過教師考試的數量來評斷師資培育優劣的合理性。研究報告指出，以通過教師考試的數量來評斷，有失權衡師資各層面考量之虞，並建議政府能以其他評鑑方式取代之（Basinger, 2001）。雖然研究報告所做出結論有違政府所定立場，但是礙於政府對於高等教育的補助，師資培育機構不得不依循政府的主張（Basinger, 2001）。此為政府主導師資培育方向的一個實例，政府以其經費補助的絕對優勢，主導師資培育的理念，而走向「績效責任」（accountability）。

英國在一九九八年的綠皮書《教師：迎接改革的挑戰》（*Teachers: Meeting the Challenge of Change*）中，強調師資職前培訓將更有彈性且更為嚴格，包括：(1)針對所有培訓教師的新全國性測驗；(2)新的預修課程；(3)修正「合格教師地位」的程序；(4)發展「學校引導」的師資培訓；(5)透過更為彈性的培訓

課程來吸收更廣來源的申請者；(6)擴展在職本位的師資培訓管道。政府計畫引
進新的全國性快速管道（fast-track）以吸引有能力的大學畢業生，並使表現良
好的教師在其專業中快速提升地位。快速管道的教師將接受額外的訓練，並簽
訂補充契約，使有較長的工作年限和較多的流動。綠皮書指出，教師生涯的核
心應該是對於專業發展的持續投入：(1)所有教師要更新技巧的契約責任；(2)專
業發展的新焦點是結合全國、學校和個人的優先；(3)建立培訓者之全國性的
「實務規則」和新的視導方案；(4)更多學校時間外的訓練以減低對兒童教育的
中斷；(5)修正對於代課教師的訓練安排，以及(6)持續強調教師需要具備良好的
資訊溝通技巧。第七章第一二○條規定，當新教師首次進入學校即開始專業發
展。一九九九年九月之後擔任教師者必須有法定的導入年。導入的一開始是每
位新教師都有一份「生涯登錄檔案」（Career Entry Profile），記載其優點和
往後專業發展的優先領域。第九章第一二三條說明，為使教師生涯和專業發展
的重要性能夠正式化，政府擬在教師的任用契約中加入教師要更新他們的技巧
的責任。這項責任將反映在教師的個人與生涯發展目標中，且作為年度教師評
鑑歷程的一部分。

二、教師素質控制層面：教師資格取得、教師甄選與任用制度、教師待遇與工作條件

就教師資格取得而言，德國教師是經由國家考試（Staatsexam）取得教師
資格，教師自受命於國家以來，即被視為公僕（civil servant），不但具有公務
員身分，也受法令的保障；聯邦法令明訂教師以公職身分（Beamtenverhalt-
nis）所牽涉的權利與義務。德國在整個師資培育的過程當中，國家藉由二次
國家考試的嚴格篩選來掌控教師素質，以剔除不良的師資。經過六至八個學期
的師資培育學程，學生須通過第一次的國家考試才能取得實習教師（Lehrera-
nwarter 或 Referendar）的資格，實習期滿方可接受第二次國家考試。考試內容
包括兩篇分屬兩個任教專門學科教學的論文、兩個專門科目的試教及口試。這
些成績連同試教成績，各佔一定比例及加權分數，即為第二次國家考試成績。
國家考試不及格僅能補考一次，且其成績影響將來教職之申請，故實習教師均

不敢掉以輕心（楊深坑，1994）。

　　法國中、小學教師的甄選（recruitment）與任用（appointment）主要由法國教育部（Ministry）（Ministere de l'education nationale）負責。中學師資直接由教育部管轄，小學師資則由教育部派駐行政區（region）或省（departements）的官員負責。法國中、小學教師資格取得及甄選之方式以考試為主，特別是隨著不同種類之教師，會有不同的考試方式。至於法國中、小學教師之任用方式採用分發與遷調，小學師資以省為分發及遷調範圍，中學師資則以大學區或全國為範圍。自一九八九年立法通過設立IUFM以來，法國中、小學教師均以取得professeur為主。小學教師稱為professeur des ecoles，中學師資則是professeur du second degre；其中，中學師資又分為professeurs certifies與professeurs agreges（以具有Agregation為主），前者又包括：CAPES證書（Certificat d'aptitude au professorat de l'enseignment du second degre，國中或高中教師）、CAPET證書（Certificat d'aptitude au professorat de l'enseignment technique，技術高中教師）、CAPEPS證書（Certificat d'aptitude au professorat de l'education physique et sportive，體育教師）。另外，還有CAPLP2證書（職業高中教師）以及欲擔任學校輔導人員，另成立一類，須通過CPE證書考試（郭為藩，2002）。IUFM原則上招收有志從事教職具學士學位者（titulaire d'une licence）或同等學歷者，招生依據申請入學的文件審查（'epreuve sur dossier）和面談（entritien）結果。學生在進入IUFM之初，要決定未來擔任小學教師或中學教師（李其龍、陳永明主編，2002）。IUFM的學制為兩年，第一學年的教育目標指向教師會考（les concours de recrutement），其中，小學教師會考在學區舉行，中學教師會考則在全國進行。通過會考的學生被任命為實習教師（les enseigants-stagiaires），進入第二學年。第二學年注重職業性教育，注重教育中各類實踐活動的互動、分析，以及相關理論知識的學習。學業結束後，由國民教育部督導團成員和大學教授組成的評審委員會決定授與證書。師資生的身分可以由實習教師轉變成為正式教師，正式成為國家公務人員（李其龍、陳永明主編，2002）。

　　日本在一九九○年代以後教師的需求飽和，所謂的教育大學可以選擇零免

許（可不修取得教師資格所需之學分）的畢業方式。也可以採取間接養成方式，即所謂開放式的教師培育方式。就是將所有教師所需的條件（學分）公佈，任何高等教育機構只要能開設足夠的教師資格學分供學生選修，學生可依自己意願在取得各種教師免許所需的學分後，經各地方（縣）的教育委員會認定核發，取得教師資格（皇晃之、若井彌一編著，1996，頁 333-336）。

再以英國為例，師資培育日益變成國家教育政策中的關鍵議題。在一九八○年代初期，英格蘭與威爾斯的師資培育與訓練課程之內容與結構主要是大學和高等教育機構內部的事務。但是，英國政府近二十年來對於教師的政策轉變的核心區域在於師資培育體系，假定改變教師專業主義（亦即技巧、知識與價值）的一個明顯方式，即是改變師資培育的形式與內容。師資培育日益變成政治論辯與爭鬥的主要戰場。對於師資培育的中央控制急遽增加，且改變的速度愈來愈強烈。在一九八○年代的變化，包括了設立「師資培育審議委員會」（the Council for the Accreditation of Teacher Education, CATE）（DES, 1984）；及其後續的修正，如對於傳統師資培訓像是一年的「學士後教育證書」和四年的「教育學士」課程的修改，明確規範課程的內容（DES, 1989）；引進縮短年限的「教育學士」課程和部分時間制的「學士後教育證書」；更激進的革新措施是在市場化的考量下，於一九八九年引進「學校本位的」師資培訓方案，亦即透過「契約教師」和「試用教師」這兩種方案來取得「合格教師地位」（DES, 1989）。

就教師待遇而言，美國自一九八○年代教學專業化的教育改革之後，提高教師的授證標準作為專業發展的主要改革措施。在一九九七年時，已有十一州共同致力於建構中小學教師的專業證照與生涯進階之整合體系（李新鄉，1999：29）。一九九七年七月美國國會通過「教師增權賦能法」（Teacher Empowerment Act），讓各州及地方教育機關能更有彈性地採取各項措施以改善教師素質，除了通過國會立法直接辦理教師進修活動外，更運用教師證書發給的種類與有效年限的方式，推動中小學教師在職進修活動（蔡清華，2001：114）。而以教師表現來敘薪，像是功績薪給制（merit pay）、生涯發展階梯（career ladders）、能力敘薪制（competency-based pay）、額外支付制（contingency pay）與團體表現獎賞制（group performance awards）等方式，均成為教師待遇的改革方式。

　　英國在一九九八年公佈的教育綠皮書《教師：迎接改革的挑戰》中，也主張以「依表現敘薪」（performance related pay）作為提高教師工作誘因的方案。綠皮書中建議：(1)讓好老師在接受評估後，邁入高一級的敘薪表；(2)每年對個別教師進行更嚴格的考核來決定薪資；(3)以「學校表現獎方案」（school performance award scheme）；(4)更系統化的學校管理；(5)清楚的績效，並對新系統加以追蹤（陳怡如，2000）。另外，像師資培訓局（Teacher Training Agency, TTA）為因應長期以來師資短缺的問題，所提出的學士後師資班（Postgraduate Certificate of Education, PGCE）一年六千到一萬英鎊的「金歡迎」（Golden Hello）津貼、教育部提出的「大學畢業生轉任教師培訓方案」（Graduate and Registered Teacher Programme）補助每人每年 17,000 英鎊薪資與培訓的費用等（黃藿，2002），也都是希望從改善教師的工作待遇來提升教師的水準。

　　而在工作條件方面，「全美教育協會」（National Education Association）曾於一九九六年在全美進行問卷調查，結果發現，有42.5%的教師曾經參與學校的課程委員會；另外，也有 51%的教師曾經參加如預算編列、教師工會等其他委員會。而二○○○至二○○一年之間的研究則顯示，美國教師每個禮拜平均花五十小時在例行工作，其中導師、批改作業及社團指導等約有十二小時，而這些工作是不支薪的；教師每年平均自掏腰包443 美元在學生及教學用途上；另外，有23%的教師可以全程參與學校課程、排課、預算的工作，53%的教師則是參與部分工作。「美國全國教育統計中心」（National Center for Education Statistics）也曾於二○○○年針對 50 個州及哥倫比亞地區的 5,253 位中、小學全職、兼職教師進行調查，有 61%的公立學校教師覺得能充分準備並完成教師的工作，35%的教師覺得大概能夠完成，而有40%多少只能完成一點。從以上的調查結果可以發現，美國教師雖得以參與校務決策，但卻並非是全部的教師均會參與。而教師的工作負擔並未因為教師參與校務而得以減少，對於教學本職也並非大部分教師均能充分準備。

　　而為了改善教師教學工作的條件，二〇〇三年一月，英國政府的 DfES 和國內主要教師組織及教育團體（ATL, GMB, NAHT, NASUWT, NEOST, PAT, SHA, TGWU, UNISON, WAG）共同簽署一份提升教師水準與處理工作負擔的全國協議書，指出教師不應從事例行性的非教學性質工作，例如指揮路隊、收取代辦費等；教師應擔任校內的監考工作，但不需擔任例行性的校外監考工作；明訂了教師每年代課時數不應超過三十八小時；並要求給予教師不得少於教學時間 10% 的必要的計畫、準備與評量時間；同時也允諾在未來四年內，達成減少教師整體工作時數的目標（DfES, 2003）。

　　在教師專業發展方面，由美國師資培育研究團體 Holmes Group 在一九九〇年發表的《明日學校——專業發展學校的設計原則》（*Tomorrais Schools: Principles for the Design of Professional Development School*）報告書中，所提倡的「專業發展學校」（professional development schools）概念，可以提供極佳的參考。所謂「專業發展學校」是指與師資培育機構共同合作，以培育中小學專業師資，促進中小學教師專業成長，以及進行教學專業研究之公立學校。類似英國 Hillgate Group 的主張，Holmes Group 也認為教學的專業訓練與發展，必須建立在學校實際情境的基礎之上才有意義。因此，師資培育機構有必要與中小學建立合作的夥伴關係，一方面透過專業發展學校培訓優質的中小學師資，另一方面提供中小學教師在職進修管道，並與中小學合作進行教育研究，達到互惠的雙贏局面。我國目前師資培育機構與中小學間之關係，也朝向上述的「夥伴關係」發展。教育部希望藉由師資培育機構與中小學之間建立夥伴關係，以助於提升中小學教學品質與師資培育機構的水準。

三、教師素質改善層面：教師評鑑與升遷規劃、不適任教師之處理

　　有關教師評鑑的問題，亦是各國在教師素質管制系統中的一個重要課題。英國自一九七〇年 James 委員會提出《師範教育和訓練》（*Teacher Education and Training*）報告書強調教師專業發展的重要性後，教師進修觀念已被接受。一九八七年通過「教師薪資與條件法」，強制性規定五天的學校進修日。一九

九八年的綠皮書《教師：迎接改革的挑戰》，更是採用市場機制對教師進行評鑑，作為調薪之依據。其中第三章「教學的較佳報酬」說明政府將建立新的付薪系統之計畫，以獎勵高表現的教師，和改進生涯的展望。政府規劃新的教師評鑑措施，以激勵教師有高度且持續的能力、成就和投入，以及對在「表現門檻」（performance threshold）之上教師的較高付薪範圍和新的專業期待。第四章「較佳的訓練」，則是解釋政府計畫給教師需要的訓練和支持，以做好工作，並在其生涯中進展。

美國自一九八三年出版《危機中的國家》（*A Nation At Risk*）中，便明言指出必須建立一項有效的評估制度，以確保中小學教師的薪資、升遷、職務保障及停職等決定能制度化，使優秀的教師得以獲得獎勵、中等的教師受到激勵、劣等教師被要求改進或解雇（轉引自楊啟棟，1988：157）。而近年來，由於「績效責任」意識的抬頭，教師評鑑與績效責任制度的結合成為教育改革的主流。「二○○二帶好每個學生法案」即提倡以學生閱讀與數學測驗成績作為評鑑教師與撤換教師的標準。「明日的教師」報告書則主張施行教師分級制。

就不適任教師之處理而言，美國因實施地方分權，各州有各州的差異，如德州即以教學策略、教室管理與經營、呈現主題、學習環境、專業成長與責任等五個領域來評鑑教師。佛羅里達州則以計畫、教學組織與架構、呈現主題、語言與非語言溝通、學生行為管理、評量來視導教師的教學成效等（轉引自黃裕城，1999：90）。但基本原則是透過換證的方式，一方面促進教師的專業成長，一方面據此以淘汰不適任的教師。唯這樣的聘任制度實際上在處理不適任教師時仍成效不彰，主要原因在於這樣的聘任制度實際上在處理不適任教師時仍成效不彰，主要原因在於不適任標準的認定之上。美國教師的不適任標準，在於教師的教學效能與對學生的管理績效（黃裕城，1999：90）。由於教師的工作權受到法律的保障，因此在適任與不適任的評斷上，則不可失之草率。但是要如何處理「不適任」的定義與標準，則是個具有爭議性的問題，包括誰來鑑定；鑑定小組的成員？鑑定小組的法定地位；不適任的標準為何？如何界定不適任？學校校長、家長會、教師會及教評會對於「不適任」的認知差異？施

行的強制力？（鄭文嵐，1997；楊可耘，1999；鍾華，1999）準此，近年來，美國許多研究機構也正積極研擬處理不適任教師的相關措施，例如，Clearing-house on Educational Management 即於一九八四年出版《不適任教師之處理》（*Management the Incompetent*）一書，並於一九九〇年二版中提出處理不適任教師的八個步驟：(1)學區先要將「建立良好的教育品質」當作第一要務；(2)建立合理的教師評鑑標準，並加以公佈；(3)建立完整的教師評鑑程序；(4)給予不符合評鑑標準的教師輔導及改善時間；(5)確定評鑑教師的人員具備足夠且必須的專業能力；(6)提供評鑑人員足夠的資源；(7)評鑑人員對於整個評鑑過程及對不適任教師的相關處理錯失有解釋的義務；(8)在決定解聘一個不適任教師之前，要給予該教師聽審的機會。由上述文獻可見，在美國，要處理一位不適任教師雖然有相關程序可資依循，但實際上，運作起來是相當繁複、費時且費力的，也因此處理成效不彰。

日本為解決不適任教師的問題，中央教育審議會在二〇〇二年的答申要旨中建議，對於不適任教師應給予一年之研習輔導後，觀察其是否適任；若仍不適任，則再給予一年觀察輔導期，確定不適任就將其調離教學職務，轉任學校事務性工作。

綜上所述，為使教師的專業發展得以落實，各國紛紛以證照、評鑑、分級、績效責任等措施，來確保教師專業素質得以改善與發展。

肆、對我國教師專業管理機制建構之啟示

一、教師素質計畫層面：師資培育理念與課程規劃

就師資培育理念而言，師資培育法於一九九四年公佈以後，不管行政界或學術界，甚至教育部官方文書，大多以多元化為新師資培育制度的最大特色，往往予人錯覺，誤以為多元化即為師資培育專業素質的保證。事實上，多元化開放師資培育市場後，如無適當的管理機制，隨時調整專業技能的標準，強化專業價值的培育，不僅無法提升教師專業素質，甚至於有劣幣驅逐良幣，損害教師整體專業形象的危險。以修正後的師資培育法為例，第一條就規定：「為

培育高級中學以下學校及幼稚園師資，充裕教師來源，並增進其專業素養特制定本法。」由此條文立意觀之，本法制定之主要目的著重在「充裕教師來源」，專業素養之增進是其附屬目的。在第二條中雖然規定「師資培育應著重教學知能及專業精神之培養」，然重點仍在教學知能，對於因應時代需求之專業知能與態度之培養，仍未受到重視。

從前述教師專業理論的發展看來，未來有關教師專業雖必須重視專業的管理知能，但是新教師專業仍須回歸專業倫理層面，如 I. Goodson（2003: 132）所指出，教學首要是一種道德與倫理的志業，而必須再次強調由 A. Hargreaves 和 Goodson（1996: 20-21）所提出的「新專業主義」（new professionalism），即重視教師在教學、課程、關懷學生、社會等道德與價值判斷，並強調教師應共同發展合作文化，不斷自我探究與學習等教師專業倫理層面。因此，教師專業的管制措施如何讓教師能夠修習專業倫理精神，則是當務之急。

二、教師素質控制層面：教師資格取得、教師甄選與任用制度、教師待遇與工作條件、教師專業發展模式

就教師素質控制層面，以教師資格取得而言，我國目前教師資格檢定顯然失之寬鬆。「師資培育法」立法之初似有意師法德國教育實習前後須經過兩次國家考試之規制，以初檢來進行篩選具有充足專門學科知能及教育專業性向者進入實習學校，再以複檢嚴格考核教師之專門學科、教育專業以及實踐能力，作為授證與否的依據。透過雙重檢定以確保教師素質。惟檢定辦法雖經一九九二年六月的修訂後，廢除了初檢、複檢、實習縮減為一學期，增加教師資格檢定考試。表面看起來，似乎較以前只檢覈職前教育及實習成績較具篩選功能，惟檢定考試以筆試為唯一方式，難以測定準教師的實作能力。

而從前述文獻分析可知，各國教師資格取得過程，實作能力備受重視，無論是國家管制或是市場導向，都認為實作是教師專業極為重要的能力。為增進我國教師專業素養，教師檢定考試宜增考實作能力，包含試教、面試等。

就教師甄選與任用而言，「教師法」於一九九五年八月九日由總統公布明令施行，其打破以往中小學教師的任用方式，使整個教育生態起了極大的變

化。「教師法」賦予學校自主權,使學校可以本身之需要,選擇合適的師資。「教師法」明文規定各校教師之聘任須經由教師評審委員會之審議程序。固然此舉可擴大教師參與校務的範圍,進而增同教師對學校的認同,但是不可避免地削減校長用人的權力,而使校長有權責不稱之感。且各校獨立招收新進教師,不免遭受許多政治與人情壓力;許多時候僅為幾名教師即勞師動眾辦理教師甄選,不符經濟效益。是以,在甄選任用方面,如何以縣或直轄市為單位,由教育委員會統一甄試、統一分發任用、統一輪調,使得甄試過程公開、公平、透明、合理,並透過輪調制度,平衡城鄉教師素質的差距,是可以重視的目標。

另外,就教師待遇及工作條件而言,目前我國有關教師之待遇、退休、撫卹、離職、資遣及保險等,悉依「公立學校教職員敘薪辦法」、「公立學校教職員職務等級表」、「學校教職員退休條例」、「學校教職員撫卹條例」、「公務人員保險法」、「公務人員資遣給與辦法」等規定辦理。惟這些規定或辦法有時公私立不同,有時又公教不分,徒增許多困擾,而有必要重新加以檢討改進,以保障教師權益。而自一九九二年,政府宣佈將取消中小學教師的免稅權後,迄今雖因各方政治角力結果尚未真正實施,但有關教師待遇與工作條件的相關問題卻引起了相當多的討論,且教育界與外界的觀點並不一致。是以,宜學習英美作法,將教師相關工作內容如工作時數、工作內容等明訂於法規,以有所遵從,減少爭議。而在教師待遇部分,以教師表現來敘薪,像是功績薪給制(merit pay)、生涯發展階梯(career ladders)、能力敘薪制(competency-based pay)、額外支付制(contingency pay)與團體表現獎賞制(group performance awards)等方式,均可作為教師待遇的改革方式。

以教師的專業發展而言,目前並無明確之機制與標準,教育部僅配合新制「師資培育法」第16條之規定,於一九九六年十月重新頒訂「高級中等以下學校及幼稚園教師在職進修辦法」,規定教師在職期間須進修十八小時或一學分,或五年內累積九十小時或五學分(第9條)為教師在職進修訂定了全國性的下限標準,使教師知所依循。惟由於法令規定欠缺周延,未有對進修學程規劃及評鑑單位或機制的建立,課程也未必能滿足教師專業發展需求,使得教師

在職進修流於形式，教師大多僅止於參與有教育當局認可之演講會或研討會，完成五年九十小時的法定進修義務，無助於其專業成長。而修訂後的新版「師資培育法」仍沿舊法規定師資培育機構，各級政府得設機構，辦理在職進修。惟並非強制性規定，在沒有進修學程規劃與評鑑機制情況下，教師在職進修仍難落實。改進之道在於師資培育機構有必要與中小學建立合作的夥伴關係，一方面透過專業發展學校培訓優質的中小學師資，另一方面提供中小學教師在職進修管道，並與中小學合作進行教育研究，達到互惠的雙贏局面。

三、教師素質改善層面：教師評鑑與升遷規劃、不適任教師之處理

在教師素質改善層面，我國行政院教育改革審議委員會，在第一期諮議報告書中第六節中曾提及，建議各校設置教師審議委員會以處理教師之任用、考核與評鑑，對教師的考核與評鑑重視其工作態度與理念是否合於教育原理。其項目可以包括在職進修之成果與教學績效，並將評鑑之結果與薪資、退職、分級與換證之制度相結合，以維持師資之素質（行政院教育改革審議委員會，1996：49）。由各國對於政策與立法將教師評鑑列為教師薪資、升遷、退職等標準的情勢來看，教師評鑑工作已是英美等國家近年來相當重視的教育改革項目之一。為提升教師專業素質，教師評鑑、教師分級及依表現敘薪是勢在必行的方向。然而，對於哪個單位來進行教師評鑑；評鑑中的配套措施，如配合教師專業發展進程、教師自我改進、教師評鑑檔案；教師評鑑實際運作因學校不同所產生程序與方法上的可能變項因素等，則有賴進一步思考與研擬。

就不適任教師的處理而言，根據「教師法」第 14 條規定，各校教師評審委員會有解聘、停聘、不續聘教師的權責。因而，不適任教師的處理是由學校教評會負責。然而，由於教評會委員有一半以上都是校內教師，基於同事情誼，通常無法客觀評審；再者，委員之中缺乏足以評鑑不適任教師的各類專業人員，致使在處理不適任教師問題上，成效不彰。而為了協助學校處理不適任教師的問題，目前臺北市、高雄市及部分縣市教育局也訂定有相關處理或作業原則。如臺北市在二○○一年訂定「臺北市政府教育局審議不適任教師作業要

點」，將不適任教師之處理過程分為察覺期、輔導期、評議期、報局備查等階段。然而，在認定不適任的行為上，如「班級經營、親師互動或同儕關係明顯不佳」等論斷，仍嫌不夠具體明確，且舉證困難，易起爭議。教育部雖也於二○○三年一月修正了部分的教師法條文，以規定不適任教師的相關處理程序，但仍有相當爭議。美國與日本的作法或許可供我國參考，透過訂定明確規準、方法與步驟的評鑑，篩選出不適任教師，之後給予專業研習與輔導的一年觀察期，再進行第二次評鑑，仍不適任者即予調離教學職務，改任學校行政事務，或許是解決不適任教師，對於學生傷害最小的一種方式。

伍、結語

邁入新世紀之後，世界各國的政治、經濟、社會、文化等隨著科技的進步、生活素質的改善，以及全球化的衝擊下，歷經了劇烈的改變。各國因此莫不以教育的改革和提升作為社會進步的基礎。學校教育便負起社會維繫、進步的重擔，而廣大的學校教師更是教育品質優劣、教育改革成功與否的關鍵人物，教師素質的專業提升成為重要的教育改革議題。在以管理掛帥的新專業主義主導下，要求環環相扣的品質管理以維繫專業的規準。世界重要國家的師資培育制度，包含計畫層面的師資培育理念與課程，管制層面的教師資格取得、甄選與任用制度、待遇與工作條件、教師專業發展模式，以及改善層面的評鑑與升遷制度、不適任教師之處理模式等，也在前述的新專業理論基礎上持續進行改革。

而環顧國內近年來各項關於提升師資素質的教育改革目的，亦是希望促進教師專業化，以追求師資素質的合理、績效和卓越。然而，唯有縝密周詳的規劃與確實的執行，改革方能克服阻礙、獲致成果，否則，缺乏通盤透視，僅是頭痛醫頭、腳痛醫腳的治標不治本方式，徒增改革困擾與問題，無助於教師專業發展，更遑論教育品質提升。而從前文所述，我國近年來的師資培育制度改革正反映出這樣的問題。

準此，本文在經由對專業理論發展的反省之後，檢視世界重要國家近年來師資培育制度在邁向教師專業化過程的改革措施，提出了對於我國在進行教師

專業提升之管理制度變革時的參考。本文建議，在師資培育的計畫層面，未來有關教師專業必須重視專業的管理知能；在品質管制層面，教師資格取得過程宜理論與實作並重、教師甄選與任用可以縣或直轄市為單位統一辦理、教師待遇可依教師表現來敘薪、教師工作條件宜明訂於法規、宜透過師培機構與中小學的夥伴關係發展教師專業；在改善層面，教師評鑑與分級是必行的趨勢，而對於不適任教師的問題，可以透過評鑑、研習輔導與調離教學職位來嘗試解決。

參考文獻

▶ ───

■ 中文部分

行政院教育改革審議委員會（1996）。**教育改革總諮議報告書**。臺北市：行政
　　院教育改革審議委員會。

李新鄉（1999）。美國小學教師在職進修專業發展學成之研究，**教師之友，40**
　　（3），28-33。

李其龍、陳永明（2002）。法國教師教育課程設置，載於李其龍、陳永明（主
　　編），**教師教育課程的國際比較**。北京市：教育科學出版社。

姜添輝（1999）。結構功能主義專業特質論之評析，載於中華民國師範教育學
　　會（主編），**師資培育與教學科技**（頁251-272）。臺北市：臺灣書店。

皇晃之、若井彌一編著（1996）。**教職專門**。日本：金港堂。

陳光中、秦文力、周愫嫻（譯）。Smelser, N. J.著（1995）。**社會學**（*Sociol-
　　ogy*, 4th ed.）。臺北市：桂冠。

陳怡如（2000）。教育專業新衝擊——英國教改「依表現敘薪」的反思。載於
　　中華民國比較教育學會（主編），**邁向新世紀：比較教育理論與實際**（頁
　　155-174）。臺北市：臺灣書店。

郭為藩（2002）。師範大學制度的傳統與蛻變，載於中華民國師範教育學會
　　（主編），**師資培育的政策與檢討**。臺北市：學富文化。

黃光雄（1977）。**蘭開斯特與皇家蘭式機構期間的導生學校運動**。國立臺灣師
　　範大學教育研究所博士論文，未出版，臺北市。

黃裕城（1999）。中小學教師適任與不適任的探討，**課程與教學季刊，2**
　　（2），85-100。

黃　藿（2002）。英國工黨政府的教改回顧與前瞻，載於中華民國比較教育學
　　會（主編），**新世紀的教育遠景**（頁347-378）。臺北市：學富文化。

楊可耘（1999）。教師不適任；辦法，不適任？——不適任教師問題面面觀，
　　師說，128，8-12。

楊啟棟（1988）。美國教育改革白皮書，載於中國教育學會（主編），**迎接二十一世紀的教育改革**（頁 131-164）。

楊深坑（1994）。德國的實習教師制度。載於楊深坑等著，**各國實習教師制度比較**（頁 93-116）。臺北市：師苑。

楊深坑（1999）。新世紀師資培育之前瞻，載於中國教育學會（主編），**跨世紀教育的回顧與前瞻**（頁 21-46）。臺北市：揚智。

蔡清華（2001）。美國中小學教師在職進修制度研究：以行政機制為例，載於楊深坑（主編），**各國中小學教師在職進修制度研究制度比較研究**（頁 113-124）。臺北市：揚智。

鄭文嵐（1997）。不適任教師的處理，**師友**，**86.1**，52-54。

鍾　華（1999）。談到不適任教師，學校、教師會、家長會同聲一嘆……，**師說**，**128**，12-14。

西文部分

Avis, J. (1994). Teacher professionalism: One more time. *Educational Review, 46* (1), 63-72.

Arbeitsstab des Forum Bild (2001). *Empfehlungen des Forum Bildung*, Berlin: the Author.

Basinger, J. (2001). Report bashes reliance on teaching exams. *Chronicle of Higher Education, 47*(31), 34.

Becker, H. S. (1962). The nature of a profession. In B. Henry (Ed.), *Education for the professions* (pp.27-46). Chicago: The University of Chicago Press.

Ben-David, J. (1964). Professions in the class system of present-day societies. *Current Sociology, 12* (3), 247-330.

Bergen, B. H. (1982). Only a schoolmaster: Gender, class, and the effort to professionalize elementary teaching in England, 1870-1910. *History of Education Quarterly, 22* (1), 1-22.

Bottery, M. (1996). The challenge to professionals from the new public management:

Implications for the teaching profession. *Oxford Review of Education, 22* (2), 179-197.

Collins, R. (1990). Changing conceptions in the sociology of the professions. In R. Torstendahl & M. Burrage (Eds.), *The formation of profession: Knowledge, state and strategy* (pp.11-23). London: SAGE.

Carr-Saunders, A. M., & Wilson, P. A. (1933). *The professions*. London: Oxford University Press.

Cullen, J. B. (1978). *The structure of professionalism: A quantitative examination.* New York: Petroceli Book.

DES (1984). *Initial teacher training: Approval of coures.* London: DES.

DES (1989). *Licensed teacher regulations.* London: DES.

DfEE (1998). *Teacher: Meeting the Challenge of Change.* London: SO.

DfES (2003). *Raising Standards and Tackling Workload: A National Agreement.* London: SO.

Dingwall, R. (1983). Introduction. In R. Dingwall & P. Lewis (Eds.), *The sociology of the professions* (pp.1-13). London: Macmillan.

Etzioni, A. (1969). Preface. In A. Etzioni (Ed.), *The semi-professions and their organization: Teachers, nurses, social workers* (pp.5-18). New York: The Free Press.

Fergusson, R. (1994). Managerialism in education. In J. Clarke, A. Cochrane, & E. McLaughlin (Eds.), *Managing social policy* (pp. 93-114). London: SAGE.

Flexner, A. (1915). Is social work a profession? *School & Society, 1*, 901-911.

Freidson, E. (1983). The theory of professions: State of the art. In R. Dingwall & P. Lewis (Eds.), *The sociology of the professions* (pp.19-37). London: Macmillan Press.

Giddens, A. (1984). *The constitution of society.* London: Polity Press.

Ginsburg, M. B. (1987). Reproduction, contradiction and conceptions of professionalism: The case of pre-service teachers. In T. S. Popkewitz (Ed.), *Critical stu-*

dies in teacher education—Its folklore, theory and practice (pp.86-129). New York: Falmer.

Ginsburg, M. B. (1988). *Contradictions in teacher education and society: A critical analysis*. New York: The Falmer Press.

Goode, W. J. (1969). The theoretical limits of professionalization. In A. Etzioni (Ed.), *The semi-professions and their organization: Teachers, nurses, social workers* (pp.266-313). New York: The Free Press.

Goodson, I. (2003). *Professional knowledge, professional lives: Studies in education and change.* Maidenhead & Philadelplia: Open University Press.

Hanlon, G. (1998). Professionalism as enterprise: Service class politics and the re-definition of professionalism. *Sociology, 32* (1), 43-63.

Hargreaves, A., & Goodson, I. (1996). Teachers' professional lives: Aspirations and actualities. In I. F. Goodson & A. Hargreaves (Eds.), *Teachers' professional lives* (pp.1-27). London: Falmer Press.

Harris, A. (1997). The deprofessionalization and deskilling of teachers. In K. Watson, C. Modgil, & S. Modgi (Eds.), *Educational dilemmas: Debate and diversity, Vol. 1: Teachers, teacher education and training* (pp.57-63). London: Cassell.

Herbst, J. (1989). *And sadly Teach: Teacher education and professionalization in American culture*. Madison: The University of Wisconsin Press.

Hoyle, E., & John, P. (1995). The idea of a profession. In E. Holy & P. John (Eds.), *Professional knowledge and professional practice* (pp.1-18). London: Cassell.

Hoyle, E. (1995). Changing conceptions of a profession. In J. Busher & R. Saran (Eds.), *Managing teachers as professionals in schools* (pp.59-70). London: Kogan Page.

Hughes, E. C. (1984). *The sociological eye*. New Brunswick: Transaction. (Originally published: Chicago: Aldine-Atherton , 1971)

Johnson, T. J. (1972). *Professions and power*. London: The Macmillan Press.

Larson, M. S. (1977). *The rise of professionalism: A sociological analysis*. Berkeley: University of California Press.

Larson, M. S. (1980). Proletarianisation and education labor. *Theory and Society, 19*, 131-171.

Lieberman, M. (1956). *Education as a profession*. N. J.: Prentice-Hall.

Maguire, M. (2000). The state regulation of United Kingdom teacher education in the nineteenth century: The interplay of 'value' and 'sense'. *International Studies in Sociology of Education, 10* (3), 227-242.

Mattingly, P. H. (1987). Workplace autonomy and the reforming of teacher education. In T. S. Popkewitz (Ed.), *Critical studies in teacher education—Its folklore, theory and practice* (pp.36-56). New York: Falmer.

Nixon, J., Martin, J., McKeown, P., & Ranson, S. (1997). Towards a learning profession: Changing codes of occupational practice within the new management of education. *British Journal of Sociology of Education, 18* (1), 5-28.

Ozga, Z., & Lawn, M. (1981). *Teachers, profession alism and class: A study of organized teachers*. London: Falmer.

Parsons, T. (1954). The professions and social structure. In T. Parsons, (rev. ed.) *Essays in sociological theory* (pp.34-49). New York: The Free Press.

Popkewitz, T. S. (1991). *A political sociology of educational reform: Power/knowledge in teaching, teacher education, and research*. New York: Teachers College Press.

Simpson, R. L., & Simpson, I. H. (1969). Women and bureaucracy in the semi-professions. In A. Etzioni (Ed.), *The semi-professions and their organization: Teachers, nurses, social worker* (pp.196-265). New York: The Free Press.

Smith, R. A. (1957). Maturity of education as a profession. *Journal of Teacher Education, 8* (3), 253-260.

Soder, R. (1990). The rhetoric of teacher professionalization. In J. I. Goodlad, R. Soder, & K. A. Sirotnik (Eds.), *The moral dimension of teaching* (pp.35-86). San

Francisco: Jossey-Bass.

Stinnett, T. M. (1968). The profession of teaching (4th printing). New York: The Center for Applied Researchin Education.

Torstendahl, R. (1990). Essential properties, strategic aims and historical development: Three approaches to theories of professionalism. In R. Torstendahl & M. Burrage (Eds.), *The formation of profession: Knowledge, state and strategy* (pp. 44-61). London: SAGE.

Turner, C., & Hodge, M. N. (1970). Occupations and professions. In J. A. Jackson (Ed.), *Professions and professionalization* (pp.19-50). Oxford: Cambridge University Press.

U.S. Department of Education (2002). *No child Left Behind Act of 2001*, Washington D. C.: the Author.

Weiler, K. A. (1997). Women and the professionalization of teaching. In L. J. Saha (Ed.), *International encyclopedia of the sociology of education* (pp.721-725). Oxford: Elsevier Science Ltd.

Young, M. (1998). Rethinking teacher education for a global future: Lessons from the English. *Journal of Education For Teaching, 24,*1, 51-63.

（本文為國科會專題研究成果。計畫名稱：「各國中小學教師素質管理制度之比較與我國中小學教師素質管理機制之建構——我國中小學教師素質管理機制建構之研究」；計畫編號：92-2413-H-003-039-FC。研究人員：主持人：楊深坑，共同主持人：黃嘉莉、黃淑玲、楊洲松）

C_{hapter} 4 >. >. >. >. >. >

中小學教師專業化之探討

郭諭陵
國立臺灣師範大學教育學系助理教授

壹、前言

「專業」或稱「專門職業」，係指具備高度的專門知能以及其他特性，而有別於普通的職業或行業而言。典型的專業人員，通常是指醫師、律師、工程師、建築師等（陳奎憙，1989：276，1990：183）。新興的專業，是指那些尚未完全符合專業規準，但目前正邁向完全符合的歷程之職業或行業，此類職業是在假想的連續體上移動，這種移動的歷程稱為「專業化」（professionalization）（Hoyle, 1994: 6092）。

專業化可說是職業成員的集體奮鬥歷程與結果，以爭取定義工作的條件與方法、控制生產者的生產，藉以建立職業自主的認知基礎和合法性（黃嘉莉，2004：233；Larson, 1977: 49-52）。透過特別的服務，使該專業得以扮演影響團體，並確保專業自身的自主與優勢。

教師專業是指教師在扮演其角色時，所具備的一些教育專業知識、專業技能、專業精神及專業態度等。具體言之，即教師具備任教的學科知識、處理教育問題的應變能力、能顧及學生的個別差異與需求、能經常參加進修研習、樂意參與教師專業團體的活動等（郭丁熒，2004：67）。由於教師所涵蓋的範圍甚為廣泛，一般認為大專教師具備專業性質，殆無疑義；而中小學教師的專業化程度，則尚有提升及努力的空間，因此本文僅就中小學教師的專業化，進行探討。希望藉由本文的探究，有助於早日實現教師專業化的理想。

貳、教師專業化的程度分析

Treiman（1977）曾整理五十三個國家、八十五項職業聲望調查發現，教師的聲望比技術工人及一般白領階級為高，但比起醫師、律師、建築師等主要專業為低（符碧真，1999：378，2001：292；Hoyle, 1995: 58-59）。

教師的專業化程度，除了可從職業聲望來看之外，也可依照專業規準來加以分析。從專業特質論的觀點來看，所謂專業工作，必須具備幾項規準；以下根據這些規準，逐一檢視我國當前中小學教師的專業化程度。

一、運用專門的知識與技能

　　此一規準係指專業工作人員必須具備某種專門的、獨特的知能；易言之，這種知能對外行人而言，具有某種程度的神祕性。然而，教學的「可視性」，使家長和許多社會大眾得以知悉或揣測教學的過程，其資訊是來自學童回家後的敘述，或是社會大眾以往受教的歷史經驗，「可視性」所帶來的豐富資訊，使得教學工作喪失其神祕性（姜添輝，2000：5）。

　　過去許多學者及中小學教師對於教育的專業性質，常抱著懷疑的態度：

　　　　教學作為一種專業的知識基礎，仍是一個具高度爭議性的問題。教師需要學科內容知識，以便傳遞給學生，這是無爭議的；但是對於那些廣泛被稱為「教育理論」的知識，局外人及教師本身對它都存有相當大的懷疑。（Hoyle, 1994: 6094）

　　　　雖然教師的培育已透過相關的科系來培養，已具備某些專業之特質，但由於教育理論基礎在專業、專門的雙重性，每每引起爭論與混淆；隨著教育的普及，教育知識無法形成「圈內知識」……教師一職並未完全符合「專業」之要件。（郭丁熒，2001a：26）

　　　　教育並非一門有系統的科學知識，教育實施只不過是將各種相關知識（例如：哲學、心理學、社會學……等），應用於教育情境而已。教育本身並無完整的知識體系，因而貶低教育專業的重要性。（一位職前教師的訪談）（孫志麟，2001：76）

　　但事實上，教育的科學研究已經為教育的理論建立了相當基礎，而逐漸形成自身的知識體系，且教育學在學術領域中已佔有相當的地位：

　　　　儘管，教學是否是專門化的工作仍有所爭議，但是累積長期的努力，無可置疑的是教育在質與量上，皆已發展出一套相當堅實的知識體系。

（姜添輝，2000：5）

　　一位中小學教師除精通任教科目的知識與技能外，並應探究教育理論、研習教材教法、經過相當時間的實習，以及通過教師資格檢定考試，始能成為合格教師。就此一趨勢看來，我國中小學教師已大致符合此一規準（陳奎憙，1989：277-278）。

二、經過長期的專門訓練

　　Bell（1973: 374）指出，專業階層基本上構成了社會的核心，專業活動係一種以知識為基礎，以服務為導向的智性活動，因而，必須有廣博的知識與長時間的教育，始能勝任專業工作。一般而言，專業人員須接受大學或研究所程度的教育。近年來，教育先進國家，如英國、美國、法國、澳洲、芬蘭、瑞士與葡萄牙，莫不致力提高師資培育水準（Spencer, 1997: 211）；中小學教師通常均由大學或師範學院來培養，很多國家甚至將中學教師的培養提高至研究所程度，以便像其他專業人員的訓練水準看齊（陳奎憙，1989：278-279）。我國自一九八七年，將師範專科學校改制成師範學院，自二〇〇五年八月起，又改制為教育大學，使得目前的中小學師資均由師範大學或教育大學，以及各大學教育學系或教育學程中心來負責培育，師資學歷已提高到大學程度，且很多研究生亦爭相修習中小學教育學程，準備投入教師職場；此外，許多中小學教師透過在職進修，亦取得碩士甚至博士學位。可見就「長期的專門訓練」這項規準而言，我國教師已完全符合專業工作的要求（沈姍姍，1998：261；姜添輝，2000：5；陳奎憙，2001：244）。

三、強調服務重於報酬的觀念

　　專業工作為一種重要服務，專業人員從事工作，應基於服務公眾的信念，而不斤斤計較經濟報酬。曾有一位資深教師對其以往所追求的目標，到轉變為教育工作投入者的歷程，做了以下的回憶：

　　　　事實上，我人生的最大目標是成為一個傑出的律師或是法官，家族成

員中有許多大律師，替社會大眾作正義奮戰是我的夢想，我也花了許多時間在閱讀法律的書籍上。我已經具有律師執照或是法官的合格身分，我以前參加國家考試的成績皆是第一名，我也有許多很好的工作機會，如臺灣銀行的法律顧問……然而，我從不後悔放棄這些機會……就如你知道的，當一些人有問題時，法律從業人員僅扮演著一個被動的角色，來為這些人作正義的奮戰。比起法律從業人員，我總是感覺到教師可為社會貢獻更多，透過教育，我可以為我們的社會作一些事，我已經教育許多的學生，而且使他們成為好國民，其中一部分現在已經是相當重要的人物……真的，我對我的成就感到滿意。（姜添輝，2000：6）

如與其他專業人員相較，教師更能淡薄名利，為全民提供最需要的服務；就此觀點而言，教師確為專業工作人員（陳奎憙，1989：279-280）。

四、享有相當的獨立自主權

指專業人員在執行業務時，通常都是根據其高超的專業素養，而做明智的判斷與抉擇，他們對於所負責的事務，通常都能全權處理而避免外人干擾。我國的中小學教師在課堂上，對於教材的選擇、教法的採用、評鑑的方式、輔導的策略等，確實擁有某種程度的自主權，誠如姜添輝（2000：6）所言：

在教育的執行過程中，教師……享有極高的決定權。諸如教材的詮釋、教學法的運用、師生互動模式、教室常規管理、成績評定等方面，所以教師仍享有實質的專業自主權。

不過依規定，教師仍需接受督學或校長的視導，有時地方人士或家長也會來干預他們的教學；且學校層級愈低，教師所受的外力干預就愈大，教師所享有的專業自主權也就愈小。近年來，我國實施九年一貫課程，教師可自由選擇教科書版本，並自編學校本位課程，這對教師專業自主權的提升當有助益；然而整體言之，我國中小學教師的專業自主權，與其他專業人員相較，則尚有一大段距離（陳奎憙，1989：280-281）。

五、擁有自律的專業團體

在國外，許多先進國家早已有全國性的教師組織，如美國的全國教育協會
（The National Education Association, NEA）及美國教師聯盟（The American
Federation of Teachers, AFT）；英國的全國教師協會（National Union of Teach-
ers, NUT）；法國的全國教育聯盟（Federation del Education National, FEN）；
日本的教職員組合（簡稱日教組）等。這些教育專業團體雖未能像醫師、律師
公會一樣，達到完全自律的階段（即有權規定從業人員的人數及資格，招募新
會員及開除舊會員），但是對致力教師專業水準的提升、導引政府訂定法令及
改革報告書、爭取教師福利、辦理教師在職進修或維護教師專業自主權，都有
舉足輕重的影響（郭丁熒，1998：219，2001a：32）。當然，西方國家的教師
專業團體亦可能仿效工會作法，採取集體協商的方式，來與政府進行有關教師
權益的談判。至於我國，目前已成立的教師專業團體，雖已包括全國教育會、
教師人權促進會、全國教師會等（陳奎憙，1989：281-282），但是其自律程
度及影響力則仍有提升的必要：

> 在專業團體方面，由於長期受到特殊政治情境的影響，臺灣教師並未
> 發展出像西方社會具有強大影響力的所屬組織，教師證照的決定權也一直
> 受到政府所控制。（姜添輝，2000：6-7）

六、擁有明確的倫理信條

所謂「倫理信條」，即是專業團體所訂定的道德規約，這些規約明訂其從
業人員的行為準則。美國的 NEA 與英國的 NUT 均曾提出倫理信條，以供全
體會員共同遵行。各國教師倫理信條的內容，大致包括對學生、對學校、對同
事、對專業團體、對地方社區與對整個國家社會，表明負責的態度與應有的行
為約束。依據這些原則，中國教育學會也於一九七七年訂有教育人員信條，並
經全國教育學術團體聯合年會通過，供全體會員一致遵行。不過，教育團體雖
有倫理信條，但對於違背信條的教師，教師組織本身往往沒有懲戒或予以開革

的權力，這是各國共同的現象。因此，如與其他專業工作相比，教師工作並未完全合乎此一規準（陳奎憙，1989：282）。

七、不斷地在職進修

在日新月異的時代裡，專業知識與技能不斷地在變化與增長，因此專業工作人員必須不斷地進修，以吸收新知識、新觀念。教學為一傳授「新知」的工作，教師本身應該隨時不斷地進修，應是毫無疑問的。當前世界各國莫不重視教師在職進修工作。以我國為例，教育當局已盡力安排適當的課程與活動，提供教師進修機會，除了正式的長期課程外，每週三下午，各校亦安排短期進修課程，諸如專家學者的專題演講，或是教師分組專題討論等；而很多教師本身也會自動自發地爭取進修機會。儘管這些長短期進修的成效，有待進一步研究，但是教師展現出的在職進修動機與活力，已完全符合專業要件（姜添輝，2000：5-6；陳奎憙，1989：282-283）。

假如將我國教師工作的專業化程度，以◎的個數表示，其程度由「1個◎」到「5個◎」，◎的個數愈多，表示愈符合專業規準，則以上的分析結果，作者試著加以量化，結果如表 4-1 所示。由表 4-1 可以發現三點：第一，就「經過長期的專門訓練」、「強調服務重於報酬的觀念」及「不斷地在職進修」三項而言（5個◎），我國中小學教師的工作完全符合專業規準。第二，就「運用專門的知識與技能」而言（4個◎），我國中小學教師的工作尚須加把勁，才能完全符合專業規準。第三，就「享有相當的獨立自主權」、「擁有自律的專業團體」及「擁有明確的倫理信條」三項而言（3個◎），我國中小學教師的工作離專業工作尚有一大段距離。由於我國的教師工作大部分尚未完全符合專業規準（七項規準平均為 4 個◎），因此截至目前為止，我國教師仍被視為「半專業」（semi-profession）的工作，如下表 4-1。

至於半專業的特性為何呢？P. Abbott 與 C. Wallace 說道：「半專業性的工作比起專業性工作，不論自主性、社會地位，以及薪資都比較低。」（俞智敏、陳光達、陳素梅、張君玫譯，1995：200）A. Etzioni 所定義的半專業特性為（沈姍姍，1998：254-255；Horowitz ,1989: 297）：(1)半專業為科層組織結

表 4-1　我國中小學教師工作的專業化程度

專業化的規準	教師工作符合專業規準的程度
（1）運用專門的知識與技能	◎◎◎◎
（2）經過長期的專門訓練	◎◎◎◎◎
（3）強調服務重於報酬的觀念	◎◎◎◎◎
（4）享有相當的獨立自主權	◎◎◎
（5）擁有自律的專業團體	◎◎◎
（6）擁有明確的倫理信條	◎◎◎
（7）不斷地在職進修	◎◎◎◎◎

資料來源：作者自製

構的一部分；⑵半專業是在傳遞知識而非應用知識；⑶半專業人員所需的訓練時間較短，且內容較為具體；⑷半專業人員對其職業認同與奉獻程度較為有限；⑸半專業人員大都為女性。

雖然絕大多數的學者，都將教師工作視為半專業，但是沈姍姍（1998：257）則更精確地指出：教師行業，若以其受雇身分及實際工作條件來看，也許認定其在非專業——半專業——專業的連續體上，乃介於半專業與專業之間的某一點，較為合宜。

參、教師半專業的原因分析

長久以來，中小學教師工作一直無法達到完全專業的原因，不外乎下列因素：⑴教育本身缺乏完整的知識體系；⑵教師的專業自主性不足；⑶教師專業團體的功能不彰；⑷教學的可視性高，缺乏神祕性；⑸教學對象的年齡較低；⑹教師的資格門檻不高；⑺視教職為終身志業者為數不多；⑻女性教師的比例過高；⑼受到教學實際情境的限制；⑽教師的薪資待遇太低。由於前三項在分析教師的專業化程度時，已經討論過（見「運用專門的知識與技能」、「享有相當的獨立自主權」、「擁有自律的專業團體」及「擁有明確的倫理信條」等四項，後兩項均與「教師專業團體的功能不彰」有關），為避免重複，此處僅

就其餘七項進行分析：

一、教學的可視性高，缺乏神祕性

中小學教師的專業化程度不高，部分是起因於教學的可視性，例如，H. R. Stub 指出，醫師在醫療過程中，他人並無法理解醫師處理問題的心智活動，即使是門外漢，亦可明瞭或臆測到小學教師在教學過程中，所運用的知識與技巧（姜添輝，1997：10）。Waller（1967）相信這種可視性，使得教師受制於家長的監督與干涉。家長從學童處得知的訊息，或是他們在孩提時期的受教經驗，成了判斷及干涉教師教學歷程及成效的依據，因此，經常有意無意地侵犯到教師的專業自主權。

二、教學對象的年齡較低

Banks（1976）認為中小學教師的專業評價不高，與其教學對象有直接的相關，社會大眾往往較認同大學教師的專業性，但這種認同卻隨教學對象年齡的遞減而遞減，最後甚至對小學教師的專業程度產生懷疑（姜添輝，1997：11）。Etzioni 則進一步指出，小學教師難以專業化的部分限制，來自工作事務的屬性，他們的主要工作在於傳遞知識，而非如大學教師一般，必須身兼研究人員，且需運用既有知識去創造新知識（姜添輝，2002：189）。

三、教師的資格門檻不高

某個行業裡，大多數成員的教育程度，代表該行業所需智慧程度的指標。擔任教師所需的教育學術要求或資格門檻，在過去，並不像其他專業，大都需要大學畢業，且需通過嚴格的專業證照考試，因而不利於其專業地位的建立（符碧真，1999：379；Hoyle, 1969）：

> 教師所需的教育學術要求及收入都不如醫師、律師，因此社會大眾難以認同教師達到完全專業的水準。（符碧真，1999：378；Havighurst & Levine,1979: 533）

四、視教職為終身志業者為數不多

醫師、律師、工程師等其他專業工作者,大都終身投入所從事的志業,但教師則不然:女性教師婚後離職,男性教師視教職為年輕時的第二選擇,到年長時才獻身的志業,以及視教職為升任學校行政人員及教育行政主管的跳板等現象,都予人投入程度不足的印象,不利於教師專業地位的提升(符碧真,1999:378-379;Hoyle, 1969)。

五、女性教師的比例過高

相對於其他以男性為主的專業,教職中女性的比例遠遠超過男性。女性教師婚後離職,以及女性教師通常不是家庭收入的主要來源等因素,均影響其專業地位的發展(符碧真,1999:378;Hoyle, 1969)。Etzioni、Lortie和Weiler等學者也有類似的看法:

> Etzioni 指出,教學、看護及社會工作等職業,大都由女性擔任,因此,女性在社會中的從屬地位被移轉到她們的工作中。這導致她們從未獲得「真正」專業的地位。……相似的分析可在Lortie(1975)具影響力的著作中看得到。Etzioni和Lortie都接受專業的既存定義,且均特別提到,教學無法符合這些精英知識與自主性的標準,主要是因為大部分的教師是女性。(Weiler, 1997: 722)

六、受到教學實際情境的限制

教學的實際情境嚴重限制教師相關專業能力的發揮,使得教師即使有權自由設計或選擇教材與教法,也沒有所需的時間去進行(李奉儒,2003:135),致使專業表現不如預期;且聽聽兩位國小教師的心聲:

> 我們一週要上二十二節課,你看大學教授一週要上多少節課?我們幾乎整天都在學校跟著小朋友,我們有那麼多額外的時間去做一些我們想做

的東西嗎？根本沒有時間。……自主權是有，但問題是你有沒有給我那麼多時間做這麼多事。（姜添輝，2002：179）

> 跟以前比起來，我是覺得比較寬廣。寬廣度夠，但是時間不夠。……因為學校常常有一些活動會用到上課時間。也常常會因為班級的管理、班級的經營，而會用掉一些時間。……老師就會比較需要趕課。在老師的聊天中，常常會出現的話題就是「趕課、趕課」。而當你在忙著趕課的時候，即使你的寬廣度再怎麼大，也都沒有用。（姜添輝，2002：179）

七、教師的薪資待遇太低

薪資高低，代表社會大眾對該專業的尊重程度。教師的薪資待遇無法與醫師、律師相比，主要原因是教師的功效並不像醫師、律師般立即可見，也不像醫師、律師般，有人命關天的重大影響（符碧真，1999：378-379；Hoyle, 1969）。

肆、如何提升教師專業化的程度

「教師專業」在臺灣，彷彿具有「意識型態」或「理想目標」之意味，亦即先傾向認定「教師是專業」，然後再以達成專門職業的特點為努力方向（沈姍姍，1998：259，261）：

> 教育學者或研究者目前大致對於「教師應否專業化」這個問題，也都已逐漸有了共識，而「教師專業化」也已變成國內許多教育工作者的理想。（饒見維，2003：17）

許多學者都曾費心釐清「專業」的意義、特性，並提出各種專業化的指標。何福田與羅瑞玉則將專業指標歸納為七項：專業知能、專業訓練、專業組織、專業倫理、專業自主、專業服務和專業成長（饒見維，2003：17），作者謹參考這七項指標，來論述如何提升教師專業化的程度。

一、改進師資培育制度

教師工作專業化的要件在於專業教育，而教師的專業教育內涵，在認知部分，包括學科專門知識及教育專業知識；在技能部分，包括教學、輔導、班級經營及行政能力；在情意部分，則包括專業道德、專業素養或專業精神。符碧真（2000：400）認為：「教師專業地位想要獲得社會大眾認可，首先宜從師資培育著手，教育界必須心理有所準備，不經一番寒徹骨，那得梅花撲鼻香」；孫志麟（2001：61）也有類似的看法：

> 一九九四年二月七日「師資培育法」公布實施後，師資培育在制度上從「單一管道」朝向「多元途徑」，在理念上從「封閉模式」轉為「開放模式」，在取向上從「計畫培育」移到「能力主軸」，打破了傳統過度保護色彩的師範教育制度，期以進步取代保守，希冀藉由這一波的教育改革，帶來另一種新風貌。

師資培育法通過施行後，各師資培育機構透過自由競爭，對於提升教師的專業教育成效，理論上當有正面積極的功效，不過實際成果如何，仍待實徵研究的進一步證實。

二、提高教師學歷

英國大學教育系專門招收獲有學士學位志願擔任教學工作者，施予一年的教育專業訓練，其程度已相當於研究所階段。美國大學及研究所普遍提供教育專業課程，以利學生選修；許多獲有高級學位者亦樂於任教中小學。法國某些中學教師例稱「教授」，其素質還遠超過英美中小學師資水準（陳奎憙，1989：279，2001：234）。而北歐的芬蘭，其師資培育的當前趨勢，也非常強調教師的高學術地位（Tirri & Puolimatka, 2000: 157）。

至於我國，隨著高等教育普及化與回流教育管道的暢通，高中職以下學校教師的學歷不斷攀升。根據教育部統計，擁有碩士學歷的比率逐年提高，其中，國小教師已從十年前的 1.1% 增加到 8.1%，國中教師從 4.0% 增加到 11.7%，

高職教師從 6.4%增加到 20.6%，高中教師則從 12.0%增加到 25.4%（國語日報，2004）。

關於我國中小學教師學歷有日益提升的趨勢，符碧真（2000：398）指出：「近幾年來，高中以下教師具有碩士學位者不斷增加，中小學教師由具碩士學位者擔任，可能是未來的趨勢。」林萬億（2004）也認為，師資培育應以碩士學位為目標，將大學部師範教育與教育學程停掉，改為開設研究所師資培育。如此，將有以下幾項優點：其一，可提升師資的人格穩定度，因為當老師是一生的志業，學生經過四年大學教育後，人格較成熟，再決定當老師比較合適（郭玉慧，2003）。其二，可提高師資學歷水平，進而提升教師的專業化水準。其三，先有大學基礎教育，再接受師資訓練，較能培育出既有專長又有教育理念與方法的師資。誠如符碧真（2000：398）所言：

> 師資教育如果招收大學畢業，且修畢未來擬任教學科專長知識（content knowledge）者進入教育專業學院，因學生已具有專長學科知識，修習教育專業所需的教學法（pedagogical knowledge）及學科教學知識（pedagogical content knowledge），應該會比較有效率。

三、建立教師專業證照制度

教師專業化的要件之一，就是專業證照制度的建立。教師專業證照制度的主要功能，是為了確保教師的專業素質，提升教師的專業地位，就像醫師考試、律師考試一樣（饒見維，2003：477）。張瓊瑩（1996）的兩段話，可為佐證：

> 在一個文明進步的社會中，任何一種專門職業之從業者，由於肩負某種社會責任，因此均被要求必須擁有權責單位核發的證照（licence）。教師獲得證照，係表示其在本科專業知識能力、教育專業能力，以及作為一個人師應具備的專業服務精神、態度上，均已準備妥當，足以膺任教學之需。

　　「專業化」……是一個動態的也是一個歷程的概念。當某一項職業的從業人員，其要勝任該工作所需具備的特定知識與技能愈高，而且只有少數經過嚴格篩選的人才能獲得此項工作時，則該職業的專業化程度也就愈高。

　　完整的教師專業證照制度，必須包括國家性的教師資格檢定考試，不能僅採用「檢覈學歷證件」的寬鬆方式。目前各先進國家的教師資格檢定制度，只有蘇格蘭、英格蘭及愛爾蘭是採用類似檢覈的方式，只要修完師資養成教育學分，就可向政府登記，然後自行覓職。其他各國，如法國、德國、義大利、日本、韓國，以及美國許多大州的教師，都必須通過某種國家考試或邦試，才能取得教師資格或教師證照，有的國家則包含兩階段的考試（饒見維，2003：477）。

　　我國過去高級中等以下學校的教師資格取得較為容易，凡修滿規定的教育學分，即取得實習教師資格，完成初檢程序；實習及格者，即完成複檢程序，並取得合格教師資格。雖然經過初檢和複檢程序，但是品管過程不夠嚴謹；實習不及格者可說是寥寥無幾，所以常被批評流於形式，缺乏實質功能。因而目前改採教師資格檢定考試（筆試），以有效淘汰專業知能不足的人員；至於實施的問題及成效如何，則尚待進一步的研究。

　　對於在職教師，吳武典（2004：19）建議，可實施教師換證制度，以有效激勵教師專業成長。透過教師換證機制，積極方面，可收到激勵教師進修和提升教師專業水準之效；消極方面，可淘汰不適任或不求上進的教師，對於教師專業形象及地位的建立很有幫助。

四、促進教師的專業發展

　　饒見維（2003：18-19）指出：「專業的教師不但需要漫長的養成教育，也必須在其教師生涯持續專業發展。」所謂教師專業發展，是指一個人歷經職前師資培育階段，到在職教師階段，直到離開教職為止，在整個教育生涯過程中，都必須持續學習與研究，不斷地發展專業內涵，以逐漸邁向專業圓熟的境

界（劉春榮，1998a：10；饒見維，2003：465）。關於教師專業發展的重要性，以下幾位學者有相當獨到的見解可供參考：

> （教師）並非空有專業頭銜，而抱持保守的心態以抗拒外來的壓力，相反的是持續的專業自我成長，進而提升教育改革成效。若未能如此，教師專業頭銜所包含的專業意識，將進一步產生一定程度的保守勢力。（姜添輝，2000：15）

> 教師是專業工作，專業工作必須不斷的進修成長，以維持一定的服務品質。教師專業若疏於進修研習，很快的會產生半衰期的現象，不到數年的時間，其專業知識技能均可能產生快速衰退的現象。（劉春榮，1998a：9）

> 一般社會大眾以「教師是以過去的知識，教現在的學生，去適應未來的社會」，來嘲弄教育未能因應社會的急遽變遷、科技的日新月異、知識的爆增而適時調適；因此身為一位教師應知所惕勵，藉由在職進修充實自我，促進個人生涯成長。（張瓊瑩，1996）

至於促進教師專業發展的有效作法，則可從個人面及制度面來加以說明。首先，就個人面而言，教師可透過自行研究、共同研究、短期在職進修、長期在職進修，以及建立教學檔案等途徑，來促進自身的專業發展。其次，就制度面而言，諸如：促進教師之間的交流活動與專業對話，讓教師參與專業發展課程與方案的設計與規劃，實施有效的初任教師導引制度等，均為不錯的作法。總之，教師專業發展的方式可以多方法、多途徑來進行，是一種提升教師專業品質及專業地位的可行方式或歷程，既注重教師間團體協同的參與，也重視教師自導式的成長。而校長在教師專業發展歷程中，宜扮演重要角色，包括（Payne & Wolfson, 2000: 15-20）：(1)校長是繼續學習的角色楷模；(2)校長是學習組織的領導者；(3)校長是教師專業成長的激勵者及支持者；(4)校長是教師專業成長的資源提供者；(5)校長是教師專業成長的促進者。

五、實施教師專業評鑑制度

教師評鑑包括形成性評鑑及總結性評鑑兩種，為協助教師專業成長，形成性評鑑或教師專業評鑑，是比較合宜的方式。以下兩位學者的觀點可為佐證：

> 通常教師評鑑依其目的可以分為教師績效評鑑和教師專業評鑑兩種，前者以獎懲和續聘與否為目的，可以視為一種總結性評鑑；後者以幫助教師改進教師實務和促進專業成長為目的，可以視為一種形成性評鑑。（吳清山，2004：10）

> 教師專業化與教師素質的提升，應是當前社會各界的共識，因為惟有教師能夠專業化，才能確保教師的尊嚴與社會地位，而教師素質的提升，更是教育改革能否成功的關鍵。然而，無論是為了教師專業化或是為了教師素質的提升，都有賴形成性教師評鑑功能的發揮。（張德銳，2004：182）

教師專業評鑑旨在根據教師評鑑的規準，搜集一切有關訊息，一方面了解教師表現的優劣得失，另一方面據以協助教師專業成長，進而增進其教學與輔導成效。教師如為專業人員，自應接受合理的教師專業評鑑（張新仁，2004：14）。

潘慧玲等人（2004：163-168）曾建立一套「國民中小學教師教學專業能力指標系統」，該系統包括規劃能力、教學能力、管理能力、評鑑能力、專業發展能力等五大層面，然後再細分為十二項能力向度，以及三十五項能力指標。這套系統可作為教師專業評鑑的參考。至於要如何確保教師專業評鑑制度能順利推行，並能發揮預期的功效呢？可參考吳清山（2004：14）的兩點意見：

> 建立教師評鑑目標、設計適切教師評鑑工具、運用多樣化教師評鑑方法，將是決定教師評鑑是否達成效果的要件。

為讓教師評鑑更為順利進行，教師法增列教師評鑑專章，作為辦理教師評鑑之法源依據，以及辦理教師評鑑的宣導工作，減少教師抗拒評鑑工作，亦是未來努力的重點。

六、建立教師生涯進階與等級劃分制度

根據國外研究認為：教師在不同的生涯發展階段中，將會有不同程度的專門知識和技能，有不同的需求、感受和態度，並表現出不同的行為特質。目前中小學教師的教學生涯可說是「無晉升生涯」（unadvanced career），若從終身學習的趨勢來看，中小學教師的生涯進階與等級劃分制度的規劃，將愈形重要並日漸受到重視（張瓊瑩，1996）。

我國目前有許多學者專家建議實施「教師分級制」，而且各種分級方式都已紛紛出籠，值得教育行政機構認真考量，並慎重規劃分級方式和分級的評鑑過程與方法（饒見維，2003：487）。

相關研究建議，可以「實習教師、初任教師、中堅教師、資深教師」四級，作為教師進階的架構（張瓊瑩，1996）。學校裡的資深教師可以扮演更積極的教師促發者角色，包括到師資培育機構兼任部分課程的授課、擔任實習指導教師、協助推動校內各項教師專業發展活動等等。一旦資深教師有了發揮的機會，更會積極引導自我的專業發展，邁向更高的專業生涯階梯（饒見維，2003：487）。

七、強化教師專業組織的功能

教師專業組織的功能，主要包括：爭取教師權益、提供諮詢服務、提供溝通管道、提升教師專業水準與地位，以及影響教育決策及改革；簡言之，教師組織既是教師權益的代言人，也是教師專業地位的促進者。

由教育專業人員所組成的教師專業組織，應該有權規定會員的資格與執業的標準，避免外界的干預和控制，包括來自行政機關的監督與管理（陳奎憙，1989：280）。此外，欲提升教師的專業水準及地位，除了教師本身的努力

外，教師組織宜透過各種途徑來幫助教師成長。從制度面來說，包括：(1)訂立教育專業規準，提升教學品質；(2)制定專業公約或倫理信條，並有效約束成員行為；(3)建立教師進修制度，提供教師進修機會；(4)建立評鑑機制，確保師資培育過程專業化。從運作面來看，則可：(1)舉辦專業知能研討會，傳承教學輔導經驗與技巧；(2)出版教育專業刊物，報導教育研究成果；(3)進行教育研究，協助教育單位解決教育問題；(4)募集教育研究基金，提供教師研究經費；(5)推動國際學術交流活動，以收相互觀摩學習之效（舒緒緯，2003：413；劉春榮，1997：12）。

我國在一九九五年八月公佈的「教師法」，明訂教師組織分為三級：在學校為學校教師會，在直轄市及縣（市）為地方教師會，在中央為全國教師會。然而教師參與的情況一般而言並不熱烈；且對於教師專業化程度的提升，功效亦顯微弱。今後，宜朝「充實經費，俾使會務得以正常運作與蓬勃發展」、「提升教師的認同度及參與度」、「健全協商機制，擴大協商範圍」、「審慎定位教師會屬性」，以及「鼓勵教師組織多元發展」等幾方面，繼續努力。

八、強化教師的專業自主權

專業自主權是專業工作的核心，任何專業工作若缺乏自主的特性，便稱不上專業（劉春榮，1998b：27）；因此，教師專業自主權，是教師專業化的重要規準或指標之一。

教師專業自主權係指教師在教學、學校參與或組織決策等專業領域內，能依其專業知能，執行專業任務或做專業決定，以維持專業品質，及不受外力干預的特性（劉春榮，1998b：27）。

教師專業自主權的強化，有助於建立教師專業權威，並提升其專業認同度，對於教師專業化程度的提升頗有助益。誠如鄭世仁及姜添輝所言：

> 教師是站在教育第一線的尖兵，更是專業的教學者，因此要使教學有效，必須培養每位教師都成為專業的教育人員，進而對於教師的專業自主權予以最大的尊重，使教師在教學上，能夠充分發揮其專業的判斷，使用

其最佳的專業處理，進行其符合學生個別需要的各項教學，以便建立起教師教學的專業權威。（鄭世仁，2000：420）

　　自主權的重要性，不僅在於凸顯該行業的專業表徵，並且更重要的是給予足夠的自主權，以產生專業的判斷與效能。對教師而言，這不但賦予落實教育理念的空間，並可發揮教學效能，以及提升教師的專業認同（identity）與責任感（commitment）。（姜添輝，2002：160-161）

九、激勵教師的教學士氣與服務熱忱

　　每位教師在步上自己的教學生涯時，大都抱持無比的教學熱忱和教學理想；然而隨著任教時間的久遠，有些教師便日漸懈怠、意興闌珊，如此，對教師專業形象造成很大的損傷。此時，學校可採取「兩種營造」及「兩種壓力」策略，以激勵教師士氣，並提升教師專業化程度（黃光雄、楊國賜，2003：157-158）。

　　第一種營造是團體動力的營造：增加教師間互相觀摩學習的機會，由有意願、有動力的教師帶頭去做，帶動那些沒有意願的教師，大家一起享受共有的成功經驗。

　　第二種營造是班級總體計畫的營造：教師如有一個完整的班級經營計畫，則一個班級一個班級被教師帶動起來，教師的專業知能及素養也能充分發揮。

　　第一種壓力是教學計畫表的壓力：學校行政當局可要求教師在每學期初，需提出整學期的教學計畫表，對於教學目標、內容、方法、資源、時間、空間、評鑑等教學要素，詳加規劃與設計。

　　第二種壓力是教學成果展的壓力：在學期結束之前，辦理一次教師教學成果展和學生學習作品展，讓大家一起觀摩學習，對教師專業能力的增進，頗有助益。

十、改善教師的工作條件及薪資待遇

（一）就工作條件而言

郭丁熒（2004：249）指出：「在今日，常發現有品質的教學，是需要非常優秀的老師的一些特別額外的奉獻，而不是只有一些理想的工作條件，來幫助他們解決工作負擔。」這樣說當然有些道理，然而，不可否認的，中小學教學實際情境的限制（或稱結構性的限制），確實大大地影響到教師的專業表現。由以下兩位國小教師的心聲，即可窺見一般：

> 像我就是兼視聽教室、童軍團，然後就是合作社理事啊！……有時候是你上課到一半，視聽教室器材有問題，他就會過來找我。……合作社理事的話，就沒什麼固定的時間了，……所以變成他們（送貨）來，便廣播要我去，……對我干擾很大，……我計畫中的進度或我要做什麼，都沒有辦法照我的計畫。（郭丁熒，2001b：150）

> 我們不是只有擔任國語科的教學，我們還擔任四科的教學，再加上體育的話，一共是五科的教學，所以每一科我們都要準備。那因為這是新教材，而且我們的空堂都是在準備教材，不然就是批改作業，蒐集資料的話就要回到家裡。（姜添輝，2003：108）

因此，積極檢討並去除不合理的結構性限制，例如，降低班級人數、減少授課時數、減少授課科目、配合專長排課、減少教師的行政負擔、改善教師的辦公及備課環境、改善教學環境，以及充實教學資源與設備等，均有助於提升教師的專業水準及專業地位。

（二）就薪資待遇而言

英國學者 I. Goodson 和 A. Hargreaves 在一九九六年，曾提出新專業教師的七項特色，其中一項便是給予相對應的地位與酬償；因為新專業教師應該具

有對「更複雜、更高的任務」之認識與創建，且隨著這種複雜性的提高，相應的地位和收入水準也會提高（謝維和，2002：184）。

假如教師薪資能大幅提高，以縮小教師與醫師、律師、工程師等專業人員的待遇差距，相信對於教師專業地位的提升，會有相當顯著的效果；同時，也可能因而吸引更多男性加入中小學教師的行列，如此，亦可有效改善「中小學教師女性化」的問題。

伍、結語

隨著現代社會和現代教育的改革與發展，教師職業本身也不斷地發生變化，關於教師職業的專業化問題，也逐漸出現了一些新的觀點（謝維和，2002：181）。例如，Goodson 和 Hargreaves 在對教師專業化的各種觀點進行比較研究之後，曾提出新專業教師的七項特色（謝維和，2002：183-184）：(1)增加更多的機會與責任，做更明確的判斷；(2)參與教學價值與社會價值的論辯；(3)建立同儕合作的文化；(4)公開地與社區合作；(5)主動積極照顧學生；(6)不斷自我導向的學習；(7)給予相對應的地位與酬償。

Hargreaves「新專業主義」之觀點，主張「教師從強調生存到權能」，所謂「權能」（empowerment），亦即增權賦能。關於教師增權賦能的概念，可分為外在權力和內在權力兩部分：就外在權力而言，教師的專業地位需要受到肯定，專業知識需要增強，參與決策的機會也需要增加；就內在權力而言，教師的態度是有自信的，對個人自我內在力量有所知覺，相信自己的思想與感覺是有價值的，並能在工作上發揮與展現自我效能（游美惠，2005：255）。假如本文對「提升教師專業化程度」所提出的十項建言，均能有效落實，相信新專業化教師的願景是不難實現的；且讓我們共同努力，並拭目以待！

參考文獻

▶ ─────────────────────────────────

■ 中文部分

吳武典（2004）。師資培育與教師專業的挑戰。載於中國教育學會、中華民國師範教育學會（合編），**教育專業成長問題研究：理念、問題與革新**（頁3-24）。臺北市：學富文化。

吳清山（2004）。提升教師素質之探究。**教育研究月刊**，**127**，5-17。

李奉儒（2003）。從教育改革的批判談教師作為實踐教育正義的能動者。**臺灣教育社會學研究**，**3**（2），113-150。

沈姍姍（1998）。教育專業。載於陳奎憙（主編），**現代教育社會學**（頁251-267）。臺北市：師大書苑。

林萬億（2004，9月10日）。師資培育與師範改制。**國語日報**，13版（教育版）。

俞智敏、陳光達、陳素梅、張君玫（譯）（1995）。P. Abbott, & C. Wallace 著。**女性主義觀點的社會學**。臺北市：巨流。

姜添輝（1997）。休閒中的專業成長。**北縣教育**，**19**，8-18。

姜添輝（2000）。論教師專業意識、社會控制與保守文化。**教育與社會研究**，創刊號，1-24。

姜添輝（2002）。九年一貫課程政策影響教師專業自主權之研究。**教育研究集刊**，**48**（2），157-197。

姜添輝（2003）。教師是專業或是觀念簡單性的忠誠執行者？文化再製理論的檢證。**教育研究集刊**，**49**（4），93-126。

孫志麟（2001）。師資培育制度變革下職前教師的專業認同。**臺灣教育社會學研究**，**1**（2），59-89。

國語日報（2004，9月29日）。高中職以下教師學歷逐年提升。2版。

張新仁（2004）。談加強教師培育及專業成長。**教育資料與研究**，**58**，8-16。

張德銳（2004）。專業發展導向教師評鑑的規劃與推動策略。**教育資料集刊**，

29，169-193。

張瓊瑩（1996）。終身學習與現代教師——從教育專業談中小學教師生涯發展。**研習資訊，13**（6），46-55。

符碧真（1999）。誰來當老師？——我國教師組成結構變化之研究。**國科會人文及社會科學彙刊，9**（3），377-397。

符碧真（2000）。從美國醫學教育之歷史發展論師資培育之專業化。**國科會人文及社會科學彙刊，10**（3），378-402。

符碧真（2001）。教師與醫師專業化之比較研究——職前教育。**國科會人文及社會科學彙刊，11**（3），292-300。

郭丁熒（1998）。教學。載於陳奎憙（主編），**現代教育社會學**（頁 207-250）。臺北市：師大書苑。

郭丁熒（2001a）。「教師社會學」的研究範疇及其概況。**初等教育學報**（國立臺南師範學院），**14**，1-50。

郭丁熒（2001b）。「盲、忙、尨、茫」讓老師有志難伸？——臺灣小學教師理想與實際角色知覺差距來源及相關因素之研究。**臺灣教育社會學研究，1**（1），133-180。

郭丁熒（2004）。**教師圖像：教師社會學研究**。高雄市：復文。

郭玉慧（2003，7月24日）。師資培育應全面調整。**國語日報**，13版（教育版）。

陳奎憙（1989）。**教育社會學**（增訂初版）。臺北市：三民。

陳奎憙（1990）。**教育社會學研究**。臺北市：師大書苑。

陳奎憙（2001）。**教育社會學導論**。臺北市：師大書苑。

游美惠（2005）。**性別教育最前線：多元文化的觀點**。臺北市：女書文化。

舒緒緯（2003）。臺灣地區教師會教育專業權運作之探討。載於楊深坑（主編），**各國教師組織與專業權發展**（頁 397-426）。臺北市：高等教育。

黃光雄、楊國賜（2003）。**國民中小學學校文化重建之研究**。臺北市：李連教育基金會。

黃嘉莉（2004）。教師專業知識的困難與對策。載於張建成（主編），**文化、**

人格與教育（頁 225-249）。臺北市：心理。

劉春榮（1997）。教師對教師組織的期待。**國教月刊，43**（5,6），8-14。

劉春榮（1998a）。教師組織與教師專業成長。**教師天地，94**，4-11。

劉春榮（1998b）。教師專業自主。**教育資料集刊，23**，25-38。

潘慧玲等（2004）。國民中小學教師教學專業能力指標之發展。**教育研究資訊，12**（4），129-168。

鄭世仁（2000）。**教育社會學導論**。臺北市：五南。

謝維和（2002）。**教育社會學**。臺北市：五南。

饒見維（2003）。**教師專業發展：理論與實務**。臺北市：五南。

■ 西文部分

Banks, O. (1976). *The sociology of education*. London: Batsford.

Bell, D. (1973). *The coming of post-industrial society: A venture in social forecasting*. NY: Basic Books.

Havighurst, R. J., & Levine, D. U. (1979). *Society and education* (5th ed.). Boston: Allyn and Bacon.

Horowitz, T. R. (1989). Professionalism and semi-professionalism among immigrant teachers from the U.S.S.R. and North America. *Comparative Education, 21* (3), 297-307.

Hoyle, E. (1969). *The role of the teacher*. London: Routledge & Kegan Paul.

Hoyle, E. (1994). Teachers as professionals. In T. Husen, & T. N. Postlethwaite (Eds.), *The International Encyclopedia of Education* (2nd ed.) (pp.6092-6096). Oxford: Pergamon Press.

Hoyle, E. (1995). Social status of teaching. In L. W. Anderson (Ed.), *International encyclopedia of teaching and teacher education* (2nd ed.) (pp.58-61). NY: Elsevier Science Inc.

Larson, M. S. (1977). *The rise of professionalism: A sociological analysis*. London: University of California Press.

Lortie, D. C. (1975). *School-teacher: A sociological study*. Chicago: The University of Chicago Press.

Payne, D., & Wolfson, T. (2000). Teacher professional development-The principal's critical role. *NASSP Bulletin, 84* (618), 13-21.

Spencer, D. A. (1997). Sociology of teaching. In L. J. Saha (Ed.), *International encyclopedia of the sociology of education* (pp.206-212). Oxford: Pergamon.

Tirri, K., & Puolimatka, T. (2000). Teacher authority in schools: A case study from Finland. *Journal of Education for Teaching, 26* (2), 157-165.

Treiman, D. J. (1977). *Occupational prestige in comparative perspective*. NY: Academic Press.

Waller, W. (1967). *The sociology of teaching* (3rd ed.). NY: John Wiley & Sons, Inc.

Weiler, K. A. (1997). Women and the professionalization of teaching. In L. J. Saha (Ed.), *International encyclopedia of the sociology of education* (pp.721-725). Oxford: Pergamon.

Chapter 5 >.>.>.>.>.>

學校本位課程實踐之教師專業發展探討

黃琬婷
國立臺灣師範大學教育所博士班研究生
周柏廷
國立臺灣師範大學教育所碩士班研究生

壹、緒論

　　近年來教育改革的浪潮不斷，以鬆綁為核心的教育改革主軸，象徵了國家管理主義的色彩逐漸褪去，代之而起的學校本位課程發展，讓教師擺脫工具性仲介角色的定位而成為課程決定的核心，並落實以學生為主的教育實踐，因此，教師的專業素養成為教育改革能否成功的重要關鍵因素。為了呼應接連不斷的各項教育改革需求、型塑學校專業文化和學校永續發展等議題，如何促進教師從事專業發展成為教育行政機關與學校最費心的任務。教師是知識傳遞者，除了如何傳道、授業、解惑外，更應具備前瞻性的視野及終生學習的態度，才能因應知識經濟時代的挑戰。

　　在職進修是教師的權利與義務，相關內容在教師法中有明確的說明，故考量教師專業生涯中終身進修的必要性，確實需要建立有效、合理的教師終身進修制度，希冀透過鼓勵教師自發性地進修動機，以增進教師的教育專業素養。因此，政府應及早建立符合教師成長需求的制度，激發教師積極進修精神，增進教學專業知能，進而提升教育品質（楊朝祥，2001）。然而，教育行政單位長期以來總是要求教師確實按時教完課程內容，而忽略要求教師專業反省的重要性，在教師專業素養提升的主要關鍵階段——在職進修時間，偏重予專家學者演講方式的研習活動，試圖在短時間內讓教師吸收新的教學理論，了解新課程觀點或創新的教學方法，但這樣的方式往往無法促進教師根據教學情境脈絡需要，發展與建構自己的教學理論，無益於教師專業發展（林義祥，2002）。由於教育經費一直有它的限制，在不增加政府教育經費負擔的前提下，最有效且最可行的策略，是推展以學校為本位的教師進修設計與規劃，同時也能針對學區特性與校務發展計畫，設計適合教師進修的研習課程。此外，教育改革要求上級行政機關權力下放，中小學的學校權力結構因而進行重組，學校本位課程實踐的觀念孕育而生，教師的學習場域漸漸地趨向以學校為中心。事實上，學校是學生學習的場所，也應該是教師的在職教育場所，所以在校內實施教師在職進修，協助教師專業發展是學校責無旁貸之事。

　　教師專業成為關注的焦點是在二十世紀中期以後，一九六六年聯合國教科

文組織（UNESCO）和國際勞工組織發表《關於教師地位的建議》（*Recommendation Concerning The Status of Teachers*），第一次正式對教師專業做出明確的說明，內容指出應把教育工作視為專門的職業，這種職業要求教師需經過嚴格地、持續地學習，獲得並維持專門的知識和特別的技術（張寶丹，2004）。教師的生命，在參與教學的現場；教師的意義，在輔導兒童的發展；教師的成長，在更新專業的素養（潘慶輝，2000）。因此，本文首先探討學校本位課程實踐的背景與意義。其次，分析教師專業發展的概念、推動學校本位課程實踐的教師專業發展，以及學校本位的教師專業發展情況與問題。最後擬就教師與學校兩個層面，嘗試提出推動學校本位課程實踐之教師專業發展途徑，以提供教育行政單位與教育工作者參考。

貳、學校本位課程實踐之內涵探討

一、學校本位課程實踐之背景分析

隨著七〇年代後期政治解嚴後，臺灣各層面發展由國家化、一元化走向民主化、多元化及自由化，促使社會朝向更開放的思維，而教育也在這股浪潮中，展現出不同於以往的風貌，從一九九四年左右教育改革行動的紛至沓來，可看出社會各方人士對於教育理想的殷切期望。其中，學校本位課程發展（school-based curriculum development, SBCD）的實踐，促進學校組織全方面的變革，諸如權力生態重組、組織文化重建、教師專業發展等層面，影響可說甚鉅，因此，探究此課程革新政策實有其必要性。為求正確掌握校本課程的內涵，此部分先就背景進行分析（白雲霞，2003；張嘉育，1999；游宗穎，2002；甄曉蘭，2001；錢富美，2002），再探討其意義性。

（一）鬆綁的理念促成課程權力結構的調整

由上而下（top-down）的課程決定模式，固然有利於受教機會的公平性及國家發展，但是主政者透過統一課程與教材的規劃而強化了規訓機制（discipline），進而掩飾其背後的支配性與排他性意圖，以維持不合理的權力宰制，

因而四一〇教育改造聯盟（1996）把當前教育問題的發生，多指向國家權力的不當介入。基於上述緣由，教育改革審議委員會（1996）提出「教育鬆綁」的理念，認為高度管制的不良副作用已日漸凸顯出來，透過鬆綁重建教育體系的合理規範，落實憲法的民主精神與地方自治原則。在前述的情境脈絡下，讓課程決策權力回歸到地方及各級學校已經逐漸成為社會各方的共識，而學校本位課程就是在權力下放的理念下所推動實施的課程改革政策。

（二）教師專業自主權的提倡

為了提升教育品質，社會大眾對於教師專業化多持肯定的態度，但國定課程的實施，僅將教師視為知識傳遞的角色，而忽略了教師在轉化課程的經驗和專業，因而無法發揮教育成效。學校本位課程實踐是以彰權益能的理念為基礎，透過權力結構的轉變，讓教師有較多參與機會及決策權，並藉此開展教師的能力，期能達到改善教育品質的目的（黃乃熒，2002）。

（三）尊重多元文化、因應地方差異的需求

後現代社會強調異質立場的並行及反中心化，這樣的思維提供了多元文化存在的空間，而學校本位課程實踐以個別學校為主體，結合地方及社區民眾的需求，讓相關的利害關係人（stakeholders）透過參與決策的方式，制訂出因地制宜的課程特色。再者，教育基本法規定學校應配合社區需要提供良好學習環境，亦反映出為求適應地方差異而發展學校本位課程的必要性。

（四）強調學生為教育主體

教育的主體是學生，為因應個別學習差異及擁有較佳的學習成效，國定課程的發展勢必無法即時回應學生的需求。學校是最接近學生的組織，對於教育日常運作與問題也最為熟悉，故讓其作為決策主體，最具回應性，能使問題得到及時性的處理（潘慧玲，2002），所以發展學校本位課程是不可或缺的。

二、學校本位課程實踐之意義

以往課程由國家層級統一制訂，固然顧及到一致性原則，而讓每位學生都有公平的學習機會，但反面思考，這套課程反應出的，只是形式上的教育機會均等，且讓各級學校成為複製國家意識型態的工具，而抹煞了學校成員的專業自主能力。另一方面，縱然近年來不斷推動多項教育改革，但以「中央決策——學校執行」的課程實踐方式，在決策過程中極少有學校成員直接參與政策的決定，在沒有參與權及沒有參與感的情況下，實質上降低了學校參與課程改革的熱忱（簡良平、甄曉蘭，2001）。鑑於對國定課程及課程改革成效不彰的反省，因而促成了學校本位課程的實踐。

近年來不少學者專家對學校本位課程實踐有深入的探討，綜合各方（方德隆，2001；吳清山、林天佑，1999；李錫津，1998；林秀容，1998；高新建，2000a；張嘉育，1999；黃政傑，1999；甄曉蘭，2001，2004b；謝文全，2004；Skilbeck, 1984）的見解，本文將其界定為：中央將課程決策權力下放給學校，讓學校成為課程發展與改革的主體，以教師為課程決策的核心，結合其他利害關係人（如家長、學生、社區人士等）的力量，透過集思廣益的方式，使得所規劃的課程內容能符合學校的需求與社會的期待，並不斷地提升教育品質的發展歷程。這個界定包含幾個意義：

（一）是一種權力分享（power with）的課程發展型態

以往的課程決策都是貫徹性的（power over），中央政策制定好後就直接委由各學校執行，但這種方式的運作無法激起校內成員對政策的共鳴，學校內鬆散結合的特性，使得行政的執行力會受到教師專業自主權的抵制，而無法對校內課程教學的改革產生實質有效的影響。因此，學校本位課程發展強調權力下放，讓與學校有關的利害關係群體，包含行政、教學、家長、社區民眾及學生等，都有權力為自己的權利發聲。由於成員參與感的提升，讓他們對於自我身分能重新定位，而願意主動積極投注更多心力於課程發展上；並且透過權力合作的關係，比較有利於雙向互動的承諾關係，在信任、合作、分享與認同的

態度與行動上，規劃出適合學校發展的課程。

（二）以學校為課程發展的中心

以學校為課程發展的中心，如簡良平、甄曉蘭（2001）所提，是學校本身體認到有建構自我課程的需求，並且在自我能掌握的情況下進行，這種自主性的發展是以實務工作者考量各種實踐因素來進行課程發展與實施。每個學校所處的環境脈絡不同，統一的課程標準與架構會限制了教學自主空間，而忽略了實際教學情境的真正需求。唯有以學校為中心的課程建構下，課程才能滿足學生的需求，並產生意義性與價值性的認同。當然，所謂以學校為中心，並不意謂著「一切皆可為」（anything goes）（陳伯璋，2001）。仍得將大環境的趨勢、學理以及中央與地方教育主管機關的法令與政策納入考慮並回應，綜合做出決定來（高新建，2000b；謝文全，2004）。

（三）以教師為課程發展的決策核心

前述曾提到，校本課程是一種權力分享的課程發展型態，但其中以教師為課程發展的決策核心，以鍾任琴（1997）的研究為基礎，從教育專業的觀點、教育法令的觀點、教育權的觀點、教育改革的觀點等四個層面來探討。從教育專業的觀點來談，教育本身就是專業的工作，教育人員（主要指教師）應當也是專業工作者，因此，讓其享有較多決策權以發揮專業影響力，以提升教學品質；從教育法令的觀點來談，其保障教師參與校務發展的權力及享有專業自主，是教師作為決策核心之內涵；從教育權的觀點來看，父母對其子女的教育擁有優先抉擇權，但是大部分父母並非教育專業者，故對子女之教育權委託教育專業者──教師來負責，所以教師為課程決定的核心人物應為理所當然；從教育改革的觀點來看，不論民間教改團體的訴求或是教改審議報告書的理念或方針，均積極提倡教學自主權、參與決策，而吳清山、林天祐（1999）亦認為教師本身參與的意願，是實施學校本位課程成效的關鍵所在，而讓教師擁有課程決策的權力就是可行的方式。所以從這四個層面可看出，學校本位課程發展的關鍵，應以教師為課程發展的決策核心。

（四）目的在追求適性優質的教育品質

學校本位課程發展的目的，是希望營造出以學生為出發點的適性學習環境，而教師亦能在權力分享的對話機制中重新轉化「教師」身分來找回失落的專業自信，透過內、外部資源的挹注與協助下，以提升學校的表現和教育品質。

參、推動學校本位課程實踐的教師專業發展概念與問題

教育相關領域的工作者常從不同層面來探討教師應該具備的角色，如教師應該是領域專家（as expert in subject）、或是學習促進者（as facilitator of learning）、或是激發學習動機與鼓勵學習者（as a motivator and source of inspiration）、或是道德標準的支持者（as upholder of moral standards）等（Calderhead & Shorrock, 1997）。不論從何種層面來探討教師角色，都與教師專業素養有關，顯見教師專業素養的重要性。而為了因應學校本位課程發展的需求，教師更應持續地進行專業發展，才能以高品質的專業素養進行學校本位的課程設計。故此部分擬先分析教師專業發展的概念，其次說明推動學校本位課程實踐的教師專業發展，然後描述關於學校本位的教師專業發展情況與問題。

一、教師專業發展的概念

專業發展（professional development）係指在職場生涯中，個人追求專業知能、技巧與態度方面的努力及意願，並透過各種正式與非正式的活動，積極引導個人在知識、技能和態度上有所更新、轉化、擴展，以增進個人發展的行動歷程（林錦杏，2000）。專業發展被視為是維持和發展個人專業能力的必要因素（essential component）（Rhodes, Stokes & Hampton, 2004）。而構成專業的首要條件，是必須有一套完整的知識體系，執行專業的人士據此而具有執行的知識與技能（史美奐，2003）。換言之，教師若要從事專業發展，必須先了解教師專業發展的內涵為何，才能據此將其專業發揮在教學現場中。

根據專業發展的意義，張美玉（2000）認為教師專業發展（teacher professional development）在於促進教師個人成長與自我實現，以達成學校教育目標。王玉敏（2001）指出教師專業發展是教師在教學生涯中，以正式或非正式方法，獲得專業知能、教學技巧和專業精神等的持續成長，並落實終身教育理念。張寶丹（2004）進一步說明，教師專業發展是教師為了提升專業素養，因應教學與行政的需要，積極主動參與正規進修、非正規進修及非正式進修等在職進修之後，內在專業結構不斷更新、演進和豐富的過程，以期在教育一般知能、教育專業知能、教育專業態度等三方面有所增長。葉蕙蘭（1999）則認為，可以從四個面向來探討教師專業發展的意義：(1)教師專業成長層面──分為教學發展、個人發展、組織發展三個層面；(2)教師專業成長歷程──係指教師在教學工作中，經由參與各種學習活動及思考，來促進教師在知識、技能及態度方面之改變和不斷成長的過程；(3)教師專業成長目的──是指促進教師改善教學所需之教育專業知識與技巧，使教師能有效執行教學工作，正確合理做出專業判斷，以增進個別教學情境中之教學品質並達成教育目標，這是一種質性改變；(4)教師專業成長方法──鼓勵教師積極持續參與各種形式的進修研習活動，透過不斷地學習、實驗、分析、自我評估等方法，努力改善自己的教學及與教學相關的各種學習活動，使自己在教學知能、班級經營、學生輔導與人際溝通等方面更為成長。

　　教師專業發展的需求乃是推動教師專業發展的動力（饒見維，2001），尤其當教師有感於教學上的不足時，常希望透過各種形式的課程和活動，來提升與促進自己的專業知能，進而擁有專業自主的信心，以期有效地達成教育目標和教育改革的需求。任東屏（1999）依據教師在教學現場的實際感受，歸納出六個教師專業發展的因素：教師通用知能、學科知能、反省改善教學知能、教育專業知能、班級經營與心理輔導知能、教育環境脈絡知能。饒見維（2003）認為，教師專業發展內涵可劃分為四大類：教師通用知能、學科知能、教育專業知能、教育專業精神等。劉雅婷（2000）特別說明教育專業係指，教師在扮演其角色時所具備的一些教育專業知識、專業技能、專業精神、專業態度。羅清水（1998）更進一步指出，專業發展的內涵除了傳統上發展的一般通識知能、教學專門知能（專門知識、專門情意技能）、專業知能（教育相關理論、

心理輔導、教學方法）之外，還應該包括發展生活、休閒和經濟等與個體生活充實、社會進步相關的各種知能。

根據葉一明（1999）的研究顯示，教師專業發展可以分為五個層面：專業知能、專業服務態度（熱忱、教育愛）、專業倫理規範（視其為永久志業）、專業自主（不受外力干擾）、專業成長等。就整體表現而言，教師專業成長較佳的四個層面為：溝通表達、專業態度、班級經營教學活動、教學目標。而比較不足的五個層面為：教育改革、課程設計、教學資源、教學媒體及行動研究（呂錘卿，2000）。若以能力而論，Seyfarth（1991）認為，教師的專業能力（professional abilities）須包含學科知識、教學與班級經營、學生學習評量等能力。簡單來說，專業能力有兩大支柱：一是專門知能，係指學科教學及理解能力；二是專業知能，則指教師在哲學、心理學、社會學方面的知識訓練，以便能應用於教室管理和學生輔導上（張耀宗，1997）。故廣義而言，教師專業發展涵蓋了經師與人師兩大層面，教師專業發展不只是學科知識上的增進與擴充，行為上亦必須符合倫理規範。

歸納學者專家的看法可以發現，各方對於教師專業發展之知識內涵有類似的見解，大抵可歸納出三個面向：教育專業知能、教育專門知能，以及教育專業倫理。教育專業知能與教育專門知能，都在強調教師「有能力」理解教學情境，能做出明智而理性的專業決定，並實踐於專業活動之中（陳美玉，1997）。教育專業倫理則強調教師須秉持教育熱忱與教育倫理，能對其角色定位產生專業性認同。而除了有能力，教師還必須「有權力」，使其專業能力在不受到不當干涉的前提下，配合教學現場情境發揮出符合教學需求的專業判斷。因此，「有能力」與「有權力」可說是教師專業發展的重要內涵，所以近年來，透過彰權益能（empowerment）的領導來促進教師專業發展，已開始被廣泛地討論。

綜合教師專業發展的內容，許多學者試圖提出教育專業內涵的劃分方式，希冀建構出有利於推動教師專業發展的內涵，如圖 5-1 所示。其中教育專業精神涵蓋了教育專業倫理。

由圖 5-1 可以看出，教師專業發展受到個人因素與學校環境的影響，因

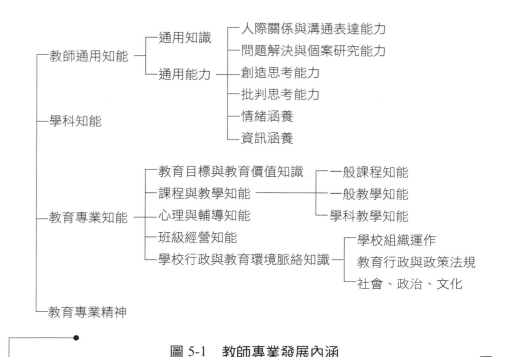

圖 5-1　教師專業發展內涵

資料來源：出自饒見維（2003：173）。

此，在推動學校本位課程的教師專業發展之時，宜兼顧教師個人需求與學校行政執行的方式，方能促進教師主動參與學校本位課程的進修活動。

二、推動學校本位課程實踐的教師專業發展

當 UNESCO 在一九六六年認定教師為專業之後，各國近年來也體認到教師專業的重要性，無不透過各種法令、規定等形式確保教師專業發展，如一九七一年日本中央教育審議會通過《關於今後學校教育的綜合擴充與調整》的基本措施指出，教師工作原本就需要極高的專門性，所以強調應當確認教師專業，促進教師專業發展（張寶丹，2004）。就我國發展情況來看，從教師專業發展進修之相關法令內容（王玉敏，2001；吳婷婷，1998；洪孟華，2000；張美玉，2000；許志賢，2000；梁坤明，1999）可以發現，我國教師專業發展之

權利與義務受到相當程度的保障與規範。例如：一九八〇年起教育部開始修訂「師範教育法」；一九九四年修正「教師進修研究獎勵辦法」；一九九五年頒佈「師資培育法」及「教師法」；一九九六年公佈「高級中等以下學校及幼稚園在職進修辦法」；二〇〇三年修訂「師資培育法施行細則」；二〇〇五年修正「師資培育法」等。由這些法令條文內容可以了解，教師在職進修是權利，也是一種義務，受到法令的保護，並且具強制性。除了法令規定外，相關政策或報告書也對教師專業發展提出說明，如我國於一九九六年完成的「教育改革總諮議報告書」，其中「教育專業自主」、「教育鬆綁」等學校本位管理概念成為教育改革的重要方針，而落實學校本位的教師專業發展也成為學校經營的重要方向。饒見維（2003）亦指出，目前世界各國教育改革的主要方向有兩個趨勢，一個是「鬆綁」，另一個是「學校本位發展」。就教師專業發展而言，教育行政單位試圖藉著「以學校為本位的專業發展活動」來激發教師主動省思探索的精神，以逐漸提升教師的專業素養，進而增進教育品質。由此可知，學校經營也漸漸導向以學校為本位的發展趨勢，諸如教師聘任、課程發展、人事行政等業務，均導引教師專業發展朝向以學校為中心的發展模式，其意義不僅可以讓學校承擔更多教師專業發展的責任、增加教師參與專業發展的意願、促進教師同儕間合作研究學習的機會，也激發教師主動探索的能力。

若從課程實施的角度來分析教師角色定位，以往的忠實觀（fidelity perspective），將教師僅視為被動傳授課程計畫者意圖的角色；到相互調適觀（mutual adaptation perspective）的階段，重視教師在課程實施過程中的角色，容許學校調整新課程計畫以因應個別需要，讓教師和課程發展人員扮演共同決定者（張善培，1998）；而締造觀（enactment perspective）則視課程為教師與學生共同建構出的教學經驗，強調教師與學生是教育場域中的主體，師生互動所構築的教學經驗應是課程發展的核心，而這正符合學校本位課程實施的理念。然而，中小學學生尚未培養出獨立自主的意識與行為，仍需要教師的積極引導，因此，以締造觀為基礎的學校本位課程實施，實質上更凸顯出教師的關鍵性角色，如何發揮所具有的專業特性，並且透過權力關係的解放，藉以開展行動主體的能力，並透過社會關係的改變，達到學校革新的目的（黃乃熒，

2002）。

　　根據王麗雲、潘慧玲（2000）的研究指出，在教師專業化方面，最近的反省體認到過去提升教師專業地位的主張，如提高教師的基本學歷要求，或是建立教師的分級制度等，未必能保證教師專業化的達成；比較可行的方式，應該是提升教師的權能與參與（empowerment and involvement）。教師權能包含兩種概念：從專家權（expert power）的角度來分析，教師憑其專業知能及教學經驗，因而在課程決定中比他者更能發揮影響力；其二是擴大教師在課程決定中的參與，並賦予相當的權責，因而激起其從事專業發展，以維持和增進專業知能。在學校本位課程實踐的內涵中曾提到，它是一種權力分享的課程發展型態，且認同教師所具有的能力足以成為課程決定核心，也就是學校本位課程的推展以權能概念為發展的基礎，所注重的不僅是教師個人對於內在自主、權能的知覺，且讓教師能夠參與課務運作及相關的各種活動，透過彼此的對話及交互作用，進行技術層次與價值層次的反省，技術層次包含教學技術的熟練，而價值層次包含學校內課程、知識、權力運作之間綿密的關係，以及課程假設背後所隱含的意識型態，進行批判性的反省，以深化教師專業素養的內涵。再者，教師專業發展立基於學校本位課程所蘊含的權能概念，不斷的學習與進修是必要的。然而，以往的在職進修常是進修內容與教學情境分離，無助於學校課程發展，因此，發展以學校為中心的教師專業發展，也就是將課程發展視為學習的過程，是一種行動研究的過程，教師就是課程研發者及實踐者（簡良平，2001）。教師在主動參與課程發展的歷程中，透過自我對話與同儕討論的過程，尋找理論與實務的平衡點，並且不斷回顧與省思教學工作中的內涵與價值性，以提升教師的專業知能。透過上述的參與、反省與學習歷程，讓教師重拾專業自信，認可教師的專業角色地位，以出於內在的專業判斷為信任的基礎，進而主動而非被動或被迫參與課程決定，以決定什麼樣的作為最有利於學校發展的利益與目標，這才是推動學校本位課程時所應追求的教師專業發展。

三、學校本位的教師專業發展情況與問題

　　由於學校本位課程的推動，許多國民中小學都會安排教師進修活動，或根

據學校教師會調查的結果規劃研習課程的內容，一來可以配合學校所欲發展的重點項目或領域，二來方便教師就近研習。然而，有研究顯示教師參與校內研習課程或薦派到其他學校進修的意願並不高（彭麗琦，2000），學校行政實施教師專業發展的美意似乎出現了問題。教師專業發展是推動學校本位課程成功與否的重要關鍵，故如何讓教師願意持續地發展專業知能是值得探討的議題。

（一）就目前教師進修的情況探討

以臺北縣為例，根據臺北縣辦理國民中小學教師進修實施要點（1998）規定，教師進修辦理方式包括三大類：

1. 區域性及專案性進修：包括跨校進修、種子教師培訓、民間團體進修。
2. 學校本位進修：包括學校或各處室規劃者、教師會與各處室協調規劃者。
3. 個人導向式進修：包括個人成長專案、成長團體。目的是要讓教師專業發展活動更活化，朝教師需求的方向辦理。

臺北縣中小學教師較常從事的學校本位專業發展的活動類型可歸納為六類，有：(1)校內週三進修活動；(2)校外專案進修活動；(3)修習學分或學位；(4)參加讀書會或成長團體；(5)研究或著作；(6)到校外參訪或考察。根據柯倩俐（2001）研究顯示，教師進修的概況如下：(1)教師進修時間不一，但以「週三下午」為主；(2)專業知能、專門知識及一般知能，均為主要進修內容；(3)進修後回饋方式多樣化；(4)校外參訪的內容多為學校特色和教師教學；(5)教學觀摩的內容多為語文、數學兩大領域及資訊、環境兩類教育；(6)教師進修學分或學位、參加讀書會或成長團體比率較低。實際上，目前教師進修的方式，除了學位文憑的學分修課之外，尚有演講、座談、論壇、影片欣賞等多媒體應用、角色扮演、戲劇、工作坊、參觀訪問、經驗分享等。所有教師似乎都有進修的意願，然而真正參與進修的教師仍不夠踴躍，實際參與的情形不如預期中理想，其原因根據研究有以下幾點：(1)學生作業和雜務太多，教師靜不下心來進修；(2)相關法令條文不明確，激不起教師進修意願；(3)課程規劃內容不能滿足教師需求；(4)行政督導不確實，模稜兩可，以致教師較為被動；(5)教師分級制度不

明確，優秀教師與一般教師沒有分野；(6)獎懲不分，考核不落實，校園充滿鄉愿，形成惡性循環，劣幣驅逐良幣；(7)教師升遷管道不明確，無動力激勵教師進修研究意願（簡毓玲，2000）。

就教師進修現況而言，大部分的小學教師皆利用週三教師進修時間參加校內或區域性的研習活動，而中學教師大多利用各領域時間參與相關研習。在這種進修過程中，主辦單位通常安排學者專家到校專題演講或做新課程介紹、新教材教法的研習。然而，這些由上而下安排的進修活動，往往是行政人員指派或薦派，導致有些教師會感覺是被迫參加，因為他不認為這些課程內容有助於其專業發展，如小學原住民教師在學校都不需要教授原住民語言和鄉土教材，研習的地點又常常離學校很遠，所以對這些薦派參與的課程常會排斥而抱怨連連。此外，某些教師參與研習的目的不在於專業發展，其旨在取得研習時數或積分，以利晉級、考試或其他用途，根本無心聆聽課程內容。像這種由上而下的進修方式，往往只重視教育理論的說明與分析，缺乏專業發展的理念，容易忽略教學現場的實際問題與教師的教學需求，導致教師專業不易發展。

前段曾提到彰權益能的理念能促進教師的專業發展，而權能的實踐必須回歸到學校中，因此，以學校為本位的教師專業進修是值得被探討的議題。就目前以學校為本位的教師在職進修師資問題而言，大部分學校聘請的教授通常未具備中小學教學經驗，或其研究結果遠離實際教室情境，這對於要面對班級教學情境的教師來說，可能沒有明顯而立即的效果。再者，就目前進修課程而言，普遍存在現象是教師的需求甚少受到重視，因為進修課程的設計與實施多由行政機關制訂的；另外，以中學來說，領域時間的安排多由該領域主席負責，然而有些領域是由多科目統合（如社會領域、綜合領域等）而成，在無法明確了解各科目的需求下，領域研習多流於形式化。就進修目標來說，定位與目標不明是最大缺點，即進修目的是為了改進教學或提高學位？是為了改進學校教育或增進教師福利？是為了因應教師分級制度或提升教師研究能力？諸如此類想法，必須先釐清目的後，行動方能有所依據。

（二）學校本位的教師進修問題

根據調查發現，目前教師進修雖然受到重視，但功能不彰，究其原因有：領導者觀念有誤或不重視、進修沒學分缺乏誘因、學校本身專業水準不足，無法滿足教師、資源有限，舉辦活動不易、主辦者未掌握重點（彭麗琦，2000）。若就以學校本位的進修情況而言，約有下述幾種情形與問題：

1. 雖然教師研習中心或教育局常主辦研習活動和課程，但進修機會常集中在少數人身上，如某些教師因調動升遷緣故而勤於研習、或因交通緣故而不熱衷參與、或研習對象有資格限定等（張耀宗，1997）。

2. 因為教師專業化需求與知識資訊暴增，教師對於自己社會角色的轉變有所體認，須藉由不斷進修方能自我精進，且由於學校本位課程的強調，教師普遍認為以學校為本位的在職進修有其必要性。

3. 教師普遍缺乏參與決定研習課程內容的權力，進修課程設計往往由少數人來規劃，忽略教師個別差異與需求，以及課程內容不易落實於真實教學情境，教師無權選擇進修研習的機會，所以不易推動學校本位課程實踐。

4. 教師進修時數足夠，但進修活動之後缺少討論與分享的機會，學校成員很難了解整個進修全貌，無法藉由團體動力的概念來促進教師專業素養的提升。

5. 進修課程和方式不夠多元化，缺乏長期規劃。通常以教材教法研習、觀摩教學、專題演講為主，都屬於較傳統單一方式，無助於促進學校本位課程實踐的教師專業發展。

6. 學校本位的研習實施程序有瑕疵，即安排研習課程之前，學校行政與教師之間常缺乏充分的討論。影響學校在職進修的關鍵因素可歸納為行政領導、學校資源、教師三個層面，所以需要三方面充分的討論，才能更了解需要何種研習課程。

7. 在進修課程內容評估方面，會朝以學校和教師的需求來設計，但設計課程後的師資聘請、教材選擇未再深入考慮（李鴻章，2000）。

8. 學校教師會的基本任務：「專業尊嚴與專業自主權維護與研究並協助解決各項教育問題」（張耀宗，1997）。這點有益於鼓勵教師設計學校本位課程，但現實中的基本任務常未發揮，教師專業尊嚴與自主權受到侵害。

9. 未落實同儕視導觀念，實施時產生許多困境，例如：學校層級過多導致溝通不易；校園瀰漫本位與保守主義而不利於教師同儕合作。此外，教師工作負荷量沈重，甚少餘力從事研究工作，遑論相互合作（李鴻章，2000）。

10. 參加研習活動時，教師課務常須自理，各校對調課和補課的規定寬嚴不一，造成教師安排課務不便，且研習時數大都是打折方式處理，影響教師參與進修意願。

綜合上述，學校本位的教師專業發展尚待解決的問題可歸納有：尚未建立教師終生進修體制、缺乏整體規劃造成重複浪費資源不均現象、偏重理論學科課程內容無法滿足實際需求、盛行集中式的研習缺乏互動對話、進修意願不強、偏於被動進修缺乏自我導向學習動機、進修目的趨於功利以晉級加薪為主、進修活動安排代課影響正常教學、進修制度未配合教師分級或評鑑制度、缺乏自我反省和自我更新動力、進修研究缺乏誘因、辦理進修經費不足等。影響教師專業發展的因素是複數的、是多元的，許多問題亦是相關連帶的，因此，在規劃學校本位課程的教師進修活動時，應同時考慮這些問題。事實上，教師對於自身的專業發展也會受到其人格特質影響，如有些教師容易接受學校所安排的研習方式，認為學習不同的知識雖不一定能用在教學上，但有益於拓展教學視野；有些教師則很在意這些課程是否值得自己付出時間研習，即把研習進修視為交換關係的性質。所以在推動學校本位課程的進修活動過程中，學校應隨時留意教師的需求與反應，以修改或更新課程內容，進而達到教師專業發展的目的。

肆、促進學校本位課程實踐之教師專業發展途徑

學校教育的終極目標在於提升學生的教育品質，也惟有能夠提供高品質的

教育，學校成員才能贏得高度的專業尊嚴。而提供高品質教育的關鍵人物即是教師，所以如何提升教師專業知能亦是目前學校經營的主要目標。教學過程是一種動態的、連續性的建構知識，因此，為了因應學校環境與文化之間的個別差異，教師需要持續地專業發展，不斷的調整課程和創新教材，才能符合學校本位課程實踐的期望。

知識結構與教育體系會隨著社會變遷而變更，如此就會衝擊到教師現有的能力是否擔當得起教學工作，所以透過在職進修課程或各種研習活動，利用以學校為中心的教師專業成長計畫或自我學習等方式為媒介，鼓勵教師透過理解、反省、實踐等連續的行為歷程以促進教師專業發展，相信能更有效地達成學校教育目標與社會期待。據此，本文擬從教師及學校兩個層面提出建議供作參考。

一、就教師層面而言

（一）培養教師專業發展的意願與能力

希望教師擁有專業發展的能力與精神，從學生進入師資培育學校時就要開始培養，Sugrue（2002）等學者指出，教師取得專業知識的途徑有三種：從事教學前的養成知識（knowledge for practice）、在教學中獲得的知識（knowledge in practice）、為了教學而研究的知識（knowledge of practice）（引自 Rhodes, Stokes & Hampton, 2004）。第一種途徑能培養教師終身主動學習的意願與習慣；第二種途徑是教師在實際工作中與學生教學相長；第三種則是教師為了獲得更好的教學品質而積極採取的研究行動，如透過合作學習團體或成立網絡社群以分享專業知識。師資培育學校扮演專業觀念養成的角色，但進修意願的維持及專業能力的精進則必須回歸到學校場域中，推動以學校為本位的教師專業發展理念和計畫，藉此提升教師權能感，以確實落實學校整體的課程發展與實施。

（二）深化教師專業倫理以促進教師身分認同

學校本位課程的推展，強調教師身分的轉化，而怎麼看待教師身分，關係著我們會扮演著怎樣的一個教師角色、會有什麼樣的教學表現（甄曉蘭，2004a）。教育專業倫理牽涉到教師角色的內在認同（馮朝霖，2005），透過教育專業倫理的引導和規範，能夠清楚表達教師的角色行為，不僅是專業技術層次的展現，也能對受專業服務對象的動機與意圖表達出理解、尊重、關懷與協助，進而提升其學習品質。因此，深化教師專業倫理能幫助教師正視其工作本質，並形成教師行為規範，有助於促進課程的專業實踐。

二、就學校層面而言

（一）鼓勵學校教師成立教學研究團隊

學校本位課程實踐有別於以往的教學文化，鼓勵教師走出教室參與校務，並且成立教學研究團隊，透過「集體行動」（collective action）的專業對話與省思，以有利於課程革新。以往對於專業自主的概念，被曲解為專業孤立文化，導致教師形成以自我為中心的教學而不利於專業發展。但是，學校本位課程賦予專業自主更適當的見解，一方面肯定個別教師的專業自主權，另一方面亦鼓勵他們透過集體決策、分享與研究的方式。如陳美如（2004）提及教師需要彼此進行生命經驗的分享，這種互動是教師專業發展與個人成長的活力泉源；吳政憲（2001）亦提出協同成長團體、協同行動研究等方式，以改善與增進實務工作的品質與成效。

（二）適度地以彰權益能的方式促進教師專業發展

學校本位課程實踐強調教師權能感，而近年來關於彰權益能促進教師專業發展的研究多持正面的肯定，但不代表此項策略就能適用於每個情境，仍須視情況調整領導策略，才能有效促進教師專業發展。王麗雲、潘慧玲（2002）提出彰權益能的推動須注意的事項，包含釐清教師參與決定的範圍、認清教師權

能增進的目標、明訂教師參與的規則、注意充分的時間配合與準備工作，以及引入其他團體的參與等事項，說明了若無法先針對此項方式可能引發的問題和個別學校發展的情形有所了解而貿然實施，所帶來的利益衝突和權力不平衡反而無助於教師專業發展。

（三）引導家長和社區認識學校課程實踐精神以支持教師專業發展

學校本位課程實踐強調各方利害關係人的參與，且隨著市場化成為教育運作機制之一，家長及社區民眾對於學校課程實踐的影響力日趨明顯。家長的涉入固然可能干涉到教師專業自主，但另一方面，若能化阻力為助力，積極引導他們認識且體認到學校本位課程實踐的關鍵在於教師的專業知能發揮，藉由家長及社區民眾的支持，不僅可以促進教師在校本課程決定的專業正當性地位，並且引入更多外界資源協助從事教師專業發展，以更有效地促進課程革新。

（四）學校應建立學習的組織文化

根據相關研究，當教師對「學習的組織文化」知覺程度愈高時，愈有助於教師推動專業發展（徐悅淇，2003）。課程改革的落實必須經由新的學校組織管理機制來執行，然而，舊有的學校組織文化並不能發揮支援課程改革的效用（黃乃熒，2003），因此，學校組織應進行新的價值定位，維持良好的學習風氣，是建構教師專業發展的一個關鍵所在。學校本位課程發展強調營造良好的學習氣氛，行政人員能以身作則，自我主動參與研習、進修、組織讀書會等，進而帶動學習風氣。如平時校長、行政人員制訂政策時，能邀請教師同儕參與決策，並經常和教師交換教學觀念和學生資訊；相對地，教師必能體恤行政人員的辛勞，並樂於配合學校行政措施，亦能讓教師同儕間保持高度的合作精神。

伍、結論

本文主要探討學校本位課程實踐之教師專業發展情形，首先從學校本位課程實踐之內涵談起，包含發展背景及其意義；基於鬆綁的理念促成課程權力結

構的調整、教師專業自主權的提倡、尊重多元文化且因應地方差異的需求，以及強調學生為教育主體等發展脈絡，因此，促成了學校本位課程的發展。再者，學校本位課程可定義為：中央將課程決策權力下放給學校，讓學校成為課程發展與改革的主體，以教師為課程決定的核心，結合其他利害關係人（如家長、學生、社區人士等）的力量，透過集思廣益的方式，使得所規劃的課程內容能符合學校的需求與社會的期待，並不斷地提升教育品質的發展歷程。這個界定包含了幾個意義：是一種權力分享的課程發展型態、以學校為課程發展的中心、以教師為課程發展的決策核心，以及目的在追求適性優質的教育品質。

根據學校本位課程實踐之意義，教師成為學校課程決定的核心，而教師專業能否有效發揮，關係到此次課程改革能否成功的重要關鍵。因此，先探討教師專業發展的意涵，而根據現有的法令以及學校本位課程實施所蘊含之締造觀、彰權益能概念，學校本位課程的有效推動必須以教師專業發展為中心，而教師專業發展的維持不僅僅透過傳統的進修研習模式，學校本位的教師專業成長更能符合教師教學上的需求。然而，中小學在推動學校本位的教師專業發展情況產生了某些問題，基於此，本文試圖從教師及學校兩層面著手，提出促進學校本位課程實踐之教師專業發展途徑；教師層面包括培養教師專業發展的意願與能力、深化教師專業倫理以促進教師身分認同，而學校層面包含鼓勵學校教師成立教學研究團隊、適度地以彰權益能的方式促進教師專業發展、引導家長和社區認識學校課程實踐精神以支持教師專業發展，以及學校應建立學習的組織文化，方能對於學校本位課程實踐之教師專業發展有所助益。

參考文獻

中文部分

方德隆（2001）。學校本位課程發展的理論基礎。**課程與教學季刊，4**（2），
　　1-24。

王玉敏（2001）。**學校本位教師專業成長個案研究──以臺中市一所國民小學
　　教師週三進修為例**。國立臺中師範學院國民教育研究所學校行政碩士論
　　文，未出版，臺中市。

王麗雲、潘慧玲（2000）。教師彰權益能的概念與實施策略。**教育研究集刊，
　　44**（1），173-199。

王麗雲、潘慧玲（2002）。種子與土壤：校長與教師在學校革新中的角色與作
　　法。載於潘慧玲（主編），**學校革新理念與實踐**（頁 102-137）。臺北
　　市：學富。

史美奐（2003）。**國中教師創新教學專業能力之研究──以臺北市國民中學為
　　例**。國立臺灣師範大學教育研究所碩士論文，未出版，臺北市。

四一○教育改造聯盟（1996）。**民間教育改造藍圖──朝向社會正義的結構性
　　變革**。臺北市：時報文化

白雲霞（2003）。**學校本位課程發展理論、模式**。臺北市：高等教育。

任東屏（1999）。**碩士程度的女性國小教師專業發展研究**。國立臺東師範學院
　　國民教育研究所碩士論文，未出版，臺東市。

行政院教改審議委員會（1996）。**教育改革總諮議報告書**。臺北市：作者。

吳政憲（2001）。教師在職進修的新趨勢──學校本位的教師專業發展。**中等
　　教育，52**（5），124-137。

吳清山、林天祐（1999）。學校本位課程。**教育資料與研究，28**，74。

吳婷婷（1998）。**地方性教師在職進修機構──縣市教師研習中心之研究**。國
　　立新竹師範學院國民教育研究所碩士論文，未出版，新竹市。

呂錘卿（2000）。**國民小學教師專業成長的指標及規劃模式之研究**。國立高雄

師範大學教育研究所碩士論文，未出版，高雄市。

李錫津（1998）。新世紀學校本位之課程實施。載於中華民國課程與教學學會（主編），**學校本位課程與教學創新**（頁 1-22）。臺北市：揚智。

李鴻章（2000）。**國小教師參與「學校中心」在職進修現況與改進途徑之研究**。國立臺東師範學院教育研究所碩士論文，未出版，臺東市。

林秀容（1998）。淺談學校本位的課程與教學。載於中華民國課程與教學學會（主編），**學校本位課程與教學創新**（頁 23-48）。臺北市：揚智。

林義祥（2002）。**「學校中心」教師專業發展之行動研究——以臺北縣一所國小之多元智慧團隊為例**。國立臺北師範學院課程與教學研究所碩士論文，未出版，臺北市。

林錦杏（2000）。**國民小學校長專業成長需求之研究**。國立臺北師範學院國民教育研究所碩士論文，未出版，臺北市。

柯倩俐（2001）。**高雄市國小教師在職進修模式之研究**。國立高雄師範大學教育研究所碩士論文，未出版，高雄市。

洪孟華（2000）。**國民小學男性教師性別角色知覺態度與進修之研究**。南華大學教育社會學研究所碩士論文，未出版，嘉義縣。

徐悅淇（2003）。**教師對學校本位教師專業發展的態度及其相關因素之研究**。國立政治大學教育研究所碩士論文，未出版，臺北市。

高新建（2000a）。建構學校本位課程發展的推展情境。**初等教育學刊**，**8**，135-160。

高新建（2000b）。邁向成功的學校本位課程發展。**國立編譯館館刊**，**29**（2），293-317。

張美玉（2000）。**國民小學教師專業發展之研究：在職進修教育的經驗與反省**。國立屏東師範學院國民教育研究所碩士論文，未出版，屏東市。

張善培（1998）。課程實施程度的測量。**當代華人教育學報**，**1**（2）。2005年 8 月 20 日，取自 http://202.43.196.230/search/cache? ei=UTF-8&p=%E7%B7% A0% E9% 80% A0% E8% A7% 80&u=www.fed.cuhk.edu.hk/ % 7Ehkier/jecc/jecc9905/jecc990504.htm&w=%22%E7%B7%A0%E9%80%A0+%E8%

A7%80%22&d=468B4BE80C&icp=1&.intl=tw

張嘉育（1999）。**學校本位課程發展**。臺北市：師大書苑。

張寶丹（2004）。**國小教師專業發展與形象知覺之研究——以高雄縣為例**。國
立屏東師範學院國民教育研究所碩士論文，未出版，屏東市。

張耀宗（1997）。淺談教師進修。**臺灣教育，554**，55-57。

梁坤明（1999）。**國民小學教師專業發展態度、活動型式與實施成效之研究**。
國立臺北師範學院國民教育研究所碩士論文，未出版，臺北市。

許志賢（2000）。教育人員進修現況及未來走向。**教育資料與研究——教育論
壇，34**，18-21。

陳伯璋（2001）。**新世紀課程改革的省思與挑戰**。臺北市：師大書苑。

陳美玉（1997）。**教師專業——教學理念與實踐**。高雄市：麗文文化。

陳美如（2004）。教師專業的展現與深化：教師課程領導之為何？如何？與限
制。**教育研究月刊，126**，19-32。

彭麗琦（2000）。**學校本位教師進修之研究——以發展生活科課程方案為例**。
國立臺北師範學院課程與教學研究所碩士論文，未出版，臺北市。

游宗穎（2002）。**臺中市國民小學「學校本位課程發展」實施情形之研究**。國
立臺中師範學院國民教育研究所碩士論文，未出版，臺中市。

馮朝霖（2005）。教育專業倫理。**教育研究月刊，132**，5-10。

黃乃熒（2002）。以教師彰權益能觀點探究學校權力生態——以一所國中教評
會為例。**師大學報，47**（1），59-82。

黃乃熒（2003）。課程改革對於學校組織文化的衝擊及其因應。**教師天地，
123**，22-32。

黃政傑（1999）。**課程改革**。臺北市：漢文。

楊朝祥（2001）。知識經濟時代教育新主張。**教育資料與研究，41**，1-9。

葉一明（1999）。**國民小學學校組織結構、教師專業角色知覺與教師專業角色
踐行關係之研究**。國立臺中師範學院國民教育研究所碩士論文，未出版，
臺中市。

葉蕙蘭（1999）。淡江大學教師專業成長之需求評估研究。私立淡江大學教育

資料科學研究所碩士論文，未出版，臺北縣。

甄曉蘭（2001）。**中小學課程改革與教學革新**。臺北市：元照。

甄曉蘭（2004a）。中小學教師的專業成長。載於中國教育學會、中華民國師
　　範教育學會（合編），**教師專業成長問題研究**（頁 53-72）。臺北市：學
　　富。

甄曉蘭（2004b）。**課程理論與實務──解構與重建**。臺北市：高等教育。

劉雅婷（2000）。**學校本位管理教師角色知覺之研究──以臺北縣國民小學為
　　例**。國立臺北師範學院國民教育研究所碩士論文，未出版，臺北市。

潘慶輝（2000）。掌握統整教學主流，修練多元專精能力──談國小教育人員
　　進修的方向與內容。**教育資料與研究**，**34**，33-36。

潘慧玲（2002）。緒論：學校革新的脈動。載於潘慧玲（主編），**學校革新理
　　念與實踐**（頁 2-47）。臺北市：學富。

錢富美（2002）。**國小教師參與學校本位課程發展具備之專業知能及其影響因
　　素之研究**。國立臺中師範學院國民教育研究所碩士論文，未出版，臺中
　　市。

謝文全（2004）。**教育行政學**。臺北市：高等教育。

鍾任琴（1997）。**教師權能之論證**。載於國立花蓮師院舉辦之「**教育學術**」研
　　討會論文集（頁 317-338），花蓮市。

簡良平（2001）。學校自主發展課程中課程籌劃的研究。**課程與教學季刊**，**4**
　　（2），25-46。

簡良平、甄曉蘭（2001）。學校自主發展課程之相關因素分析。**教育研究集
　　刊**，**46**，53-80。

簡毓玲（2000）。國民小學教師進修現況及展望。**教育資料與研究**，**34**，
　　28-31。

羅清水（1998）。回流教育與教師專業成長。**師友**，**10**，12-15。

饒見維（2001）。九年一貫課程與教師專業角色的省思。**教師天地**，**113**，
　　7-13。

饒見維（2003）。**教師專業發展──理論與實務**（第二版）。臺北市：五南。

■ 西文部分

Calderhead, J., & S. Shorrock, B. (1997). *Understanding teacher education: Case studies in the professional development of beginning teachers.* London; Washington, DC. Falmer Press.

Rhodes, C., Stokes, M., & Hampton G. (2004). *A practical guide to mentoring, coaching, and peer-networking: Teacher professional development in schools and colleges.* London: RoutledgeFalmer.

Seyfarth, J. T. (1991). *Personal management for effective schools.* Boston: Allyn and Bacon.

Skilbeck, M. (1984). *Readings in school-based curriculum development.* London: Paul Champan.

Chapter 6

美加英澳等國教師專業標準發展對於我國教師素質的啟示

高熏芳
淡江大學教育科技系教授
楊欣燕
淡江大學教育科技系碩士班研究生

壹、前言

　　教師素質（Teacher Quality）是影響學生學習品質及社會國家發展的重要因素（彭森明，1999），我國在教師素質的政策實施上，係採師資培育政策鬆綁的作法，期望透過多元的師資培育管道來提升教師專業品質。然而，多元化雖是師資培育的最大特色，但卻非師資培育專業化及優質化的保證，世界先進國家皆以訂定教師專業標準（professional standard）作為師資培育的具體目標及教師評鑑或專業發展的依據（林天祐，1997；林美玲，2001）。

　　追求師資素質為各國師資培育的最終的目標，以美國為例，布希總統二○○一年提出 No Child Left Behind （NCLB）法案，重新修訂中小學教育法（Elementary and Secondary Education Act, ESEA），其中特別強調教師素質對於學生學習成就影響的重要性（National Education Association, 2001）。而從一九八○年後的多次教育改革，也均以建立「標準」為主要訴求，各州也以通過標準化的基本技能或專門科目的知識測驗，作為教師授證的首要條件，期望利用標準來促進教師專業發展，並達績效責任（林美玲，2001）。而加拿大在師資培育方面，為了滿足各省或地域的教師需求與品質，在師資培育或教師專業也有相關標準之規定，特別是安大略省（Ontario College of Teachers, 2004）、卑詩省（British Columbia College of Teacher, 2004）與亞伯達省（Education in Alberta, 2004）等，均分別訂定教師教學標準或教師品質教學標準，以促進教師素質的提升。而英國與澳洲也幫助教師訂定相關的教師專業標準，作為工作上之指引方針，以提升教師專業素質。

　　美、加、英、澳等國在師資培育過程及檢定上都有專業標準的制定，並以追求師資素質為最終的目標。反觀我國因應社會大眾在教師素質的期望與要求，教育部政策逐漸朝向「教師評鑑」趨勢，希望可藉此提升整個教育品質及教師素質，並協助教師生涯發展的規劃、確保學校選擇教師過程的合理化及有效性，但對於評鑑卻無一致性的標準內涵，導致在教師素質提升上面困難重重。因此，若可先確定各級學校教師應具備之專業標準，便可據以有效制定師資培育課程、教師資格檢定與遴選、教師專業發展與評鑑等內涵，不僅可避免

師資培育過程流於形式化，也可進而提升教師的專業素質。

　　本文以文獻及文件內容分析的方法，歸納、綜整、分析美加英澳等國教師專業標準發展的過程及其相關內涵，並嘗試研擬我國發展國民小學教師專業標準的建議，以提供國民小學職前教師培育、教師資格檢定、教師甄試、教師專業發展或教師評鑑之參考。

貳、美國教師專業標準之發展──以全國教學專業標準委員會及國際教育科技協會為例

　　美國在一九八六年成立了「全國教學專業標準委員會」（National Board for Professional Teaching Standards, NBPTS），訂定嚴格之教師專業標準，並依據標準發展教師評量系統及教學執照核發等制度，以期提升教師專業水準提升，促進學生的學習成效（NBPTS, 2002）。一九九○年之後教育改革重點在於期望教育機關及相關人員負起績效責任，有效提升學生的學習成效，其表現方式在於「標準本位」、「學校本位」、「家長選擇」、「教師素質的提升」；其中，「教師素質」是教育行政單位認定教師為教育改革成敗之關鍵，因此美國布希總統於一九九一年提出「邁向公元兩千年的美國教育策略」（America 2000: An Education Strategy），後來接任的柯林頓總統於一九九四年簽署生效的「邁向公元兩千年的美國教育法案」（Goals 2000: Educate America Act），建立了聯邦教育部主導全國教育政策的地位，更形成標準本位教育政策動力來源（林天祐，1997）。

　　隨著科技發展的趨勢，教育改革的重點也要求學生與教師都應該有效的運用科技在學習與教學上，因此，國際教育科技協會（International Society for Technology in Education, ISTE）即提出全國教師教育科技標準（National Educational Technology Standard－Teacher, NETS‧T），提供師資培育機構作為培育教師科技能力之引導。美國全國師資培育認可委員會（National Council for Accreditation of Teacher Education, NCATE）對於教師科技能力的培養也以此為認可依據。由上述兩個組織對於相關專業標準之重視，可知教師專業標準在教師培育過程中之重要性。茲就全國教學專業標準委員會及國際教育科技協會等

兩個組織發展之相關專業標準說明如下：

（一）全國教學專業標準委員會

　　全國教學專業標準委員會的任務即是建立嚴格的高標準、提供自我評鑑系統、促進相關的教育改革等，以促進教師教與學的品質，而透過「標準」的機制，對於教師資格的評定過程也將更為確實及符合需求。全國教學專業標準委員會在一九八九年的教育政策中，開始對於「教師應該知道什麼及可以做什麼」（What Teachers Should Know and Be Able To Do）加以討論，並訂定五個核心標準（NBPTS, 2002），說明如下（見表 6-1）。

表 6-1　全國教學專業標準委員會之專業教學標準

標準	內涵
1. 教師對於學習者及教學具有責任感	（1）教師了解個體差異，並運用不同教學方式教學。 （2）教師了解如何使學習者學習及發展。 （3）教師公平的對待每一位學習者。 （4）教師幫助學習者擴展其認知能力，發揮其潛能。
2. 教師了解教學主題並知道如何將內容教導給學習者	（1）教師了解主要學科知識如何創造、組織並與其他學科相連結。 （2）教師具有傳達主題內容的能力。 （3）教師具有多元化之教學方式。
3. 教師應有管理及監督學習者的責任感	（1）教師運用多元化之教學方式達到學習者的學習目標。 （2）教師以團體教學方式，並對不同學習型態之學習者運用不同方式教學。 （3）教師定期評鑑學習者學習過程。 （4）教師致力於教學目標之達成。
4. 教師應系統化的思考教學實務並從經驗中學習	（1）教師持續運用不同決策方式做判斷。 （2）教師透過專業學習及學術研究來促進自己教學實務。
5. 教師也是學習社群中的一員	（1）教師與學校其他專業教師合作，以促進學校效能。 （2）教師與家長相互合作。 （3）教師有效運用社區資源。

（二）國際教育科技協會

國際教育科技協會於一九九三年首次將教師教育科技標準（National Educational Technology Standard — Teacher, NETS‧T）列為教師使用教育科技的能力指標，改革至今，標準也更具有效性，並與中小學學習者的教育科技標準趨於一致，美國全國師資培育認可委員會對於教師科技能力的認定也以此為依據（ISTE, 2000）。茲將內容說明如下（見表 6-2）：

表 6-2　國際教育科技協會之教育科技標準

標準	內涵
1. 科技操作與概念	（1）教師了解科技相關基本知識與技能。 （2）持續增進科技知識與技能，以符合時代趨勢。
2. 教師設計有效的學習環境與經驗	（1）根據不同需求，運用科技輔助，設計適合學習者的學習機會。 （2）應用當前對教學科技的相關研究，設計有效的學習環境與經驗。 （3）尋找與確認相關科技資源，並評估其正確性與適用性。 （4）設計科技資源管理策略，使其有效運用在教學情境中。 （5）在科技學習環境下，設計管理學習者的學習策略。
3. 教師運用科技在教學、學習與課程設計上	（1）促使學習者的科技能力符合學習者科技標準需求。 （2）運用科技輔助學習者為中心的學習策略，以滿足學習者之需求。 （3）運用科技去發展學習者高層次的技能與創造力。 （4）在科技學習環境中，應管理學習者的學習狀況。
4. 教師在評估方式與評鑑策略上運用科技	（1）運用多元的評量策略，評鑑學習者對於學科知識的了解。 （2）運用科技資源去蒐集資料、分析資料，及解釋與說明結果，以促進教學實務及讓學習者有最好的學習。 （3）使用多元的評鑑方式，評估學習者在學習、溝通與學習成效上使用科技的適切性。

表 6-2　國際教育科技協會之教育科技標準（續）

標準	內涵
5. 教師的教學成效與專業實務	（1）教師運用科技在自我專業成長與終身學習上。 （2）教師需持續評鑑與反思運用科技在教學上的缺失，以期在學習者學習上做出正確的決策。 （3）運用科技去促進學習者的學習成就。 （4）使用科技與同僚、家長和社區溝通與合作，以增進學習者學習。
6. 教師了解科技在社會、倫理道德、法律與人性方面的議題	（1）運用科技在示範與教學上時，應符合法律與倫理實務。 （2）使用科技資源輔助及發掘學習者不同學習背景、風格與特質。 （3）確定與使用多樣化的科技資源。 （4）促進科技使用上的安全性與健康。 （5）確保學習者使用科技上的公平性。

　　美國在專業標準發展過程中，為了提升教師的專業素質，建立聯邦教育部主導全國教育政策的地位，並以標準本位教育政策為目的，持續修正相關法案及標準內涵，以期待高標準的教育政策。從全國專業教學標準委員會訂定的標準及內涵中可知，美國在教師素質提升的標準建置上，多重視教師的專業表現，而教師的專業知識與專業態度也包含其中。隨著科技發展趨勢，國際教育科技協會更特別訂定教師應具備的科技素養之相關標準。以上兩個教育專業組織提出有關教師素質養成的標準，特別強調應包含教師專業知識、專業表現及專業態度等面向。且教師的專業知識應包含教師學科知識、教學知識、教育學知識與通識素養；專業表現包含教師教學能力與教師行政能力；而在專業態度部分，則強調教師應具有倫理道德及專業精神。茲歸納綜整說明如下（見表6-3）。

表 6-3　NBPTS 與 ISTE 教師專業標準之面向

面向 組織	專業知識	專業表現	專業態度
NBPTS	教師了解教學主題並知道如何將內容教導給學習者。	1. 教師應有管理及監督學習者的責任感。 2. 教師也是學習社群中的一員。 3. 教師運用系統化思考教學實務並從經驗中學習。	教師對於學習者及教學具有責任感。
ISTE	科技操作與概念。	1. 教師設計有效的學習環境與經驗。 2. 教師的教學成效與教學實務。 3. 教師運用科技在教學、學習與課程上。 4. 教師在評估與評鑑策略上運用科技。	教師了解科技在社會、倫理道德、法律與人性方面的議題。

參、加拿大教師專業標準之發展——以安大略省、亞伯達省及卑詩省為例

　　加拿大在師資培育方面，為了滿足各省（province）或地域（territory）的教師需求與品質，所以對於教師培育過程或教師本身的專業都有相關標準的制定。如安大略省的教師協會（Ontario College of Teachers）為加強教師自律，所以發展出實務標準（Standards of Practice）、道德標準（Ethical Standards）及專業學習基本架構（Professional Learning Framework）等三個教學專業（teaching profession）基本原則（Ontario College of Teachers, 2004）；亞伯達省是

加拿大第一個實施品質教學標準（Quality Teaching Standard）的省份（Education in Alberta, 2004），其對於職前教師、教師認證、教師評鑑和教師專業發展均設置相關標準依據；卑詩省之教師協會是該省教師專業規範的團體，該協會也為教育、教師能力與專業行為制定相關標準，以促進教師的專業發展（British Columbia College of Teacher, 2004）。

　　三省標準之制定過程中，安大略省的教師協會透過結構化的研究，包含面談、焦點團體訪談、問卷及電子郵件、討論族群、通訊紀錄的回饋，並諮詢教育夥伴與大眾的意見，發展出教學專業的實務標準、道德標準及專業學習基本架構等三個教學專業基本原則（Ontario College of Teachers, 2004）。亞伯達省的教育部長於一九九五年九月運用問卷方式，發放給國會議員、學校顧問、學校職員、校長、監督人、工會主席、教育組織、學校的教務長、大學生等，並於十二月與具代表性的政府教育組織與師資培育機構討論彙整問卷問題。而在一九九七年所頒行之教學品質行政命令（Teaching Quality Ministerial Order），也邀集教育委員工會、教師工會、大學院校管理者和師資培育機構一同發展與制定品質教學標準及細項說明。教育部長也與許多大學與政府教育部門根據品質教學標準，共同簽署師資培育同意備忘錄（Memoranda of Agreement on Teacher Preparation），致力於培育符合亞伯達省的品質教學標準及教師認證資格的未來教師。另外，亞伯達省公立學校的教師均需有亞伯達省核發的教師證書，並須加入亞省教師協會（Alberta Teacher's Association, ATA），遵行政府所規定的品質教學標準及符合 ATA 的專業行為準則（Code of Professional Conduct）（Education in Alberta, 2004）。卑詩省教師協會成立專業組織並透過立法建立專業標準，而協會認可教育標準及教育人員的能力與專業行為的標準，是參考相關英語系國家所制定專業標準和行為規範，及參考 Linda Darling-Hammond、Michael Fullan 和 Charlotte Danielson 等人之研究發展出屬於該省的專業標準。其標準正式採用也經過六個月的檢視過程，並與相關之教育團體討論，透過不斷的更新與修正所致（British Columbia College of Teacher, 2004）。以上三省教師專業標準的訂定均是由該省之相關教育專業團體，邀集相關之教育專業人員及利害關係人共同討論，透過問卷或訪談的方式加以彙整

資料，並經由長時間的更新與修正，以制定符合多數利害關係人需求之教師專
業標準與內涵，並以此作為教師認可標準或持續專業發展之依據。茲整理加拿
大三省所制定之標準及相關內涵說明如下：

（一）安大略省

　　安大略省的教師協會發展出教學專業的實務標準、道德標準及專業學習基
本架構等三個教學專業基本原則。其教學專業實務標準更分為對教師責任感、
專業知識、教學實務、領導能力與社群關係及持續專業成長等五部分，並與道
德標準相結合，目的在於促進學習者學習，所以標明出教師所應該具備的知
識、技巧和價值觀以及教學活動的實施，以提供師資培育計畫、在職訓練計畫
與教育行政人員專業成長的基礎。專業學習基本架構則是透過教師協會提供廣
泛且多樣化的專業學習活動，並將所有的學習機會都整合在學習架構中，教師
能參與由相關教育機構所提供之學習機會，所以專業學習基本架構主要目的在
於幫助教師訂定學習的方式，將知識融入教學活動中，並且從事不斷的專業成
長活動。

　　以下說明教學專業的實務標準及道德標準面向（Ontario College of Teach-
ers, 2004）：

　　　1. 教學專業的實務標準
　　　　教學專業的實務標準清楚說明教師所應該具備的教學知識與教
　　　　學活動實施技巧，其相關標準及內涵如下（見表 6-4）。

表 6-4　安大略省之教學專業的實務標準

面向	標準	內涵
教師責任感	1.關心與義務的展現	（1）作為學習者提升好奇心、熱誠與樂於學習的榜樣。 （2）幫助學習者珍惜自我獨特性，學習更多傳統文化和建立自尊。 （3）關心學習者品格、人際關係與個人志向。

表 6-4　安大略省之教學專業的實務標準（續）

面向	標準	內涵
教師責任感	2. 支援學習者學習	（1）了解並使用多元的教學方法，及關注學習者的不同生活背景與學習風格。 （2）整合學科知識、人類發展理論與學習理論，並發展學習者的學習計畫。
	3. 公平及尊重的對待	（1）包容學習者的差異性，尊重之間的不同。 （2）幫助學習者讓所學與自己的生活經驗、心靈與文化相連結。
	4. 鼓勵個人的成長及對社會有貢獻	（1）鼓勵學習者成為一個主動、好問與有遠見的公民。 （2）為學習者製造機會去了解、幫助及回應改變。 （3）加強學習者的責任與義務，成為一個好公民。
	5. 幫助學習者成為終身學習者	（1）結合課程與學習經驗到日常生活中。 （2）鼓勵學習者去了解、反省與監控自己之學習過程。 （3）鼓勵學習者追求卓越。
專業知識	1. 學習者的知識	（1）了解學習者不同的文化、語言、家庭、性別與社會環境等，會產生不同的生活經驗與對學習上的影響。 （2）了解學習者的優缺點。 （3）了解人類的發展與學習如何影響教學活動。 （4）運用特殊的知識與技巧讓促進學習者學習。
	2. 課程的知識	（1）知道主要的學科內容。 （2）了解學科領域的知識如何產生，並與其他學科進行科際整合，應用於生活上。 （3）知道課程與其他學科的相關性。 （4）了解課程期望與課程資源與技術的連結方式。

表 6-4　安大略省之教學專業的實務標準（續）

面向	標準	內涵
專業知識	3. 實施教學的知識	（1）讓知識與技能更容易取得。 （2）設計教學活動幫助不同學習型態的學習者。 （3）引發學習者的學習動機。 （4）建立與修正教學環境。 （5）教學時間的管理。 （6）建立教室管理策略，並幫助學習與尊重學習者。 （7）建立學習者互動與合作的機制。 （8）測量和評估學習者的學習成效、學習方式及對課程的期待。 （9）與家長和關心學習者的教育界人士溝通與合作。
	4. 學習環境的知識	（1）對於環境的改變做出正確的決策。 （2）了解多元、多變的社會對學習的影響。 （3）了解省的法令、當地政策與社會規範以引導教師做決定。
教學的實施	1. 學習者	（1）與專業團體合作支援學習者學習。 （2）運用學習者背景、經驗和學習風格的知識來支持學習活動。 （3）運用學習者如何發展與學習的知識支援學習者學習。 （4）運用學習者身體發展、社會發展和認知發展的相關知識支援學習者學習。 （5）回應學習者對於學習的期待與特殊的需求。 （6）根據學習者的成就採用適當的教學活動。
	2. 課程	（1）選擇適合的詢問方法、內容知識與課程所需的教學技巧。 （2）將教學內容、技能與日常生活經驗相結合。 （3）整合不同的教學方法、學習策略、活動與資源。 （4）幫助學習者發展、取得資訊評估資訊的方式。

表 6-4　安大略省之教學專業的實務標準（續）

面向	標準	內涵
教學的實施	3. 教學與學習環境的變動	（1）實行法定所應盡的義務。 （2）建立安全、支持的學習環境。 （3）建立與維持學習者行為的標準。 （4）運用多樣化的課程資源和有效的科技去促進學習環境。 （5）編列時間與空間去豐富學習的環境。 （6）發展學習者活動去提昇學習者對社會與群體的責任感。 （7）使用教室管理技巧去促進學習。 （8）運用教學策略去符合學習者的需求。
	4. 測量與評估學習者	（1）與學習者清楚溝通、給予具挑戰性與可完成的預期目標。 （2）使用多種評估策略，蒐集學習者表現的資料。 （3）保留連續、綜合的個人與團體成就的資料。 （4）持續提供學習者與家長學習者個人成就的回饋與報告。
	5. 反省	（1）將對課程期待整合到目前所實施的教學。 （2）反省目前的教學方式是否符合個別學習者或團體的需求。 （3）使用不同的資源，修正並改善教學活動。
領導能力與社群關係	1. 責任感與服務	（1）建立學習者、家長與社群之間的信任。 （2）實施專業的完整性與判斷。
	2. 學習社群的建立	（1）學習者、同事及其他學習社群共同學習。 （2）分享彼此觀點提升學習動機。 （3）替學習者創造機會和同學、父母、社群分享學習經驗。 （4）邀請家長或專業社群分享他們的知識與經驗，以支援課堂或是學校的活動。
	3. 透過創新與改變維持學習效果	（1）透過決策、改變、評估與溝通結果，提供創新與學習效果。 （2）透過問題解決與衝突處理的經驗分享來參與學習活動。 （3）同時扮演小組成員與領導者。 （4）肯定與讚美他人的努力與成功。

表 6-4　安大略省之教學專業的實務標準（續）

面向	標準	內涵
持續的專業成長	1.教師與學習者的學習	（1）了解教師的學習與學習者的學習有直接相關。 （2）成為終身學習的榜樣。 （3）給予個別或團隊合作的學習機會，整合到教學活動中，有助於學習者的學習。
	2.專業成長	（1）持續性專業成長是教學上不可或缺的部分。 （2）教學與專業成長受到個人、社會及教學情境所影響。 （3）教學活動是可藉由知識的形式、理解的方式、知識的獲得方式來提升。 （4）事先考慮、規畫不同的學習內容，以因應多變的學習情境。
	3.提升實踐的行動力	（1）致力於專業成長。 （2）在教育社群當中，他人支持是專業學習是最有效的方式。 （3）從經驗中去反省自己的教學與學習。 （4）探究並且參與多樣化的教育研究。 （5）與同事合作促進教學活動的實施。

2. 教學專業的道德標準

　　教學專業的道德標準在學生、同僚與不同教育夥伴間傳達教師的信念與價值觀，以促進有能力及優秀的教師不斷的成長，而專業教師透過專業實踐可保有尊嚴與榮耀。因此教學專業的道德標準所須具備 12 個相關內涵：

(1)維持與學習者之間專業關係。

(2)確定並尊重師生間的關係。

(3)公平對待所有學習者，並尊重其特殊性和持續學習的需要與能力。

(4)對學習者個人資料保密，除非法律要求公開或個人安全有危

險。

(5)對於人類尊嚴、心靈價值、文化價值、自由、社會公平、民主與生存環境表達尊敬。

(6)與教師協會的會員共同合作創造專業的環境，支持學習者社會、生理、智能、心理、文化、道德和情感上的發展。

(7)將家長及監護人視為教育伙伴，維持相互尊重與信任的關係。

(8)為了學習者的利益或符合法律需求與其他專業團體的人士合作。

(9)表現誠實、公平、正直、高尚的行為。

(10)對參與專業課程的會員資料應保密，除非法律要求公開對個人安全有危險。

(11)遵守法令與規定。

(12)當政策或現行實施方式需改變或修正時，給予適當人員專業建議。

（二）亞伯達省

亞伯達省制定品質教學標準及細項說明，並輔以說明職前教師需具備知識、技能與特質（knowledge, skills and attributes, KSAs），以便可以達到品質教學的標準，並持續對基本及專業知識的進修（Education in Alberta, 2004）。茲整理說明如下（見表 6-5）。

表 6-5　亞伯達省之品質教學的標準

品質教學	
標準	內涵
1. 教師運用教育學知識和特質來分析文章脈絡的變項	（1）教師透過學習者、管理、學校、教師以及父母和社會等變項來分析，以提供學習者最佳的學習機會。
	（2）教師運用特定的教育學的技巧和能力，來對於文章脈絡的變項分析做合理的判斷及決策。

表 6-5　亞伯達省之品質教學的標準（續）

品質教學	
標準	內涵
2.教師了解其工作的法規、道德及倫理框架	（1）行使由學校委員會制定的政策框架，如教師教學上需達到的品質教學標準及教師需持續個人專業發展等的教師評鑑政策。 （2）行為受道德和倫理的約束，但受學習者、家長、管理者、學校委員會、社會大眾的尊敬，因此教師確定所應盡的責任及行為。
3.教師了解其主要教學的學科	（1）了解其知識、概念、理論及確定所教導的學科主題。 （2）教導學習者使其懂得教所學的學科知識延伸到有意義的技術及日常生活上。 （3）了解學習者會有主觀偏見及先備知識，所以會運用策略及教材幫助學習者更進一步的學習。
4.教師了解許多教與學的方式	（1）相信學習者在學習風格、先備知識上的差異，但也相信每位學習者都可學習，所以在個體或群體教學上會因材施教。 （2）了解教與學之間的流動性，所以教師常監控有效並適合其教學與學習者學習的活動及需要。
5.教師參與一系列的計畫活動	（1）計畫立足於對於文章脈絡變項的了解，及在教學策略上運用適合教與學的決策紀錄。 （2）計畫概要應合理，並符合教師與學習者所期待的成就。 （3）監控及評估自我的教及學習者在基礎知識上的學，並依此修正計畫。
6.教師創造並維持有助於學習的環境	（1）建立讓學習者在身心上覺得安全的學習環境。 （2）建立自尊與尊重他人的和諧環境，並幫學習者建立正向人際關係。 （3）建立信念、原則、價值觀和心智特質的規範，並指引學習者去達到此規範。 （4）讓教室和學校成為模擬的學習環境，並提升及增加學習者與有意義的學習活動相牽連。 （5）促進學習者與社區相接觸。

表 6-5　亞伯達省之品質教學的標準（續）

品質教學	
標準	內涵
7. 教師將課程內容和主題轉變到有意義的學習活動上	（1）傳達長程和短程的學習期望以及如何去達成及評鑑，並帶領學習者進入有意義的學習活動，鼓勵及刺激他們去達成期望。 （2）學習課程與先備知識整合，並提供與學習者生活相關的學習機會和環境。 （3）運用廣泛的教學與學習策略，並因材施教。
8. 教師運用多元的科技幫助學習者得到學習上的需要	（1）使用如黑板、課文、電腦和其他視聽媒體、影印等科技相關資源來維持學習者的注意力。 （2）使用網際網路及其他的通訊媒體來增加自己的知識和能力，並與其他人告有效率的溝通及討論。
9. 教師蒐集並使用關於學習者學習需求及學習過程的資料	（1）監控學習者的學習狀況，並去了解學習者的學習需求及將訊息提供給學習者、家長和學院或相關專業人士。 （2）教師選擇及發展多元的教室評鑑策略和工具去評鑑所有範圍的學習主題。 （3）與學校、家長和社區建立並維持夥伴關係。 （4）與學校及學校顧問、家長、社區維持夥伴關係，以便可互相分享訊息、意見與資源。
10. 教師是終身的學習者	（1）持續專業發展可促進教師對教學知識的了解及分析能力、做合理判斷與決策的能力，及教育學的知識與特質。 （2）透過全視野的學習目標去指引教師教學的活動。

（三）卑詩省

　　卑詩省所制定的標準，在於凸顯教師工作之複雜性與多變的本質，並明確表達專業教師所應具備的知識、技能與態度及他們所應當承受的責任。另外，卑詩省將專業教育人員視為一個榜樣，所以專業人員須展現包含誠實、正直、可靠與憐憫之心等的崇高的品格，且專業行為的標準不管從專業教育人員例行性的工作，或是到更廣泛參與的人員，均視為一切責任的延伸（British Columbia College of Teacher, 2004）。其制定之標準與內涵茲將說明如下（見表 6-6）。

表 6-6　卑詩省之教師專業標準

標準	內涵
1. 專業教師珍惜並關心所有兒童，隨時為他們最大利益著想	（1）確保所有兒童的身體安全、智力發展和情感安全。 （2）以尊重、溫馨且不獨裁的方式去對待所有兒童。 （3）在符合倫理與合法範圍內，為所有兒童爭取福利並保護他們。 （4）信守包容的承諾，公平的對待每一個兒童。 （5）當有人不珍惜或不關心而兒童時，適當的介入。
2. 專業教師表露出對父母的角色及學習者家庭生活的了解	（1）根據和學習者與家長的互動，以及對於不同家庭環境與價值觀的了解，以便來規劃教學活動。 （2）尊重家長的角色，將他們視為教育夥伴，為學習者提供一個支持性的教育環境。 （3）和父母親進行公開的、有效的、敏感的、及時的溝通。 （4）尋求家長的涉入去支持學習者的學習。 （5）專業教師具備一定水平的學科知識以符合課程的需求。 （6）在英文或法文讀寫流利。 （7）了解他們所教授學科的基本架構與核心概念。 （8）了解該學科領域知識如何產生，並適當組織及與其他學科連結。 （9）掌握學科領域知識的深奧，達到更深遠的特殊課程。 （10）了解並傳遞學科領域的知識，且與學校外其他課程和知識連結。
3. 專業教師對於加拿大和世界有豐富的知識	（1）對於加拿大的歷史、地理、文化有大體的了解。 （2）了解、鼓勵、支持法律的規定。 （3）對於憲政民主體制的實施與理論有豐富的知識。 （4）了解不同文化對於加拿大社會的貢獻。 （5）對於世界歷史、地理、文化有一般程度的了解。

表 6-6　卑詩省之教師專業標準（續）

標準	內涵
4.專業教師對於 BC 省的教育系統有很深的了解	（1）了解 BC 省的教育系統的基本特性。 （2）擁有相關的法律知識去管理教師的專業與工作。 （3）關於教育目標，有不同的觀點的認識。 （4）了解加拿大和 BC 省的教育背景與歷史。 （5）察覺現今教育的爭論。 （6）了解在一個憲政民主體制下，教育負有培養明智公民的角色。
5.專業教師擁有基本的知識，去了解兒童的成長與發展	（1）了解並運用人類發展相關理論。 （2）了解並運用相關理論解釋兒童的行為。 （3）專注於兒童潛能的激發與愛的學習。 （4）因應不同情況去顧及兒童的自尊心。
6.專業教師能夠實施有效的教學活動	（1）創造一個適合所有學習者學習的環境。 （2）設計、實施、控管學習經驗，有助於提升學習者的學習成就。 （3）提供學習者所了解的學習經驗，發展他們在學習過程中的所扮演的角色與應負擔的責任，使他們成為終身的學習者。 （4）和其他教育人員、支持團體、專業的支持團體、父母其他相關人士共同合作去促進學習者學習成就。 （5）界定何時需要額外的支援與專業技術去符合特殊學習者的需求，在這些情境下共同合作去幫助學習者。
7.專業教師能夠運用測量、評估和報告的原則	（1）了解特殊測量、評估、報告等工具的優點與限制。 （2）規律的測量和評估學習者的智力成就與社會發展。 （3）使用測量或評估去規劃未來的教學活動。 （4）與同儕合作以確保學習結果和評估報告有共同的詮釋。 （5）維持正確的、綜合的學習者成就紀錄。 （6）經常並正確地將學習者智力成就與社會發展告知行政人員及父母。

表 6-6　卑詩省之教師專業標準（續）

標準	內涵
8.專業教師扮演道德教育的領導者	（1）在合法範圍內，為學習者、教育系統及社會的利益而努力。 （2）建立和維持與學習者、同儕、雇主、父母、專業人員及其他相關人士的關係。 （3）接受且分配擁有相關知識與技能的專業工作者，來擔任教學或行政的職務。 （4）對於學習者、家長、雇主、專業人士與大眾負起應有的責任。 （5）發展個人的教育哲學，並界定哪些理論影響到個人教學，如此有助於教學活動的實施。 （6）和教育人員、支持團體、專業支持團體、父母和其他相關人員共同合作，提升學校及學區的效能。 （7）為了學習者的利益，與家長、社區、大學、政府、社會、商業團體成為合作的夥伴關係。
9.專業教師致力終身學習	（1）培養對學習活動的興趣，並且熱心參與。 （2）跟上現今學科領域、教育知識和技能。 （3）和其他社群的人一同分享專業知識與專門技術。 （4）進行反思活動增進他們的了解和技能。
10.專業教師必須對學習者負責	（1）重視主管機關所賦予的責任，並信賴、影響及認同學習者。 （2）隨時為學習者的最佳利益著想。 （3）了解自己是學習者的榜樣。 （4）建立並且維持專業關係的界線。 （5）不論學習者同意與否，不與他們從事任何性行為。 （6）提供學習者一個在情感上、智力上、身體上都安全的環境。 （7）給每一個學習者尊嚴與尊重。
11.專業教師必須對家長及社會大眾負責	（1）隨時展現出道德和誠實的行為。 （2）了解他們被家長及社會視為榜樣。 （3）確保學習者和大眾的利益取代其他教育人員及組織的任務。 （4）隨時表現出對社會大眾的信心、信賴整個教育系統。 （5）了解專業自主在於專業責任與績效間取得平衡點。

表 6-6　卑詩省之教師專業標準（續）

標準	內涵
12.專業教師必須為他的專業負責	（1）現出適當的行為去維護專業的尊嚴、可信賴性與健全。 （2）藉由提供專業輔導，鼓勵其他教育人員與準備進入這個領域的人來支持教育專業。 （3）了解專業規範和維護專業之間的差別。 （4）確定所有的溝通都是為了維持專業的高標準。 （5）所有調查和研究的實施都是根據教學專業法案（the Teaching Profession Act）。

　　以上有關教師專業標準的判定，安大略省將教學實務標準細分為教師責任感、專業知識、教學實務、領導能力與社群關係、教師持續專業成長及教師專業道德等部分；亞伯達省以品質教學標準為架構說明教師的知識、技能與態度所包含的標準；卑詩省也將教師教育指標、教師能力指標與教師專業行為的標準綜合陳述。綜上之彙整，並以教師專業知識、專業表現與專業態度三大標準為基礎面向，又可區分專業知識又包含學科內容知識、教學知識、教育學知識與通識素養；專業表現為教師教學能力與行政表現，而專業態度則包含教師的倫理道德、專業精神及教師終身學習。茲歸納整理如下（見表 6-7）。

表 6-7　加拿大的安大略省、亞伯達省與卑詩省之教師專業標準面向

	專業知識	專業表現	專業態度
安大略省	1.教師專業知識 （1）學習者的知識。 （2）課程的知識。 （3）實施教學的知識。 （4）學習環境的知識。	1.教師領導能力與社群關係 （1）責任感與服務。 （2）學習社群的建立。 （3）透過創新與改變維持學習效果。	1.教師專業教學道德標準 2.教師責任感 （1）關心與義務的展現。 （2）支援學習者學習。 （3）公平及尊重的對待。 （4）鼓勵個人的成長及對社會有貢獻。 （5）幫助學習者成為終身學習者。

表 6-7　加拿大的安大略省、亞伯達省與卑詩省之教師專業標準面向（續）

	專業知識	專業表現	專業態度
安大略省		2. 教師教學的實施 （1）學習者。 （2）課程。 （3）教學與學習環境的變動。 （4）測量與評估學習者。 （5）反省。	3. 教師持續專業成長 （1）教師與學習者的學習。 （2）專業成長。 （3）提升實踐的行動力。
亞伯達省	1. 教師了解主要教學的學科。 2. 教師根據文章脈絡的變項分析來運用教育學知識和特質。 3. 教師知道許多教與學的方式。 4. 教師蒐集並使用關於學習者學習需求及學習過程的資料。	1. 教師創造並維持有助於學習的環境。 2. 教師與學校、家長和社區建立並維持夥伴關係。 3. 教師參與一系列的計畫活動。 4. 教師將課程內容和主題轉變到有意義的學習活動上。 5. 教師運用多元的科技幫助學習者得到學習上的需要。	1. 教師了解其工作的法規、道德及倫理框架。 2. 教師是終身的學習者。
卑詩省	1. 專業教師對於加拿大和世界有豐富的知識。 2. 專業教師對於 BC 省的教育系統有很深的了解。 3. 專業教師擁有基本的知識，去了解兒童的成長與發展。	1. 專業教師表露出對父母的角色及學習者家庭生活的了解。 2. 專業教師能夠實施有效的教學活動。 3. 專業教師能夠運用測量、評估和報告的原則。	1. 專業教師珍惜並關心所有的兒童，隨時為他們的最大利益著想。 2. 專業教師扮演道德教育的領導者。 3. 專業教師致力終身學習。 4. 專業教師須對學習者負責。 5. 專業教師必須對家長及社會大眾負責。 6. 專業教師必須為他的專業負責。

肆、英國教師專業標準之發展──以教師總會為例

英國從 1984 年後，由中央設置「師資培育認可委員會」（Council for the Accreditation of Teacher Education, CATE），來負責審核全國師資培育機構的課程或學程，所以英國的師資培育逐漸走向中央集權。一九九四年通過「一九九四年教育法案」，設置「教師培訓處」（Teacher Training Agency, AAT），取代師資培育認可委員會，以招募足夠且有能力的任教者，來改進教師培育和夥伴學校的品質，以確保級提升教師品質。英國教師總會（General Teaching Council for England, GTC）在二〇〇二年建制合格教師地位的相關標準（Standards for Qualified Teacher Status, QTS），並支持教師的專業性，教師總會也持續諮詢正式教師、家長及相關教育伙伴組織來審議並修正標準規範。而教師總會亦對於相關的訓練規準程序、專業規則作業指引、教師須具備的標準和相關檢定、新任教師相關檢定過程指引，以及學校雇用教師的相關規準包含教師薪資及相關決定文件等資訊公開，公佈於教師總會或教育與技術部（DfES）網站上（GTC, 2004）。另外，教師總會也從許多實際案例中彙整教師在專業價值及實務中之相關缺失，提出不適任教師的錯誤專業行為，茲整理如下（見表 6-8）。

表 6-8　不適任教師的專業行為及內涵

不適任的專業行為	內涵
第一部分 貶低、差別待遇的行為	1. 謾罵小孩並且用不佳的文字口氣教小孩。 2. 在課堂上談論種族評論話題。
第二部分 適當的關心	1. 指引學生從事不適當的機器操作，讓學生遭受危險。 2. 無根據適當的檢查步驟確認學生仍在學校中，使學童缺乏健康與安全的保護。
第三部分 協同與合作	1. 新任教師或年輕教師錯誤的指導。 2. 漸進式的侵害校長與全體員工權力。

表 6-8　不適任教師的專業行為及內涵（續）

不適任的專業行為	內涵
第四部份 保密	在學校發給小孩的家長一封信件，其中包含： 1. 危害學校政策和家長與學生關心相關訊息的指引。 2. 惡意扭曲誤傳教師與校長之間的祕密會談。 3. 邀集家長拒絕契約上所應盡的義務與責任。
第五部分 考試與評估的準備	1. 改變、增加或給予完整的 SATS 底稿。 2. 竄改教育軟體並且減少記分數以屈服 GCSE 的測驗。 3. 對於特殊教育學童需要深入的教育進展工作持續給予錯誤協同教學，包含屈服於年刊的檢查文件。 4. 在個人指導課堂或補習班上，提供未被批准的即將考試內容影印文件給學生。
第六部分 誠實和正直的標準	1. 未遵守學校和 LEA 金融和會計程序。 2. 錯誤陳述學校資金流向的事實狀態。 3. 竊取學校的資源。 4. 屈服並收受佣金。 5. 為了個人需要，運用學校行政人員的人力及資源。 6. 使用學校設備在觀看色情圖片、影片、書刊等事情上。
第七部分 專業地位	1. 提出錯誤的個人專業能力。 2. 在教學發表中，提供錯誤參考文獻。 3. 在教學申請表中，偽造過去受雇經驗。
第八部分 讓專業地位變的不名譽	各種範疇的舉動應站在教師專業角度上去觀看是否有不適當的行為，而非用犯罪行為認定有無。

　　綜上彙整可知，教師總會除了重視教師的專業知能之外，更重視教師的專業表現及專業態度，而專業表現又可區分為教師的教學能力與行政表現，專業態度則包含教師的倫理道德、專業精神。茲歸納整理如下（見表 6-9）。

表 6-9　教師總會之教師專業標準面向

面向	子面向	標準
專業表現	教學能力	1.課程實施的能力。 2.教學於與評鑑的能力。
	行政表現	1.行政資源的妥善運用。 2.學校行政規範的遵守與重視。
專業態度	倫理道德	1.尊重。　　4.安全。 2.公平。　　5.保密。 3.關心。　　6.誠實。
	專業精神	教師專業名譽地位的維持。

伍、澳洲教師專業標準之發展──以新南威爾斯教師協會為例

澳洲新南威爾斯省的教師教學專業標準（NSW Institute of Teachers）以學生學習為教學專業表現的主軸，清楚描述出有效教學的基準，並提供教師持續的專業成長及穩固自我專業地位的相關指引，期望運用專業標準來輔助，並激發教師在教學實務及品質上有更專業的表現，讓學生有更佳的學習機會。教學專業標準也提供在職教師、職前教師及實習教師更佳的指引方針。教學專業標準架構含蓋初任教師（gtaduate teacher）、專業能力教師（professionally competent techers）、專業成就教師（professionally accomplished teachers）及專業領導教師（professional leadership teachers）等四個階段，和專業知識、專業實務及專業責任等三個面向，以及七個有關教學／學科知識、學生學習、教學能力、溝通能力、班級經營、專業發展、專業參與等要素（NSW Institute of teachers, 2004），茲歸納彙整如下（見表 6-10）。

澳洲新南威爾斯教師協會重視教師的專業知識、專業實務及專業責任，而專業知識包含對於了解主要學科知識的基本概念、原則和結構、跨領域知識、

表 6-10　新南威爾斯教師協會之教學專業標準

要素	內涵
一、教師了解主要學科領域的知識,並知道如何教導此知識給學生	1. 了解、運用、分享及領導同儕建立主要學科知識。 2. 了解、運用、分享及領導同儕建立教育學知識。 3. 了解、運用、分享及領導同儕建立建立 NSW 課程需求知識。 4. 了解、運用、分享及領導同儕建立資訊通訊科技(ICT)的知識。
二、教師了解學生及他們如何學習	1. 了解、運用、分享及領導同儕建立並尊重不同的社會、文化、種族和宗教背景的學生以及影響學習的因素。 2. 了解、運用、分享及領導同儕知道每一年齡層的學生在生理、社會和智力發展的特性。 3. 了解、運用、分享及領導同儕知道學生多元的學習方式。 4. 了解、運用、分享及領導同儕知道學生的相關技能、興趣和先前如何影響學習。 5. 了解、運用、分享及領導同儕知道學生需求的相關教學策略知識。
三、教師計畫、評估及報告有效的教學	1. 計畫 　(1)教學與學習目標;(2)教學與學習計畫; 　(3)選擇與組織內容;(4)選擇、發展並使用教材與資源。 2. 評鑑 　(1)在學習上連結評鑑;(2)提供學生回饋 3. 評鑑 　監控學生學習過程並持續記錄 4. 報告 　向學生、家長和關心教育者等相關人士呈現教學評鑑的結果。 5. 計畫評鑑 　了解並運用學生評鑑結果來檢討當前教學與學習的方案,並訂定未來計畫。

表 6-10　新南威爾斯教師協會之教學專業標準（續）

要素	內涵
四、教師與學生之間能有效的溝通	1. 有效溝通與教室討論。 2. 學生團隊的建立與管理。 3. 教學策略的了解與使用。
五、教師透過教室管理經營策略創造並維持安全及具挑戰性的學習環境	1. 領導與建立尊重與和諧的環境。 2. 領導與建立讓學生感覺學習是有價值及意見被尊重的環境。 3. 領導與建立有效與順暢的管理教室活動。 4. 在學習上，管理學生的行為及促進學生的責任感。 5. 確保學生安全。
六、教師持續促進自我的專業知識與實務	1. 分析及慎思而後行的能力。 2. 積極於個人及學術上的專業成長。 3. 對於社區有貢獻專業的能力。
七、教師主動讓自己成為專業團體以及其他社群的成員	1. 與家長和關心教育者溝通。 2. 在教育的過程中，與家長和關心教育者溝通聯繫。 3. 幫助學校與廣大的社區，並形成廣大的社群網絡。 4. 專業道德與行為。 （1）了解相關的法令規章；（2）學生資料的保密；（3）在社區間，專業道德行為的表現；（4）自我專業地位的鞏固。

學生學習風格及態度等的教育學知識及資訊通訊科技（ICT）的了解與運用；專業實務包含有效的教學與學習計畫的發展、適當的組織、選擇、發展教材和資源的使用，運用教學策略與教學技巧有效傳達學生知識的能力，以及給予學生的回饋、評鑑、教室管理及家長、社群網絡的建立；專業責任則包含對於相關法令規章的了解、教師自我持續專業成長、自我專業地位形象的鞏固，以及對於學生公平、尊重、資料保密專業等道德行為。另外，教師協會對於教師的專業領導能力也相當重視，所以期望教師具有領導能力，以輔助學校、社區及同儕相關知能的成長及創新，此亦可歸納為教師的專業實務。茲依據專業知識、專業表現及專業態度等三大面向歸納教師專業標準如下（見表 6-11）。

表 6-11　澳洲新南威爾斯教師協會之教師專業標準面向

面向	子面向	標準
專業知識	1. 學科知識	（1）了解主要學科知識的基本概念、原則和結構。 （2）了解跨領域知識。
	2. 教育學知識	（1）了解學習心理學的知識。
	3. 通識素養	（1）資訊通訊科技（ICT）的了解。
專業表現	教學能力表現	（1）適當的組織、選擇、發展教材和資源的使用。 （2）教學策略與技巧的運用。 （3）包含給予適當回饋等有效溝通技巧的運用。 （4）家長及社區間網絡的建立。 （5）教室管理的能力。 （6）教師評鑑及後設評鑑的能力。 （7）分享與領導的能力。
專業態度	1. 專業倫理	（1）公平。 （2）尊重。 （3）保密。 （4）安全。 （5）相關法令規章的了解。
	2. 專業精神	（1）持續專業成長。 （2）專業地位形象的建立與鞏固。

陸、結論

一、教師專業標準發展須有嚴謹的制定過程

（一）應涵蓋相關之教育專業人員及利害關係人參與標準之訂定

國外在制定教師專業標準之發展過程中，多會與相關之工會組織、專業組

織、教育組織及師資培育機構內之專業人員，並與政府之相關人員（如國會議員）、學校人員（如學校顧問、學校職員、校長、監督人、學校的教務長）及課程參與者（如大學生）等利害關係人共同研商與討論。因此，在專業標準制定的過程中，應讓相關之教育專業人員及利害關係人參與標準，以確保教師專業標準及內涵真正符合需求。

（二）應透過長時間的驗證、公聽及修正

「美國全國教學專業標準委員」會從一九八六年起，以學生學習低落為訂定教師專業標準之動機，一九九○年後以提升教師之績效責任為訴求，修訂教師專業標準及內涵。隨著科技發展之趨勢，「國際教育科技協會」也另行訂定教師所須具備之教育科技之知識、技能與態度等。加拿大卑詩省之標準的正式採用須經六個月的檢視過程，並與相關之教育團體討論，透過不斷的更新與修正所致。亞伯達省在問卷發放與彙整之過程也經過了三個月之久，兩年後始通過教學品質行政命令（Teaching Quality Ministerial Order）並發布實行。而英國也是從一九八四到一九九四年，持續修正與提出相關的教育法案，雖然其制度趨於中央集權，但主要目的仍是期望確保教師素質之提升。由此可知，國外在制定教師專業標準之發展過程中，均透過長時期對於標準與內涵之驗證，並邀集許多專業人士與教育專業團體進行探討；同時隨著時代之趨勢，不斷修訂教師所須具備之標準與內涵，使教師專業標準的判定符合時代的要求。

（三）應由專業機構與組織參與制定

美國對於教師專業標準之制定，是透過全國教學專業標準委員會及國際教育科技協會等專業團體組織來訂定標準及內涵。而美國的教育政策主要以「標準本位」為主，因此對於不同教育層級之實務需求，也由不同的組織來參與訂定，如美國全國師資培育認可委員會在一九五四年透過「專業認可」機制，來促進師資培育機構品質改善，提升機構的績效責任（王瑞勳，2003）；師資培育認可委員會（Teacher Education Accreditation Council, TEAC）對於師資培育機構在教師培訓計畫或其他專業計畫上，制定三大品質原則，以作為師資培育

機構的品質保證（TEAC, 2001）；另外，美國州際初任教師評估與支持聯盟（Interstate New Teacher Assessment and Support Consortium, INTASC）為了增進全美各州的教育合作，也重新思考教師評鑑的方式、教師專業培育過程與職前教師的培育課程，並於一九九二年針對新進教師的教授學科、專業知能、角色與專業技能，訂定十項教學專業標準，並在標準中又分知識、特質與表現三面向加以說明。加拿大之教師專業標準訂定主要在滿足各省或地域的教師需求與品質，其標準訂定過程也是透過教師協會、相關公會與教育組織來訂定教師專業標準及內涵。英國也是由教師總會建制合格教師地位標準，並授予教師合格地位，使其可成為合格教師。另外，澳洲的新南威爾斯也是由教師協會來制定四個主要階段、三個面向以及七個要素的教學專業標準。由此可知，若透過專業組織擴大參與基礎來訂定的教師標準，方能符合民主化的機制，也能預期推動實施的可行性。

（四）應設定專業標準訂定之理想目標與遠景

美國全國教學專業標準委員會以提升教師專業水準提升，促進學生學習成效為主要訴求；國際教育科技協會所訂定之全國教師教育科技標準主要為提升教師教育科技之專業知識、表現與態度。加拿大之安大略省教學專業實務標準主要在提供師資培育計畫、在職訓練計畫與教育行政人員專業成長的基礎；亞伯達省致力培育符合品質教學標準及教師認證資格的未來教師；卑詩省教師協會所制定的標準，明確表達專業教師所應具備的知識、技能與態度，及他們所應當承受的責任。英國在一九九四年設置「教師培訓處」（Teacher Training Agency, AAT），來改進教師培育和夥伴學校的品質，以確保及提升教師品質。澳洲新南威爾斯的教師專業標準架構更是以學生為主軸建立，以期運用標準可以輔助並激發教師在自己專業實務及教學品質上有更佳的表現，並讓學生有更佳的學習機會。由此可知，國外訂定之教師專業相關標準，均以提升教師素質為主要訴求。

二、教師專業標準應須包含教師專業知識、專業表現與專業態度

美國相關專業組織在發展在專業標準的過程中，均說明教師專業標準應包含對於學科內容、教學知識及教育學等專業知識的了解、教師在教學行為上之專業的表現與幫助學生的人格特質，以及教師的專業精神等。加拿大各省之教師專業標準也說明教師應具備之專業知識與教學實務、領導能力、社群關係等之專業行為表現，及教師應具備之責任感、教師之持續專業成長、教師之道德標準等專業態度。英國教師總會從不適任教師去反向思考教師除了需要具備的基本學科知識外，也應具備的專業表現與專業倫理，而歸納中也得知教師的專業表現應包含具有課程實施、教學與與評鑑等能力，且教師也須具備妥善運用行政資源及遵守學校行政規範等行政能力。澳洲新南威爾斯教師協會所制定的教學專業標準也清楚地說明教師應了解主要學科知識、教育學知識及資訊通訊科技等專業知識；教材與資源的有效使用、溝通、管理、評鑑及領導等專業實務，及具備專業倫理和持續專業地位形象鞏固的專業精神等專業責任的三個教學領域。

美、加、英、澳等國對於教師專業標準之相關面向主要雖有因團體組織之訴求有所不同，並有部分之差異，但主要仍包含教師專業知識、專業表現以及專業態度等三大面向。

柒、建議

一、對於我國教師專業標準發展過程之建議

我國在教育政策的制定上，應以提升教師素質為前提，以朝向專業化標準之發展為目標，期望教育專業組織為教育政策、標準及相關教育措施把脈。在標準制定過程中，也應從學校、教師或是相關專業人員及相關之利害關係人觀點及教育專業研究之精神，評析現今教師的需求與社會脈動，以期建立兼具民主化並符合時代意義之國民小學教師專業標準。繼而以此標準作為教師檢定與教師甄選或評鑑的準則，期盼藉此提升教師的專業素質，促進教師地位專業化

發展。茲建議教師專業標準發展流程如下（見圖 6-1）。

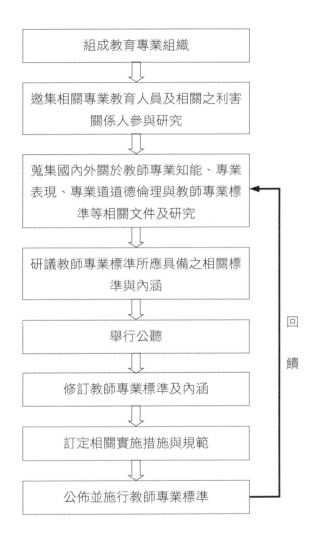

圖 6-1　教師專業標準發展流程（草案）

二、對於我國教師專業標準及其內涵之相關建議

我國在教師素質提升的過程中，許多學者對於教師專業知能以及教師專業

倫理等均有相關之研究，但未見教師專業標準的研發，作為師資培育或初任教師檢定之參考依據。茲整理美、加之教師專業標準文獻，建議我國教師專業標準應包含教師專業知識、專業表現與專業態度，並說明如下（見表 6-12）。

表 6-12　我國教師專業標準（草案）

面向	子面向	標準
專業知識	1. 學科知識	（1）專業學科的知識。 （2）跨領域學科的知識。
	2. 教學知識	（1）學習分析的知識。 （2）教學策略的知識。
	3. 教育學知識	（1）教育心理學的知識。 （2）學習心理學的知識。 （3）教育概論的知識。 （4）教育哲學的知識。 （5）社會學的知識。
	4. 通識素養	（1）社會人文素養。 （2）資訊科技素養。
專業表現	1. 教學能力表現	（1）課程實施的能力。 （2）班級經營的能力。 （3）溝通的能力。 （4）科技融入教學的能力。 （5）學習網絡建立的能力。 （6）教學與學習評鑑的能力。 （7）教學與學習領導能力。 （8）行動研究的能力。 （9）各科教學的能力。
	2. 教師行政表現	（1）教師在行政參與上的能力。 （2）善用行政資源的能力。 （3）遵守學校行政規範的能力。

表 6-12　我國教師專業標準（草案）（續）

面向	子面向	標準
專業態度	1. 教師專業倫理	（1）尊重。 （2）關注。 （3）公平。 （4）安全。 （5）鼓勵。 （6）保密。 （7）對教育相關法令了解與重視。 （8）社會規範了解與重視。
	2. 教師專業精神	（1）教師的自我省思。 （2）教師的責任感。 （3）教師的終身學習。 （4）教師專業地位形象的建立與鞏固。

三、對於我國教師專業標準訂定與運用之建議

　　美、加、英、澳等四國在制定標準的過程及其目標上，有其相同之處，也有其相異之處。如加拿大之卑詩省在制定教師專業標準之過程中，是透過相關文獻探討及文件內容彙整與分析來蒐集相關訊息。英國在教師養成過程，也漸趨向中央集權，以教師專業標準來提升教師之素質，如此中央集權的教育機制，除了可以滿足教師供給的需求外，亦可確保教師的專業品質。因此，若我國在教師標準的制定過程中可以運用研究文獻為理論，以「研究本位」之態度去發展教師專業標準及內涵，應可反應教育理論基礎。而在教師養成過程中，若可以參考英國中央集權的方式訂定國家教師的專業標準，則較能確保全國教師的一致素質。

參考文獻

中文部分

王瑞壎（2004）。教師專業品質之省思——美國國家師資培育認可審議會及相關組織之介紹。**臺灣教育雙月刊**，**625**，48-53。

林天祐（1997）。美國一九九○年代「標準本位」的教育政策。**國教月刊**，**43**（5），150。

林美玲（2001）。從美英與歐盟國家師資培育經驗闡析師資培育制度理論與實務。**師說**，**149**，140。

彭森明（1999）。中小學教師基本素質規範與師資培育。**中小學教師素質與評量研討會**，218。

蔡俊傑（2003）。提昇教師專業知能因應九年一貫教育改革。**臺灣教育**，**623**，20-27。

西文部分

British Columbia College of Teacher (2004). *Standards for the education, competence and professional conduct of educators in British Columbia Second Edition*. Retrieved October 3, 2004, from http://www.bcct.ca/documents/edu_stds.pdf

Education in Alberta (2004). *An integrated framework to enhance the quality teaching in Alberta.* Retrieved September 24, 2004, from http://www2.learning.gov.ab.ca/news/1996nr/june96 /QTFrame.pdf

GTC (2004). *Code of Conduct and Practice for Registered Teachers.* Retrieved June 25, 2005, from http://www.gtce.org.uk/shared/medialibs/31435/92601/conductcode.pdf

isteNETS (2000). *Iste national educational technoogy standards (NETS) and performance indicators for teachers.* Retrieved November,3, 2004, from http://

cnets.iste.org/ teachers/pdf/page09.pdf

NBPTS (2002). *What teachers should know and be able to do.* Retrieved October, 31, 2004, from http://www.nbpts.org/pdf/coreprops.pdf

National Education Association (2001). *NEA Committed to Improving Teacher Quality* March, 15, 2005, from http://www.nea.org/teacherquality/index.html

NSW Institute of teachers (2004). *Professional Teaching Standards.* Retrieved June 25, 2005, from http://nswteachers.nsw.edu.au/library/Endorsed/18pp%20PTSF %20book%20v6.pd f

Ontario College of Teachers (2004). *The foundations of professional practice.* Retrieved August 7, 2004, from http://www.oct.ca/en/CollegePublications/PDF/ Foundation_e.pdf

TEAC Accreditation Process (2001). *Summary outline of the TEAC accreditation framework.* Retrieved November, 6, 2004, from http://www.teac.org/accreditation/ summaryoutline.asp

教師的
教育信念 與 專業標準

Chapter 7

中美大學教師專業發展組織現況與啟示

沈翠蓮
國立虎尾科技大學通識及教育學程中心副教授
沈怡慧
國立雲林科技大學技術及職業教育研究所碩士班研究生

壹、前言

　　幾個世紀以來，大學本身雖然歷經轉變，但始終是知識創新的殿堂、人才培育的搖籃，更是人類文明動力的主要泉源。因此，迄今大學仍是社會中的最高學術尖塔，這種地位不僅屹立不搖，甚至更為穩固（戴曉霞，2000）。易言之，高等教育乃是最高形式的教育，其目的即在於培養社會所需要的各類高等專門人才。

　　然而，近年來，高等教育朝向大眾化與市場化的過程中，為追求量化表現與市場績效，更需強化專業成長和培育高級人才的能力，進而促進其卓越教學與維持競爭力。從行政院教改會所出版的《教育改革總諮議報告書》中提到：「大學教學品質未盡理想的重要原因，即是大學教師在課程研發及教學方法革新方面缺乏投入。」（教改會，1996；黃雅萍，1998）有鑑於此，大學應尋求最佳改善措施，以發揮教學、研究與推廣等功能，培植及提升優秀師資專業能力。

　　教師專業發展組織，目的在於能協助大學發揮其功能，以培植、提升優秀師資專業能力；且支持教師主動發展專業知識技能，善盡教學、輔導、研究與推廣之職責。簡言之，教師專業發展組織即是一個以教學為主體的機構，其主要目標在於提供教師卓越教學所需的各項教學支援服務，和運用各種資源來促進與改善教學品質，且最終提升大學教學品質與績效（李世忠，1999；朱則剛，2002；Thorntorr & Brown, 1968）。其所服務的項目可能是教學活動設計、教學方法、教學技巧、教學評鑑、資訊素養、媒體科技運用，且亦提供個別與團體之教學諮商等等。

　　教師是成熟而自主的專業人員，在終身教育或終身學習的理念日益普及與備受重視的年代，自然需要積極主動開展自我導向的學習，不斷地有所學習或調整革新，才不致於使教學生涯停滯灰暗，了無生趣，亦才能適應變遷社會的教學任務（高強華，2002）。在全球化與知識經濟的浪潮下，教師本身必須具有隨時能因應新時代的教學專業知識技能，如此才能教授給學生迎合時代需求且具有競爭力之能力。

　　二十一世紀的教師所面對的是多元文化與複雜價值觀的學生，具有不同的學習動機、學習風格，甚至學習準備度、學習需求、家庭背景的學生。故新世紀教師在資訊取得迅速、學習管道多元與媒體充斥且品質良好的環境中，進行教學的挑戰是十分艱鉅的（李世忠，2001），需要不斷的充實與調適自我專業成長。同樣地，二十一世紀的大學教育充滿挑戰，教學是大學的中心任務，教學品質是大學的首要考量，大學不能再提供教師尸位素餐的奢侈。故透過大學內所發展出的教師專業發展組織積極輔助教師，持續開發教師能力（黃雅容，2002），提供充分的支持以完成教師教學使命，以達到提升大學教學品質之最終目標。

　　大學如能透過成立教師專業發展組織，營造教師專業發展的良善環境系統，造就許多高品質教師，以協助帶動大學的卓越教學發展、提升大學競爭地位。教師具有永續專業發展能力，不僅僅有益於教師個人素養之提升，更能促進學生學習、主動協助大學追求卓越教學，進而發揚大學文化，甚至能改變社會風氣、發展國家前途（黃雅萍，1998）。綜上所述，本研究將探析美國及臺灣教師專業發展組織之發展現況，進而提出對我國大學教師專業發展組織的評論和啟示。

貳、美國大學教師專業發展組織之發展現況

　　以下就哈佛大學、麻省理工學院和伊利諾大學三所大學之教師專業發展組織作為例子，說明美國大學教師專業發展組織之現況。

一、哈佛大學之教師專業發展組織——博克教學與學習中心（Derek Bok Center for Teaching and Learning）

　　哈佛大學之博克教學與學習中心乃是由前哈佛大學校長 Derek Bok 為加強哈佛大學教學，和延續其教學理念而於任內所成立的。教學專業中心宗旨即是為提升哈佛大學課程的教學與學習品質，其服務對象涵蓋了教職員、教學夥伴、學生與校外人士。博克教學與學習中心分別針對其服務對象提供資源與服務，另外亦有一連串不同的資源可供運用。以下茲就其服務功能說明如下

（http://bokcenter.fas.harvard.edu/index.html）：

　　（一）教職員服務：歡迎所有校內教職員諮詢和給予教學協助，另外針對教職員而提供許多資源，例如：

　　　1. 授課：課堂觀察和授課錄影，能給予信心回饋、如何建構授課內容之相關諮詢、能給予回饋的授課練習研討會、錄影帶借閱、授課技巧手冊。

　　　2. 課程組織與管理：

　　　　⑴教學夥伴訓練之諮詢、每週一次的工作人員會議、公平評分和回應學生寫作。

　　　　⑵教學夥伴訓練方案、課程錄影和國際教學夥伴訓練。

　　　　⑶學生未來生涯之相關諮詢和完成任務工作和教學大綱。

　　　　⑷博克教學與學習中心對於教學夥伴會議的參與。

　　　　⑸問題索解。

　　　　⑹課程評估：評估方式、詮釋評估結果和回應學生的意見。

　　　3. 有關教學之專題研討會：討論指導（教學）技能之專題研討會、資淺教職員之午餐研討會、秋季和冬季會議、新進教職員始業訓練研討會。

　　（二）教學夥伴服務：針對某些特定課程的教學夥伴們，其能從生動的方案計畫和線上資源裡獲得益處，以協助發展他們身為教師應有的技能。

　　（三）學生服務：促使其校學生能夠成功連接有關課堂評量和改善學習管道。

　　（四）校外人士服務：從其他大學瀏覽本校網站之校外人士，將能找到有關教學藝術之錄影帶和線上檔案文件。

　　除了針對學校提供其服務功能外，亦提供許多方案供教師參加，在其方案當中，最大的四項方案即是秋季和冬季教學會議、教學練習專題研討會（小型教學）、初期評估、課程錄影和分析。部分教師進修方案內容如下：⑴教職員方案計畫：講課表現技能、課程諮詢、課堂觀察、寫作相關服務設施、科技教學、系所訓練、資淺教職員午餐會、領導才能之討論研討會、圖書館資源。⑵

教學夥伴方案：專業指導、寫作相關服務、科技教學、圖書館資源、課堂觀察、研究生寫作夥伴方案、資深教學夥伴研討會、教學夥伴午餐會、國際教學夥伴之服務設施、教學檔案、教學獎勵、領導才能之討論研討會。

哈佛大學之博克教學與學習中心亦出版許多有關教學主題之教學手冊、指導方針、技巧要點、期刊和專業製造的錄影帶，中心擁有許多複本書籍和錄影帶供教學夥伴或教職員借閱或購買。例如「教學藝術」和「領導討論之藝術」之教學錄影帶等等……。且於其中心網站更加闢設了「線上檔案文件」項目功能，提供許多主題或方案之檔案檔，可查詢到許多相關資源與服務資料。例如：視聽教材、教學相關參考書目、合作學習、課程設計、教學評量、教學出版品等等……。除了發行許多教學出版物之外，其博克教學與學習中心亦致力於教學與學習之相關研究，其目的是為了改善課堂實務教學及提升其中心表現成效；且進一步擴大服務範圍至全國、跨國性的高等教育體系。

二、麻省理工學院之教師專業發展組織——教育與學習實驗室／教育與學習研究中心（Teaching and Learning Laboratory）

麻省理工學院的教育與學習實驗室宗旨即為教師、行政人員與學生提供相關資源，共同致力於增進麻省理工學院的教學品質；加強教師的專業發展及提升教學成效，以增進學生的學習效果。其中心功能主要是以「諮詢」、「評鑑」、「研究」為主，例如：課程發展、教育創新、教學技能之相關諮詢、相關方案與活動之評鑑、跨學科領域研究等。其教育與學習實驗室為學校人員所提供的服務如下（http://web.mit.edu/tll/）：

（一）諮商與評估服務：教育教育與學習實驗室成員能夠針對有關學生在課堂內外的議題，提供教師、研究生教學助理、大學部學生、教學助理相關的協助。

（二）課堂教學錄影與諮商活動：這是一項免費的服務，讓教師、教學助理，以及其他麻省理工學院的講師能夠將上課的情況進行錄影，並與專業的教學顧問一同回顧教學內容。

（三）系所化研討會：一整個學年當中，麻省理工學院的成員能夠參加許

多與教學有關的研習活動，這些活動除了以增進教學技巧為主題，提供有用的資訊外，更為教師提供彼此分享教學經驗的機會。

（四）小型教學活動：教育教育與學習實驗室組織實行了小型教學活動，在活動中，六到十二位參加成員分別針對自己專攻的領域做簡短的教學示範，然後聆聽他人的意見看法。

（五）研究生課程：為了幫助麻省理工學院博士研究生做好未來的學術職業準備，教育與學習研究中心特別安排了課程協助生涯規劃。

（六）麻省理工學院追求更高水準教學系列活動：期間舉辦了一系列的研討會，探討科學、工程、專業技術學科教師所感興趣的主題。

麻省理工學院的教學與學習實驗室除了致力於增進教學品質，協助教師規劃新式教學課程與設計教學方法、技術、評量方式等。亦重視了解科學與工程專業知識的學習歷程，且進行能夠應用在課程內外的研究。另外，其實驗室希望能發揮資訊交流中心的功能，傳播全國或全球科學與工程教育的相關資訊。

三、伊利諾大學之教師專業發展組織——教學提升中心（Center for the Advancement of Teaching）

伊利諾大學之教學提升中心宗旨，即是以教育家的身分協助教師與教學助理在專業領域中發展，且建立「教師－學者」社群，讓社群成員彼此分享教學理論與教學方法。在此社群中，協助教師與學術單位進行發展、實行、評估教學技巧、教學方法與教學情況，評估教學成效與學生學習狀況，鼓勵大學教育創新。其服務功能如下（http://www.cat.ilstu.edu/）：

（一）活動、會議、座談會和研習會：針對教學以及課程規劃與設計等議題舉辦座談會活動與研習會。且針對教師所教授的學科領域，提供許多特定的主題方案、研習會與相關諮詢服務。

（二）教學補助與教學獎勵：針對每學年所提出的許多主題方案計畫而予個人或團體教學補助，且另外亦設立「教學與學習獎助學金」。

（三）教學評估：例如：「教師與課程評估」、「學生成果測量」（包括課堂考試）」、「教學成效與課程規劃評估」等等……，為教師與學校成員提

供相關服務並舉辦座談會。

（四）教學出版物：提供許多有關學校報告書、教職員發展專屬圖書館、國際教學與學習討論會或與教學相關之出刊物。

（五）編製多重選擇測驗：學生的學習成效可由測驗分數了解。然欲正確闡釋測驗分數所代表的結果，教師所編製測驗的品質亦是一評估要素，故此服務功能可以協助教師編製出優良測驗。

（六）教學技巧：該中心提供了二十六個主題的教學技巧，讓教師能按其需求進行查詢，且獲得其所需的教學技巧資訊，隨時能促進教師教學成長，例如：教室管理、授課技巧、教育科技、遠距教學、教學大綱、教學契約和課程設計等等……。

（七）教學連結：提供其他大學教學發展中心或教學相關組織之網站連結。

伊利諾大學之教學提升中心亦重視提供資源，以協助提升教學體系內每一位成員之教學，強調培育及提倡伊利諾大學內之不可或缺教學體系，認同技能教學，視教學資訊連結為是具有創造力的知識工作。

參、臺灣大學校院教師專業發展組織之發展現況

一、臺灣大學之教師專業發展組織

（一）專業發展組織單位名稱

臺灣大學是由計算機及資訊網路中心設置教學研究組來推展全校性的教師專業發展（http://www.ntu.edu.tw/Chinese/main.html）。該單位結合了教學設計與學習科技的理念，提供台大師生全面性的教學資源與學習支援服務，協助教師進行網路化教學設計，提升資訊科技融入教學成效，建構以學生為中心之學習環境，培養學生發展終身學習，增進師生間溝通品質，提升課程多元化與互動學習機會。服務對象不僅限於教師，亦包含了學生。

（二）組織運作

1. 教師專業發展：包含(1)教師專業訓練：為協助教師善用科技增進教學成效，規劃一系列與網路教學設計、工具應用相關之訓練課程，並邀請國內外學者專家舉行年度系列專題演講活動，以促進教師專業發展及教學品質的提升。所開辦訓練課程與演講活動計有：e-learning Workshop 系列訓練課程、e時代學習社會系列演講、其他研習活動；(2)發行「台大教與學」電子報；(3)發行多媒體設計叢書；(4)教學資源分享：其服務項目包含了教學錦囊、資源網站、案例分享。

2. 數位教材製作：包括(1)建置整合式教學網站：其服務項目包含了台大課程網、網頁與多媒體教材成果展示、通識教育網；(2)發展數位教材與課程軟體；(3)教學支援與諮詢服務：其提供使用手冊編寫、FAQ 資料建立、系統使用測試、系統介面改進、使用諮詢等服務；(4)多媒體教材製作及相關服務：其服務項目包含了大圖輸出申請、錄影機（VHS）轉錄 VCD/DVD、錄音帶轉錄 CD、多媒體教材製作室服務、影音伺服器空間申請、台大線上演講廳。

3. 學習科技研發：網路教學管理平台系統所研發出的教學平台、建置網路化教學設計支援系統。

4. 遠距教學支援：(1)同步遠距課程：包含了課程表、課程介紹、相關法規及表格；(2)執行遠距交流網專案：其是配合教育部計畫而進行臺灣遠距教學成果評估，且建置了臺灣區遠距教學交流網。

5. 教學評鑑諮詢：針對所支援之非同步課程與所設計之網路多媒體教材進行期中、期末學生意見調查，以及教師訪談。

二、長榮大學之教師專業發展組織

（一）專業發展組織單位名稱：長榮大學教務處

長榮大學是由教務處設置教師發展組來推展全校性專業發展（http://www.

cju.edu.tw/aculty/teacher/purpose.htm）。該單位致力於三個方面品質的提升：包括教學品質的進步、教職員工的人力資源、教育服務效能之增進，以及整個學術機構的教育實踐不斷的進步，以使其校的整體教育品質向上提升。且其強調「教學更新、專業學習創新及教育品質提升」，以推展各項有助於教學研習促進計畫活動為目的。

（二）組織運作

該組舉辦相當多以促進教師專業發展為目的之研習會與相關活動，包括教學課程編寫、教學型式之多元創新、教與學之間的良性互動、活潑創意的教學方法與教案設計，或課程評量的設計與變化等。於下列數點敘述其所舉辦的研習會與目的。

1. 教師發展促進會：旨在營造教師相互關懷與和諧環境，協助教師適應校園生態，鼓勵教師主動參與與提升教育品質，藉以提供專任教師交誼機會，營造積極和諧教師文化。

2. 外籍教師座談會：藉以了解外籍教師之需求，並落實對外籍教師之關懷。

3. 教師教學促進研習會：提供教師於研究方法研習或訓練，強化教師間之研究交流，溝通教師研究觀念和熟悉研究技巧，期能提升教師研究能力及水準，強化學校學習及創新的文化。

4. 教師教學發展促進委員會：鼓舞教師之間更積極的交流、對話和分享，並且思索如何服務教師們在教學生活之需要。

5. 各院系所教學研習會：旨在營造教師相互關懷與和諧環境，協助教師適應校園生態，鼓勵教師主動參與與提升教育品質，藉以提供專任教師交誼機會，營造積極和諧教師文化。

6. 教學服務成果暨教學經驗分享會：其主要內容規劃包括教學訊息、專題報導、教學錦囊和經驗分享等四大類。

7. 教材編輯與出版：鼓勵教師之教學教材用書之著作與編撰，期能提升教學效果及教材編製風氣。

　　整體而言，長榮大學教師發展組對於教師發展與任務，強調以有效規劃、推動各項教學研習促進活動，且以朝向教學更新、專業學習創新和教育品質提升為目的。其認為「提升教師的教學、服務和研究」對促進其學校成為一所持續增長而優秀的高等學府，是一甚為重要目的。

肆、臺灣與美國教師專業發展組織之評析

一、教師專業發展觀念之省思

　　美國高等教育在二十世紀末面臨了幾項挑戰：財政上的縮減、學生人數的不確定、績效責任的壓力、學生抗議教師教學不當，以及對學術目標的困惑（陳舜芬譯，2003；黃雅容，2002）。另外，戰後大學教師放棄了許多他們對學生的責任，特別是在研究導向的大學教師們，而專業化的強烈趨勢使得大學課程失去了一貫性，教師將重點置於研究而非教學上（陳舜芬譯，2003），且大學教育逐漸失去其社會性與公共性教育目的（King, 2004）。故美國高等教育重新意識到教學與課程之重要性，且相對地提出並通過重視「教師專業發展」之相關法案，從六○年代到八○年代後，可見美國逐漸重視教師專業發展之重要性。

　　然在臺灣，可能是基於一些迷思，教師專業發展的觀念並未廣泛被接受與落實。一些迷思包括：博士是最後的學習階段，有博士學位的教授便不再需要再受教育或訓練；教授是萬能的，什麼都懂，遇到問題自行解決等；教授會自我激勵，永不鬆懈等。這些「博士萬能」迷思導致各大學在遴選教師時精心挑選，一旦聘入後，就放牛吃草（黃雅容，2002）。然而，教師在其專業領域內都是學有專精，但身為教師是否必然永遠就是一個好的教師？高學歷是否等同於教學能力？顯然地，教師專業發展的觀念並未廣泛被接受與落實，大多數教師和學校仍未省思到「教師專業發展」與「教師專業發展組織」對其有何重要性與必要性，教師專業發展只是教務處、電算中心或行政單位的學務。

　　從政策方面來看，教育部近年來所推動的「大學追求卓越計畫」，其重點仍置於提升大學的研究水準，卻忽略了教學品質的提升，使得教學淪為研究

的附庸。於教師方面來看，教學與研究乃是大學教師的專業責任所在，然教師無法重視教學責任感，投注太多的時間與資源於研究上，亦即忽略了教師專業發展的「教學」責任，此皆是未加以重視「教學專業成長」之現象。大學所扮演的角色應包含了教學、研究與服務的功能（王秀槐，2005；林玉体，2002；陳舜芬譯，2003；黃雅容，2002），對於「教師專業發展」一觀念，大學有必要對其教學功能再進行思考；而教師應對於其研究與教學之間取得一平衡，以提供學生一個良善的學習環境。

二、教師專業發展組織之成立

　　教學專業發展中心是近年來許多美國高等教育學府對其教學功能低落的共識下，在校內成立的以促進及改善學校教學為目標的機構（朱則剛，2002）。自一九七〇年代開始，美國各大學紛紛設立教學資源中心，提供教師必要的協助、諮詢與訓練，透過多樣化的訓練與研討活動，加強其教學理念與技巧（王秀槐，2005）。以提升教師的教學成效。然在美國大學校內所成立「教學資源中心」，其亦是教師專業發展組織的一種，以提供各項教學支援服務，改善教師的教學方法，進而提升教學成效與品質。

　　近年來，許多學校相繼成立教學研究中心、教學發展中心等以促進及改善教學品質為目的的機構，加強校內教學評鑑，舉辦講習會或座談會以加強教師對教材、教法的認識，在設有專業的教學設計人員協助教師設計教材及教學策略（朱則剛，2002）。為期改善教育品質和競爭力，各大學紛紛實施協助教師專業發展的計畫。實施至今，許多大學都有 faculty Development Office、Educational Development Center、Center for Instructional Development Program 之類的單位專責教師發展工作，一些專業學會也會推展全國性的教師發展活動（黃雅容，2002）。

　　然在臺灣，專門成立的教師專業發展組織（教學資源中心）並不如美國來得那麼蓬勃發展，亦未大力推動設立教師專業發展組織。由於受到組織編制、專責支援機構、預算分配等因素的限制，以及「教師專業發展組織」的觀念未能普及化的情況下，教師專業發展組織在臺灣仍尚在起步階段（李世忠，

2001）。根據教育部「維持及提高教育水準的配套措施方案之執行調查表彙整結果」中的資料顯示，已有六十三所學校已設立教學品質的專責單位，其中有三十九所學校是由教務處所負責，而其他教學品質專責單位尚有「課程（規劃）委員會」、「教學品質（執行）委員會」、「教學評鑑委員會」及其他專責單位（王秀槐，2005；教育部，2004），然大部分皆非由教學專業發展組織之直屬管理與經營，且其規模與名稱仍未達到一個教學專業發展中心（教師專業發展組織）之標準，組織層級低，難以提供教師全面完整教學資源服務。

近年來，除了上述的教育品質專責單位之外，仍有些類似教師專業發展組織之相關支援教學單位成立，例如：臺灣大學計算機及資訊網路中心教學發展組、長榮大學教務處教師發展組、淡江大學教育發展中心教學科技組、中正大學圖書館視聽（教育中心）、交通大學之圖書館視聽組、師範大學之視聽教育館、高雄醫學大學的教師教學成長中心、臺北藝術大學的創意教學支援中心等等。然須努力的是大多數的教師專業發展組織所負責與管理的層級不高，有些如上述是由教務處或其他專責單位，亦或者是由視聽中心或圖書館單位所延伸發展出去的。「教師專業發展組織」目前在臺灣大學校院發展的定位與功能服務，尚處於不明確的狀態，僅有少數教學資源中心之成立，教師專業發展組織尚未普及化。

三、教師專業發展機會之提供

美國高等教育普遍設立教學資源中心，透過其服務功能而提供教師許多的協助、資源、諮詢與訓練，隨時都能鼓勵教師進行自我成長或團體專業成長，以追求研究、教學與學習三者相輔相成、卓越發展之目標。然其服務功能大多涵蓋了：教學回饋、教學諮詢、教學訓練、教學出版品、專業發展、教學研究、教學科技，且亦針對新進教師與研究生助理教師提供相關的協助與訓練，使其能更快適應校園生活文化。

再者，教學資源中心提供了許多教師專業成長機會，透過教師專業成長方案（faculty development program），其是一系列的課程與訓練，亦可是一項結合教學、學習與研究之計畫，教師可從中獲得許多相關教學理念與技巧，且達

到研究之目的。教學資源中心之服務結合了許多功能，不論是教學前的教學訓練、教學資料（教學出版品）提供、教學科技學習，或者是教學歷程中的專業發展、教學研究，甚至是教學歷程後的教學回饋、教學諮詢，教學資源中心隨時皆能提供相關的協助，以提升教師專業成長及教學品質。

教學資源中心除了提供教職員專業成長機會，亦提供許多教學補助措施，例如伊利諾大學之教學補助與教學獎勵措施，其針對每學年所提出的許多主題方案計畫而給予個人或團體教學補助。且設立多樣的教學獎勵措施，鼓勵教師嘗試多種課程與教學的創新，亦獎勵其提升教學品質。反觀國內教師專業發展組織由於組織層級過低、經費有限，所能辦理教師專業發展機會極少，轉由各系辦理，則缺乏普遍性整體規劃，資源無法共享。

四、教師專業發展組織之功能定位發展

（一）教師發展之定位功能

美國教學資源中心皆普遍重視教師本身教學專業知識與技能之提升，提供許多專業成長活動以促進教師自我專業成長、增加教學知能，其活動包含了課堂錄影和分析、教室觀察、授課表現技能、專業指導、教學活動、教學檔案、班級經營（含大班教學）、教學始業訓練課程（teaching orientation）、教學相關主題研討會、寫作相關訓練、教學助理及相關夥伴之訓練等等，並且針對不同系所、不同專業領域、不同專業成員，提供相關訓練課程。另外，提供許多教師專業發展方案（faculty development program），透過學習與研究的歷程，使教師獲得相關知能，進而促進教師專業發展。其亦結合研究辦理，有關教學與學習、跨學科領域之研究，其目的是為了改善課堂實務教學及提升其教師專業發展組織表現績效。

就臺灣部分而言，根據教育部「維持及提高教育水準的配套措施方案之執行調查表彙整結果」中的資料顯示，針對教學品質管制系統建立情形而接受調查的七十所大學中，有五十六所學校（佔 74%）提供教師有關教學原理與技巧相關資訊，辦理研習活動，獎勵教學媒體製作；有五十所學校（佔 66%）

建立課程綱要網路檢索系統供學生選課；有五十一所學校（佔 67%）已發展
網路教學系統（王秀槐，2005；教育部，2004）。由此可見，已有相關的教師
專業發展組織重視提供有關教學知能之資訊學習，包括媒體服務、軟體硬體基
本服務等等，對於教學理論、策略、設計和班級經營、課程設計的「教學發
展」區塊，仍未重視。

（二）教材發展之定位功能

「教材發展」功能強調提供教師所需的資源與服務設施，以滿足所有教師
的不同學習與教學需求，例如透過線上資源、圖書館資源、教學出版物、寫作
相關服務等，提供許多有關教學之視聽教材、教學相關參考書目、合作學習、
課程設計、遠距教學、教學技巧要點、教學評量、教學手冊、指導方針、書
籍、期刊和專業製造的錄影帶，可供不同專業領域的教師借閱或購買，以讓教
師能按其需求進行查詢，協助規劃新式教學課程與設計教學方法、技術、評量
方式，以促進教師在教學材料與教學技巧上的發展。美國教師專業發展組織普
遍具有此功能提供，臺灣明顯不足，臺灣僅在行政體系的圖書館、視聽中心、
電算中心或教務處下設基層單位，人力、物力、財力等資源缺乏整合作用。

（三）教學評鑑之定位功能

美國大多數教師專業發展組織皆重視此功能發展，其主要即提供諮商與評
估服務，且給予回饋，以提升教師教學品質與學生學習成效。其教師專業發展
中心能夠對學生在課堂內外的議題，提供教師、研究生教學助理、大學部學生
教學助理相關的免費諮商協助，包括課程發展、教育創新、教學技能等等，並
為教師與學校成員提供相關服務並舉辦座談會。就臺灣而言，教師評鑑多為單
向式作業，僅在於評鑑量化分數的呈現，對於質化意義及評鑑後的專業成長方
案幾乎未見成效。

（四）資訊媒體服務之定位功能

美國許多專業發展中心皆結合了「教學科技中心」之功能，具有豐富的媒

體教學資源，例如電腦軟體與硬體設施，以供教師使用。強調資訊科技運用與教學之相輔相成關係，其協助教師習得遠距教學、製作課程教材網頁、科技教學、課程組織與管理等等之資訊知識與創新技能。其目的即為了促使教師擁有整合科技與自身課程之能力，提升教師教學之多樣性與活潑度（王秀槐，2005），將教師的教學與學生的學習提升到更多元、便捷與無遠弗屆的境界。

在臺灣，大多數教師專業發展組織之相關教學支援單位，以「軟體硬體基本服務」、「視聽資料製作」以及「教室環境安排」三項功能為主（李世忠，2001），服務項目：提供教學所需之各類教學媒體及視聽器材、有關視聽資訊之服務、教材製作研習課程、各種視聽教學資料借用與諮詢服務，及協助教師製作教學媒體等等……。對於「教師專業發展」、「教材設計與製作」、「教學設計與發展」以及「教室功能規劃」、「資訊科技運用」等等之主要功能卻仍未整合，以發揮其最大績效。

伍、對臺灣的大學教師專業發展組織啟示

美國大學校院已普遍重視「教師專業發展」的重要性，且亦成立許多「教學發展中心」或「教學資源中心」等，均是教師專業發展組織的一種，皆強調提供教師各項教學支援服務，改善教師的教學方法，進而提升教學品質。而在臺灣，「教師專業發展」尚處於起步階段（王秀槐，2005；李世忠，2001），故臺灣大學院校可以美國為借鏡，參考美國相關作法，以推動臺灣的「教師專業發展」及提升教師教學品質，進而提高學生學習成效。綜前所述，本研究提出下列啟示：

一、運用政策推廣教師專業發展觀念，成立教師專業發展組織

王秀槐（2005）研究指出，教育部投注鉅額經費，推動「大學追求卓越計畫」，欲提升大學的研究水準，然惟其重視提升大學的研究水準，卻未訂定出推動提升教學品質之相關政策或方案。故憑藉政策對於大學方向之重要影響力，教育部與學校行政單位應可從政策方面予以宣導與推廣「教師專業發展」觀念，且進而給予充分的經費、資源協助設立教師專業發展組織，促使教師主

動追求專業成長。經由政策與行政影響力，更加積極推廣、發揮「教師專業發展」力量。

　　故欲提升臺灣高等教育與大學學校之品質，則須首重大學教師之教學成效與學生學習成效，教師專業組織即以此為目標而設立。教師專業組織能提供教師必要的協助、諮詢與訓練，透過多樣化的訓練與研討活動，加強其教學理念與技巧，以提升教師的教學成效（王秀槐，2005）。然設立教師專業組織，仍需大家能廣泛接受「教師專業發展」觀念，高等教育應思考如何大力推廣教師專業發展觀念，除注重大學的研究功能之外，應須重新檢視其教學與服務功能，提供充分的支援以完成教學使命。

二、建構教師專業發展機制，落實教師專業發展觀念

（一）成立包含多元功能的教師專業發展組織

　　大學校長和學院院長雖然幾乎無法直接控制教師們在教室中的表現，但仍可以設法鼓勵教師們盡心致力於教學（楊振富譯，2004）。故首先教育當局應先鼓勵大學校長、教務長等行政長官多參與「教師專業發展」活動，以提升其對「教師專業發展」之認知，並接受與落實此觀念，進而獲得學校行政部門之支持，將所獲得教育當局足夠的經費預算，於校內成立專責支援機構，即設立「多元功能之教師專業發展組織（教學專業發展中心）」。此教師專業發展組織，應規劃出具體制度化的設計、專業人員編制、年度預算等等相關行政措施，亦須發展出其組織之指導方針、原則、明確目標與評估方式等，培育所有人員行政和教學責任，重視教師身分及權利，確認組織及成員之領導與管理才能等等。

　　再者，教師專業發展組織應發揮及發展多元的定位功能，即：教師發展、教材發展、教學評鑑、資訊媒體服務之定位功能。亦應加強許多服務措施，例如教學獎勵及教學補助措施、軟體良善環境之提供（建立教師文化等）。

（二）於系統性組織架構下，有效且策略性地發展其相關專案及活動

在具有系統化的教師專業發展組織下，能有效規畫及推動相關專案與活動，而其專案與活動則需針對不同系所、不同專業領域之教師需求，提供足夠的協助、資源、諮詢與訓練，亦可協助教師了解當前有關教師與教學理論研究之實務運用（Bailey, Curtis & Nunan, 2001）。其舉辦的專案與活動內容的種類可包含：諮詢與評估、始業訓練課程、研習會、方案計畫、教學獎勵、教學獎項、教學資源、教學出版物與特定規劃的服務設施，例如：伊利諾大學發起的正式或非正式教學方案，係由教職成員和其他專家所主持的研習會、報告、學術研討會和視訊會議。

更進一步針對不同年資教師提供專業協助，例如：舉辦新進教師訓練課程，使新進教師能快速適應校園生活；又或者是針對資淺教師和資深教師所提供的協助，例如：哈佛大學所舉辦的資淺教職員午餐會，以及資深教學夥伴研討會。

（三）給予充足的經費、資源，以利教師專業組織之有效運作

大學之經費來源來自於政府撥款（funding）及自行籌措經費（fundraising）兩大板塊（湯堯，2005），其兩項經費來源對國公立大學和私立大學院校來說又具有不同意義。在如此有限且不確定的經費來源情形下，教師專業發展組織礙於組織編制、專責支援機構、預算分配等相關因素，而難以大力推廣。然欲提升大學品質與教師教學品質，則需重新思考其教學使命與責任感，故大學院校以「提升教師教學與學生學習成效」為目標，而設立專門的教師專業發展組織。且給予足夠的經費、資源，建立起強調「學校能主動幫忙教師教學及學生學習」之組織制度，以利教師專業發展組織之有效運作，發揮其最大成效，以協助大學及教師追求卓越教學品質。

三、加強大學教學諮詢與評鑑定位功能之發展

教師專業發展組織其最大目標是「提升教學品質與績效」（黃雅容，

2002），欲獲知教師教學是否具有績效，則「教學諮詢與評鑑」可為一評估教師教學品質的參考指標及教學改進的基礎（王秀槐，2005）。易言之，進行「教學諮詢與評鑑」之目的乃在於：改善教學品質、引導教師表現及充實提升師資水準。

「教學諮詢與評鑑」涵蓋了「諮詢」與「評鑑」兩項功能；進行教學諮詢，即為了提供教師回饋，針對其教材、教學方法、課程內涵等教學相關主題，教師皆可向教師專業發展組織尋求諮詢協助。

雖然評鑑並不能解決所有有關教師教學專業發展或訓練的問題，但仍可是一個教師教學品質的參考指標及教學改進的基礎；再者，發展優良的評鑑標準與評鑑工具，是落實並活化教師專業發展內涵的重要憑藉（黃雅萍，1998）。我國教師評鑑制度之實施對於教師專業發展來說是一個好的開始，對教師專業發展組織來說也是一個好的借鏡，如能提供大學教師教學諮詢與評鑑的定向輔導和改進教學方案，則更具教學專業發展之意義。

四、擬定具體獎勵教師專業發展表現計畫

教師專業發展組織除了針對教師教學成效進行評鑑，對其提供資源、訓練與協助外，亦提供具體獎勵措施以鼓勵、引發教師教學表現，哈佛大學前校長Derek Bok 在二〇〇三年和二〇〇四年即認為，此作法顯然能成為教師努力改進教學的誘因（楊振富譯，2004），例如，伊利諾大學針對每學年所提出的許多主題方案計畫，給予個人或團體教學補助，且針對不同學院和不同對象而頒予教學獎項，其「教學與學習獎」（Scholarship of Teaching and Learning）、「傑出大學教師教學獎」、「藝術與科學學院教學獎」、「教育學院教學獎」、「傑出大學研究生教學獎」等等皆是。而哈佛大學亦針對那些通過校內評鑑的教師們給予獎勵和認證。

教學獎勵措施除了鼓勵教師追求卓越教學，亦可引發教師主動參與教師專業發展組織、追求專業成長之動機。故學校應獎勵教學，提撥足夠經費與資源給教師專業發展組織，使教師專業發展組織可提供足夠經費，設立具體的獎勵措施，包含了教學補助、獎學金或研究發展經費，以鼓勵教師主動參與組職內

各項提升專業成長活動。

　　由此可知，臺灣的大學教師專業發展組織若欲設立具體的教學獎勵制度，可多著墨於教學部分之獎勵措施，鼓勵教師多花時間與資源於教學上，而非僅著重於研究上，畢竟教學與研究同是大學教師之責任。

五、提供教師專業發展軟硬體環境

（一）硬體良善環境

　　在知識經濟的時代下，資訊科技已是人們生活中不可或缺的一部分，故以培育人才、創新知識與服務社會的大學，更加重視資訊科技所帶來的影響。美國許多教學資源中心皆已正視到教學與科技之相輔相成密切關係，故大部分的中心皆有能力提供科技相關資源，以供教師使用。對於臺灣教師專業發展組織來說，由於大部分的教學支援單位皆由圖書館或視聽中心所延伸發展出來，故資訊媒體服務皆具備了相關的設備、資源與人員，能協助大學教師使用教學科技與媒體。

　　然具備了相關的設備、資源與人員，則可更加強資訊科技環境的完整性，例如評估教師專業發展的需求，主動提供其所需的資源與服務，例如麻州大學波士頓校區的教學科技中心（http://www.cit.umb.edu）除了提供許多科技服務設施之外，例如：遠距教學和錄影帶借閱服務等等，並主動提出了許多教師訓練方案供教師參與。故教師專業發展組織之硬體良善環境，其所欲培育教師的是資訊教學科技能力，運用科技且具有創意方式設計教學、運用學校資源，以達到創新教學目的。

（二）軟體良善環境

　　教師專業發展組織除了重視「政策引導」、「完整的教師專業發展機制」、「諮詢與評鑑」、「具體獎勵措施」、「硬體良善環境之提供」外，最重要的是「軟體良善環境之提供」，即是「教學文化之建立」。於教師專業發展組織中，利用「顧問指導」（mentoring）和「教練」（coaching）專業發展

模式（閻自安，1999；Bailey, Curtis & Nunan, 2001），以建立起教學相長、教學主動參與的教學組織文化，有助於教師互相追求專業成長，例如：可鼓勵資深教師與新進教師多進行交流，多分享教學知識與經驗，可達到教學創新之不可預期效果；亦或者是仿效美國教學資源中心的作法，鼓勵教師主動將其研究成果或參與活動的內容，編製成校內外教學出版物，提高其教學成就感。

說明：本論文感謝國科會提供補助沈翠蓮副教授（計畫主持人）九十三年專題計畫「建構技職校院通識教師教學專業成長指標之研究」（NSC93-2413-H-150-001-），謹此感謝。

參考文獻

中文部分

王秀槐（2005）。教學使命的重新定位──美國著名大學追求教學品質卓越的策略。載於淡江大學高等教育研究與評鑑中心（主編），**21世紀高等教育的挑戰與回應──趨勢、課程、治理**（頁267-292）。臺北縣：淡江大學出版中心。

臺灣大學計算機及資訊網路中心教學研究組（2005）。2005年7月13日，取自 http://www.ntu.edu.tw/Chinese/main.html

朱則剛（1990）。在師範學院設立教學資源中心的理念與規劃。**視聽教育雙月刊，31**（4），25-29。

行政院教育改革審議委員會（1996）。**教育改革總諮議報告書**。臺北市：行政院教育改革審議委員會。

李世忠（1999）。大學教學資源中心的功能探討：以淡江大學教學科技組為例。**教學科技與媒體，43**，44-50。

李世忠（2001）。**大學教學資源中心──研究與發展**。臺北市：五南。

林玉体（2002）。**美國高等教育之發展**。臺北市：高等教育。

長榮大學教務處教師發展組（2005）。2005年7月13日，取自 http://www.cju.edu.tw/aculty/teacher/purpose.htm

高熏芳（1998）。變革社會中教師專業發展的時代意義。**教學科技與媒體，40**，1-2。

高強華（2002）。教師專業成長與教師效能。**教育研究月刊，104**，9-13。

教育部（2004）。**維持及提高教育水準的配套措施執行調查表彙整結果**。2005年8月3日，取自 http://www.high.edu.tw/01/01.htm

陳舜芬（譯）（2003）。P. G. Altbach, R. O. Berdahl, & P. J. Gumport 著。嚴酷的事實──大學教師面臨新的世紀。載於陳舜芬（主編），**21世紀美國高等教育──社會、政治、經濟的挑戰**（頁309-330）。臺北市：高等教

育。

湯堯（2005）。從資源管理談大學治理之策略規劃——以論述校務資金為主軸。載於淡江大學高等教育研究與評鑑中心（主編）**21 世紀高等教育的挑戰與回應——趨勢、課程、治理**（頁 361-389）。臺北縣：淡江大學出版中心。

黃雅萍（1998）。大學教師教學專業發展之內涵與實施建議。**教學科技與媒體，40**，43-53。

黃雅容（2002）。大學教師的挑戰與發展。**教育研究月刊，104**，87-94。

楊振富（譯）（2004）。D. Bok 著。**大學何價：高等教育商業化？**。臺北市：天下遠見。

閻自安（1998）。增進教師專業成長的新技術——Coaching 技巧之探討。載於中華民國師範教育學會（主編），**教師專業成長——理想與實際**（頁 131-152）。臺北市：師大書苑。

戴曉霞（2000）。**高等教育的大眾化與市場化**。臺北市：揚智文化。

■ 西文部分

Bailey, K. M., Curtis, A., & Nunan, D. (2001). *Pursuing professional development: The self as sourse.* Boston: Heinle & Heinle.

Harvard University (2005). *Derek Bok Center for Teaching and Learning.* Retrieved July 27, 2005, from http://bokcenter.fas.harvard.edu/index.html

Illinois State University (2005). *Center for the Advancement of Teaching.* Retrieved July 27, 2005, from http://www.cat.ilstu.edu/

King, R. (2004). *Universities into the 21st century.* London: Great Britain.

Massachusetts Institute of Technology (2005). *Teaching and Learning Laboratory.* Retrieved July 27, 2005, from http://web.mit.edu/tll/

Thornton, J. W., & Brown, J. W. (1968). *New media and College teaching.* Washington, DC.: National Education Association, Department of Audio Visual Instructor.

University of Massachusetts, Amherst (2005). *Center for Teaching.* Retrieved July
27, 2005, from http://www.umass.edu/cft

University of Massachusetts, Boston (2005). *Center for the Improvement of Teaching.* Retrieved July 27, 2005, from http://www.cit.umb.edu

Part III

落實教師教育信念與專業標準
的師資培育策略

Chapter 8

多元文化師資培育：一位師資培育者的敘事探究 [1]

劉美慧
國立臺灣師範大學教育學系教授

[1] 本文初稿曾在二○○三年十二月台大婦女研究室主辦之「多元文化：婦女與性別議題的研究與教學研討會」上發表。本文是國科會計畫「營造多元文化學習社群：一個多元文化教室的批判俗民誌研究」（NSC90-2413-H-026-006）之部分研究成果，感謝國科會補助，使得本研究得以順利進行。

從觀看他人到觀看自己

一九六〇年代以後風起雲湧的社會運動，促使既有的教育與學術體制對知識的傳授與生產，進行深刻的反思。而在學術與理論上的嶄新創見，又反過來在國家、族群、性別認同等相關的政治及社會運動中，產生巨大的實質影響。這樣的轉變使得在學校場域中進行多元文化教學蔚為一種風潮，或者說是一種「政治正確」的行動。

在課程實施的歷程中，我們時常可以看到基層教師書寫自己在教學場域中實施多元文化教學的困境，或是大學教授針對中小學教學現場的研究分析，但是高等教育中的多元文化教學卻仍舊是一個黑箱，是比較少被討論的。這樣的情形隱含了一種預設，中小學的教學比較重要或需要改進，相對的，高等教育的教學就不是那麼重要了。另一方面，這也呈顯出研究者習於以權力結構低階層的人為研究對象（researching down），卻甚少以高階層者為研究對象（researching up）（余漢儀，2001）。

我的研究一直在關注小學教學現場，這幾年我連續觀察了多間小學教室，探究師生的多元文化運作課程與經驗課程，分析原住民學生的學習型態，每間教室至少花上一學期的時間進行觀察。在這些研究報告中，我是隱身的，頂多在報告最後，做一種符合質性研究要求的自我省思，這些省思通常是針對自己以漢人身分進行原住民研究所產生的文化隔閡，提醒自己避免用漢人中心觀點來詮釋研究結果。我逐漸發現，我雖然是一個在心理學上所謂內控傾向很強的人，但是我一直將自己擺放在一個安全的位置，避免有系統、深入地批判自己的教學。就像楊幸真（2003）所說，教師作為「永遠被看的他者」，不僅是因為我們常把基層教師視為是被觀看的角色，更是因為我們也把自己「他者化」，當基層教師勇於「看」自己與「被看」時，我們仍停留在「不看」。

近幾年在閱讀美國多元文化教育學者揭露自己如何在高等教育中實踐多元文化教學的文本時，常被他們自信的行動力與敏銳的自省能力所感動。Gay（2000）整合了文化回應教學的要素，並身體力行，將這個方法運用到她的大學教室中，期望修課的準教師與在職進修教師有明確具體的實踐參考。這些教

學故事主要呈現下列概念：發現差異、合作學習、選擇與真實性是學習的要素、增能的教學、理論與實踐的結合、批判思考的重要性、關懷與支持性教室環境的營造。Gay 特別強調，提供個人的教學故事並不是要將她的教學模式成為典範，而是希望能激發教師的反省力與行動力。Sleeter（1996）描述她如何從自身的處境與經驗出發，將原來強調教學方法的教學轉化為對抗白人的霸權，以及如何將性別作為族群意識的中介，將多元文化教育定位為社會運動。hooks（1994）則描述她如何選擇邊緣位置作為基進開放的空間，將女性主義教室作為轉化學習經驗的現場，將教育視為實踐自由的歷程。

　　國內有關大學教師針對自己的教學與實踐進行研究的論文，並不多見。在女學會舉辦的「意識‧認同‧實踐——二○○三年女性主義學術研討會」上，有二篇大學教師的性別意識教學實踐相關論文。蕭昭君（2003）以敘說行動研究的方式，反思自己在師資培育的場域中，如何進行女性主義的教學與實踐，以及因為行動所產生的困境與疑惑，她批判的面向包括父權的師資培育課程、與缺乏性別意識的教授的互動、性騷擾論述等。楊幸真（2003）也以敘說行動研究方式，描述她在大學通識教育開設性別教育課程與建構女性主義教室的過程中，實踐女性主義教育學的得與失，特別是藉由權威對師生關係的討論，剖析她在教學現場中的師生互動。身為師資培育者，在閱讀這些文本時，讓我有機會對應自己的教學處境，除了心有戚戚焉，也產生了能動性。

　　有了反思的體認與閱讀的共鳴，我決定要將「探照燈打在自己身上」（蕭昭君，2003）。本文主要在透過敘事（narrative）的方式回溯與分析近幾年來，我作為一個師資培育者，如何在師院這個被外界視為傳統與保守的環境中，進行多元文化教學，文本裡有我與學生共同經歷的故事，也有我省思的難題。採用敘事的主要理由是訴說關於我們生活和自我的故事，它作為一種詮釋性反省的手法，讓我們去理解我們是誰，以及種種加諸我們身上所發生的事。透過對經驗不斷反思、批判、解放、重構的循環歷程，可以讓我重新看見自己，改變自己，並重新思考下一步行動的可能性。我期許自己可以「清楚地站立在自己的社會位置，誠實地面對自己的處境和自己」（陶蕃瀛，2002）。誠如 bell hooks（1994）所說，教室是學術界中最具有解放性意義的空間，教學

是一種對抗並超越邊界的行動，也是一種實踐自由的運動。我希望透過教學行動與反思[2]，看到我的邊界並企圖跨越邊界。

本文主要目的並不在述說多元文化教學的必要性或成功的案例，而在凸顯多元文化教學的「難題」，Bruner 認為難題是故事存在的價值：

> 故事之所以值得講、值得理解，其價值就在於有那難題存在，難題不只是主角和境遇之間的錯配，而更是主角在建構該境遇時的內心掙扎。……敘事裡的難題，其造型並非歷史或文化上的「一了百了」，它所表現的是一種時代和一種環境。所以同樣的故事會一再改變，而對它的理解也會在同情之中與時俱變，只是其中總會有些先前的優勢處會再餘留下來。（宋文里譯，2001：215）

透過故事中的難題更能反映行動者的處境，理解脈絡中的關係，而我的故事也可能是你的故事，它反映的是一種結構的問題，因此，難題可以為課程改革提供有價值性的視界。

本文分析的資料來源包括我的教學日誌、學生訪談、課堂對話錄音，及學生的省思札記。而和我一起說故事的協作者，包括曾經修習我的課程的職前教師、在職教師與研究生。

我的位置與框架

Kanpol （1999）認為，在不同的研究裡或許有不同的提問方向和探究方式，但總有些研究問題一直會是研究者個人生命中的焦點，反應出他／她的研究關切與他／她作為自身的歷史產物。我想透過對自己生命經驗中的焦點事件的回溯，說明我為何成為師資培育者，以及我的教學觀的型塑與轉變歷程。這些經驗的回顧有助於說明我帶著何種視框理解與建構意義，以及未來我要往哪裡去。

---

2 Freire 認為行動加上反思等於實踐，二者缺一不可，沒有行動的反思變成咬文嚼字，沒有反思的行動變成盲動。（方永泉譯，2003）

當老師是命中注定？

當初會選擇當老師，完全不是因為對教師這個行業的了解或嚮往，而是母親的期望，她總是提醒我，算命師說我是當老師的命，女生當老師最好，可兼顧工作與家庭，而且還有寒暑假。另一方面，在求學過程中接受職業性向的探索，每一次的結果都更加強化了我當老師的特質。高中聯考放榜時，同班同學正在為考上北一女放鞭炮慶祝，我和媽媽卻躲在房間裡為了要選擇北一女還是女師專[3]而對泣，雖然最後因為國中老師的鼓勵而選擇高中，而北一女三年也是我最難忘的求學歷程，但是我知道母親對於我放棄女師專還是有些許遺憾。為了彌補這樣的遺憾，三年後，我選擇了師大。

我其實不太喜歡聽到師範院校保守這類的批評，但是和其他的大學相較，又不得不承認這樣的事實，所以我一直期許自己打破外界的刻板印象，是一位具創造力與批判力的老師。回顧求學過程，所接觸的同學有相當高的同質性，中產階級、漢人、用功、聽話、學習動機強，因此，我對教學的理解其實是建構在這樣的想像社群之上，也因此覺得教學只要活潑、有創意，就能引起學生的興趣，「教學無大學問，著重技巧而已」。

只看到自己，看不到學生的處境

師大畢業後，因擔心被分發到偏遠地區，透過父親及教授的人脈關係，我找到了離家很近的一所公立高職，開始我的「錢多、事少、離家近」的教學生涯。報到第一天，同事劈頭就問：「你來這裡養老嗎？」他覺得我還年輕，應該選擇具挑戰性的學校磨練一下。在這個被「普通高中—職業學校」二元分類系統歸類為次等的學校中，學生早已被標籤為「不認真學習」。當時的我看不見我對於學生的理解不是來自於學生本身，而是他們被問題化後的再現。我一直覺得我的背景經驗與學生的差距，形成我在這裡教書的一大挑戰。進入女生班的愉悅，與進入男生班的痛苦，猶如天堂與地獄的差別，每天不斷的心情轉

---

[3] 女師專就是現在的台北市立教育大學的前身。

換常讓我有人格分裂的感覺。學生對學校的學習提不起勁，晚上還要到補習班準備二專考試，學生不知道明天在哪裡。時間久了，我只看到自己愈來愈無力的處境，卻穿不透學生的生命經驗，我和學生一樣，日子過一天算一天，我終於體會到同事的「養老說」，逃離的心情也愈來愈強。終於，有一次挫折讓我決定離開。

那是社會科學概論的課程，有一週的主題是「青少年身心健康」，我請學生回答課文後的習題：「你最近有什麼困擾？請你將它寫下來和老師討論。」隔週，我在辦公室批改大明[4]的作業，愈讀愈不對勁，他是這樣寫的：「老師，我最近有一個困擾，我每天都要打弟弟二十下，一直打到他痛哭流涕為止。老師，我很痛苦，請你幫我打弟弟。」我覺得大明的「弟弟」意有所指，他應該是在跟我開玩笑，但我又擔心他真的有這方面的困擾。我覺得這是一個棘手的問題，必須要好好處理。我就近請教我的同事，也是我在校內最好的朋友，她有十幾年教學經驗，也很受學生喜愛。她讀了大明的作業，也覺得他在戲弄我，所以建議我假裝沒有收到大明的作業，請他再寫一份，如果重寫的問題與原先的一樣，表示他有手淫的困擾，就必須將大明轉介到輔導室；如果問題不一樣，表示他在捉弄我。我當時非常讚嘆這位老師的聰明睿智，深深體會教學除了人格特質外，經驗也很重要。我如法炮製，當我發作業時，坐在大明附近的同學一直左顧右盼，想要看看大明是否拿到他的作業，這樣的動作更加肯定我的判斷。後來大明重新寫了一份很「健康」的作業，我也覺得自己的危機處理頗為成功。但從此以後，大明不再像以前喜歡說話引起我的注意，他愈來愈消沈了，我也愈來愈質疑自己的班級經營能力。

我發現在大學的那一套針對「正常」學生的教學理論，在現實情境中很難派上用場，理論引導我將學生的學習表現歸因於「學習動機低落」，阻礙了我進一步了解他們的機會。宋文里（2000：3）說：「教育的體制是一種界線清晰、藩籬深厚的社會體制，在體制內握有發言權的教育者們常會根據他們的地位而形成一種特有的理論，說是用以理解其中所有的行動者和行動結構，但這

---

4 顧及研究倫理，故事中的人物都是化名。

樣的理論究竟是有助於理解呢？還是一直在反覆加深誤解？」這句話現在讀來發人深省，可是當時年輕的我沒有能力看到。最後我選擇逃離理論與實際的斷裂帶給我的衝擊，我決定繼續深造，尋找答案。

從主流到弱勢

從四季如春的臺灣來到了冰天雪地的明尼蘇達求學，也展開了我的認同歷程。除了生活環境的不適應，我更深刻體會了所謂的文化震撼（culture shock），當我從站在雲梯頂端的優勢族群滑落到底層成為弱勢族群時，我才真正理解「邊緣化處境」、「角色互換」與「同情的理解」等話語的意義。此時最困擾我的就是認同的議題，包括因學習型態改變而產生的自我認同。第一學期時，我時常猜測：「在老師眼中，我是一個優秀的學生嗎？」由於語言與文化的隔閡，我知道自己如果不說話，在某些老師與同學的眼中看來，就像是有學習障礙的學生。在與美國同學的互動中，我發現自己是透過否定的方式來認識自己，當美國人問我：「Where are you from?」我很高興的回應：「I come from Taiwan.」時，看到同學困惑的表情（Where is Taiwan?）或誤解的回應時（Are you from China? Are you from Thailand?），我還要進一步用否定的語句補充說明「I'm not a Chinese nor a Thai.」時，我逐漸對這種以否定的方式來介紹自己感到不滿，我常抱怨為何不能像其他外籍同學一樣，用肯定的方式來說明「我是誰」。

因緣際會投入多元文化教學

我在美國主修社會科課程與教學，一九九五年花師正好需要這方面的師資，我就這樣進了花師。教學第一年，國民教育研究所打算開設「多元文化教育」課程，這可能是臺灣當時最早開設這類課程的學術單位之一，憑著在美國上過同樣名稱的課程，以及美國有些知名的多元文化教育學者都是從社會科教學起家，例如 James Banks、Geneva Gay、Peter McLaren，我就好像有人壯膽一樣，投入了這個領域的教學工作。

在我的教學經驗中，我發現隨著年級愈高，課堂學習愈嚴肅，好像快樂學

習是小學生的權利，大學生只能嚴肅地面對知識，求知似乎永遠與嚴肅連結在一起。在 bell hooks（1994: 7-8）的書中，我也發現同樣的批判：

> 在高等教育中，我們通常認為興奮會破壞學習過中必要的嚴肅氣氛，如果想在大學的課堂中鼓勵興奮的存在，就是教學越界的嘗試。它不僅要跨越邊界，還必須理解興奮的產生不可能來自已設計好的教學程序。教學程序必須有彈性，而且允許改變的可能性……創造興奮感的關鍵在於我們是否對他人感興趣，能傾聽他人的聲音，並認知他人的存在。

我一直認為教室應該像一個表演舞台，所有的參與者都願意運用心智，認真投入。尤其對於師院學生而言，教授用講述法描述其他教學方法，是無法激發他們對這些教學方法的想像與熱情，這就是為什麼當師院生進入教學場域時，講述法又變成他們唯一的選擇。因此，我試圖在課堂上轉換各種不同的教學方式，我也努力營造教室成為無壓力的環境，讓每個人都願意說話，而且聲音都可以被聽見。

從認識差異到主體增能

反思我早期的教學比較重視差異與教學方法，我的基本假設是「學生的學習型態有差異，教師要因應學生的差異，採用多元的教學方法」，所以我在課程中介紹各種不同的方法，例如概念構圖教學、議題中心教學、減低偏見的教學、增能取向的教學，學生也都很認真地學習這些方法。我認為，大部分老師都採用講述法，是因為他們不知道有這麼多的方法可以採用，等到他們知道了這些方法，自然會將這些方法運用在教學現場，如此一來，僵化的教學模式就有改變的可能性。後來陸續接到職進修教師潑來的冷水，「老師，我覺得這些教學方法都很棒，但是我回到學校後還是不會採用，因為我們有統一進度與考試的壓力，這些方法可以讓學生快樂學習，可是沒有辦法讓他們得高分。」「老師，你太理想化了，不了解基層教師的教學處境」，這些提醒我不知民間疾苦的話語，促使我思索轉換我的教學模式。

我發現大部分的老師被結構限制住了，看不到自己的力量，也看不到改變

的可能性，要注入教師身體的是解放的力量，而不是教學方法。要建構教室成為一個學習社群，學生是學習主體，老師也是學習者，站在平等的位置上共同學習、建構知識。建立教室中的學習社群的方法之一，就是承認每個聲音的價值，了解每位學生都有言說的能力，因為這樣才能證明他／她的存在。

讀了 Foucault 與 hooks 的作品後，我更時時提醒自己不要將自己的教室變成監獄，教室必須是一個讓人解放、學習自由的場域。我也發現任何問題都可以重新理解，而且理解的方式就是將問題推到極端，從衝突理論的觀點來理解社會體系中有系統的排擠、剝削宰制和濫權，揭露學校的潛在課程與再生產的過程，改變優勢族群的遊戲規則。於是，我的課程目標由認知多元文化教育的意涵逐漸轉變為強調多元文化意識的培養與實踐。我在課程大綱裡這樣描述我的教學方法：

> 這門課想邀請大家一起重新理解「課程」的意義，重新詮釋師生的角色。教室是一個學習社群，每一個人將自己的文化與價值觀帶進教室，使教室更豐富、更多元，這豐富的文化值得我們相互學習。多元文化的教室中沒有主客之分，教學也不是老師的獨腳戲，它是所有成員共同參與及建構知識的過程，因為意義是靠「磋商」與「詮釋」而產生的。這門課強調「參與」、「對話」與「省思」，我鼓勵同學將自己的教與學的生命經驗與大家分享。（「多元文化課程改革」課程大綱）

短短的幾句話，實施起來卻困難重重。以下就是我在這樣的理想之下，進行多元文化教學時產生的難題、思考與行動的歷程。

行動與反思

多元文化教育如何界定？由誰界定？

每當向他人介紹自己在多元所教書時，最常見到對方的反應就是：「多元文化教育是什麼意思？」當我從族群、性別與階級等議題面向解釋時，對方就會說：「我知道了，就是原住民教育嘛！」「多元文化教育跟性別教育有什麼關係呢？」「多元所和鄉土所有什麼差別？」[5]我們的對話歷程就像瞎子摸象

---

5 除了多元所，花師還有「鄉土文化研究所」，也常被拿來和多元所進行意義的比較。

一樣，摸到什麼就說它是什麼。曾經有一位中國文學專長的教授，希望到多元所開課，他很認真地跟我說：「你們多元文化教育這麼『多元』，可不可以『一元』給我教？」我這才發現，這個號稱全國唯一的多元所，似乎沒有將它的意義明確傳遞，我的同事才會將多元文化的「文化」等同於他所理解的中國文化。

在第一節課時，我總會請學生分組繪製「多元文化教育」概念圖，以了解他們的先備知識。從學生的概念圖中可以發現，學生對多元文化教育的先前理解是從字面的意義著手，從「一元」的對立面「多元」去思考各種不同形式的差異，包括階級、種族、城鄉、性別、性取向、宗教、本土／全球化，甚至連能力、美醜等也包含在內，學生比較少觸及因差異而產生的衝突與宰制現象，例如歧視、壓迫等，而學生繪製的概念大部分是獨立的，看不見概念之間的關係。

我們總習慣開宗明義，先界定多元文化教育的意義後，才覺得後續有進一步討論的空間。以前我習慣採用 Banks（1994）的定義：多元文化教育是一個複雜的概念，它是維護教育機會均等的教育，也是一種必須持續努力的社會運動。我發現這樣的定義對學生而言，還是很模糊，而且這個定義難以讓學生理解多元文化教育的主要概念，它到底想要對抗什麼？這樣的外來定義如何放置在臺灣的文化脈絡加以理解？

後來我和另一位老師在合開的博士班[6]課程中改變策略，我們並不在第一節課時告訴學生何謂多元文化教育，而是透過每週的讀本讓他們去體會。我們強調社會行動取向的多元文化教育，所以選擇的讀本比較偏向基進派的主張，主題包括：多元文化教育的歷史脈絡與社會想像、資本主義的學校教育、多元文化與民主公民教育、從性別意識覺醒到多元文化教育、邊地發聲與女性主義的多元文化越界教學、種族的知識、去殖民化與課程、教師作為文化工作者。這樣的方式讓學生很明確地看到我們的走向，但是有些學生還是覺得不安，所

---

[6] 雖然是多元所博士班第一屆，但是大部分的學生並沒有修過多元文化教育的相關課程。只有一位學生的碩士論文是有關於性別教育，另一位學生在體制外進行許多強調思考與解放的教學活動，但是在修課前，她並不知道這些實踐也帶有部分多元文化教育的色彩。

以會參考許多以「多元文化教育」為標題的書籍，去建立自己的基本理解。

前幾年教學時，我在第一堂課都會問學生為什麼選修多元文化教育這門課，大部分的學生回應因為不了解所以來修課，但是當多元文化教育這個名詞在臺灣出現已經超過十年，多元所在花師已經邁入第十個年頭時，還是有很多準教師與在職教師不知道多元文化教育的意義，我才體認到多元文化教育在臺灣還有很長的路要走。而且多元所教師流動性大，每一次新的人事組合，對學生與老師而言，就是一次對多元文化教育重新的理解。

多元文化教育常用的族群、性別、階級的面向，雖然有助於理解，但是容易產生二元對立的情形。因為文化並不是狹隘的「族群」文化，它是對我們生活型態的一種理解，而反省本身就是文化理解的一部分。既然文化是一種生活型態的理解，它就會變動不居，就需要靠文化裡的成員共同界定，所以我覺得單一面向的理解不是了解多元文化的適當途徑，而是誤解的開始。例如「原住民」的相對是「漢人」，「本土」的相對是「全球化」，這樣的思考方式會使我們陷於二元對立的邏輯。因此，最近我傾向用多元文化教育是對抗主流文化霸權的一種社會運動來理解。

「危險論述」究竟有多危險？

Bigler 與 Collins （1995）的研究發現教師或多或少都願意欣賞差異，或進行文化附加式的教學，但是談到種族中心主義的問題時，則會覺得不自在，他們將這種挑戰規準，質疑社會既存的意識型態的討論，稱為「危險論述」（dangerous discourse）。多元文化教育強調教師應與同事或學生展開文化對話，這樣的對話並不是情感的發洩，而是深入討論族群與文化的議題，文化對話的特色在於創造一個跨文化議題討論與對抗衝突的學習空間，對話者可以檢視自我的族群關係與文化認同，分析偏見與刻板印象，並且探索態度、情意、價值與行為的關係 （Zuniga & Nagda, 1993）。

在不同文化脈絡中的成員對危險議題的界定並不相同，在花師校園裡，同性戀議題應該算是一個危險議題。在我的課堂上比較少討論，是因為我自認為對這個議題不了解，怕誤導學生。但是在學生的分組報告中，每個班級大概都

有一組的學生對同性戀議題感興趣，也有學生在期末的省思札記中提及希望我能將同性戀納入課堂討論議題。我看到了學生認知的需求，也看到了大部分同學對這個議題的無知，所以今年多元所與「同志諮詢熱線」合辦認識同性戀教師研習，有人一聽到在花師的校園裡要辦這樣的議題，直誇花師「真進步」，也有人表示想參加研習，但是怕被污名化為同志，所以我鼓勵多元所的同學都去參加，讓其他人知道同性戀議題不是同志的專利，異性戀者更應該關心。在研討會的場合，相對於已經出櫃的同志義工的開朗，我隱約看到的是某些學員擔心被貼標籤的不安。

我逐漸發現在一個保守的環境裡進行爭論性議題的討論竟是如此危險，由於學生沒有真實場域的經驗（例如教學經驗），或是其他認識的機會（例如與原住民或同志互動的經驗），所有的對話都變成了抽象的概念。當我們標榜「就事論事」時，其實已經忽略了事情是人做出來的，人因為某些行為而成就自己，人與事其實是難以完全切割的。所以在批判時，即使是說者無心，聽者卻常有對號入座的情形，傷害就在無意間造成了。

而這樣的情形其實是難以擺脫個人主義式的思考模式所造成的，學生容易對號入座，覺得自己並沒有做什麼卻受到人身攻擊。所以當我揭露差異是特權的基礎時，我看到學生的不安。這樣的不安有三種呈現方式：抗拒、防衛與靜默。最明顯的抗拒就是提出臺灣的族群不像美國族群膚色那麼涇渭分明，族群對立並不明顯，臺灣社會其實很平等，不能以美國或其他多族群國家的例子來做說明。或是在討論女性受到性別歧視時，男生覺得這樣的討論好像在控訴他們是壓迫者，立刻以他如何對待他的另一半來證明自己是一個好男人，為自己辯護。於是我們常聽到男老師描述在家如何做牛做馬：「我不是壓迫者，我都有『幫太太』做家事。」男學生描述他如何善待女朋友，甚至被女朋友欺負。有些學生則害怕衝突場面，乾脆選擇沈默不語。

Young 與 Tran（2001）也發現學生會因為集體罪惡感而抗拒權力、壓迫與族群等相關議題的討論。抗拒或迴避討論特權議題是因為我們在思索事情總是傾向個人化，個人主義使我們彼此分離，影響我們理解社會生活的方式。個人主義認為解決社會問題的方式，就是要從個人問題的累積著手，而不是當成集

體的問題來處理（成令成、林鶴玲、吳嘉苓譯，2001）。師院受到實證論及管理模式的影響，師資培育課程強調心理學重於社會學，在課程結構中，教育社會學一直是選修的課程，而且因為師資的關係，這門課不一定會開設，但是教育心理學是每班必開的課程，即使開設教育社會學課程，也著重結構功能論的探討，而非批判教育學的分析。這樣的課程架構容易將學生的行為病理化，而不是置於社會脈絡的結構因素來看，學生的問題永遠是個人的問題，不是集體的問題。因此，在這波教改中我們發現，當我們一邊描繪著教師是課程改革事業的合夥人的圖像時，一邊卻又將教改的失利歸咎於教師的不長進與阻礙改革，這就是一種個人主義式的思考。

揭露之後──頓悟與批判 vs 壓迫與質疑

揭露主流文化的霸權是我的課程主要的目標，我試圖透過生活實例去揭露二元對立的操作模式，以及強者如何弱化他者的歷程，弱勢族群又是如何在這種他者化的分類系統中，再次地否定自己。我引用 Plumwood（1993）二元論的邏輯結構，說明優勢族群如何透過下列五種方式對自我與他者進行分類：(1)背景化：強調一種否認的依賴關係，例如男人才是主人。(2)基進的排除與過度的分離：試圖誇大差異，將次等的分離與排除，並且否認連續性，例如男生是積極的、理智的、自我的、宰制的；女生是被動的、情感的、重關係的、順從的。(3)吸納：他者是被我群的標準所界定的，他者缺乏特性，例如以男性的標準來界定成功的女性。(4)工具性：他者被視為自我的工具或手段，沒有自己的目的，例如：成功的男人背後都有一個偉大的女人。(5)刻板化：對於我群而言，他者都是同一化的，例如：女助教與男教授。

在進行這樣的分析後，我發現學生有二種反應：頓悟與批判、壓迫與質疑。有一位學生在她的省思札記中描述在揭露霸權之後，有一種大夢初醒的感覺。

> 我覺得「頓悟」就像是一個驚醒的夢，突然間太多隱藏在表面下的真實，讓自己驚訝：原來我曾經這麼無知，這麼容易受人影響。每當在課堂

上聽同學們報告、發表時，都會讓我有這種想法，然而這些想法都讓自己有重生的感覺，就像是獲取到補身精華液一樣，讓我覺得很充實，同時也是一種學問上的享受，喜歡大家所摩擦出來的火花，雖然短暫，卻留下美麗、深刻的印象。

也有學生開始敏覺自己平時習焉不察的事情，看到習慣對於思考的阻礙與影響：

透過這一學期的課程，讓自己覺得收穫最大的是對於習慣事物的檢視。習慣是一件可怕的事情，隱匿於無形中，不易被人所察覺。然而透過課堂上這些討論後會讓我去思考這些不曾發現的感覺，也因此讓一些無意中受迫害的人獲得公平的空間。

有些學生批判他人的刻板印象對自己所造成的負面影響，這樣的經驗與Sleeter（1996）描述自己因為漂亮聰明的特質所產生的負面影響經驗，不謀而合。

自己雖然不是個只會追求外在不重視內在的女孩，但稍微亮眼的外表，常會成為別人第一個評分指標。而自己在各方面的表現，別人的標準甚至會更加嚴苛，使得自己從國中起，幾乎在各方面都要受到嚴格的審視，身邊似乎總是有人期待看到美麗的笨女人，也常常有某些人會非常關心我的交友狀況。然而令我不解的是，有些「中性化」的女生很活潑，與男生相處得融洽，似乎理所當然。而我的活潑外向，卻常被解釋為「招蜂引蝶」，或是「交際花」等負面評價，使得自己不禁懷疑是否該刻意表現得「恬靜寡言」。

有些學生則開始關注學校的潛在課程，分析學校並非價值中立的，它如何透過某些機制為優勢族群服務。

學校以主觀、強勢的立場，以不斷進行的學業測驗決定哪一群人是被放棄的，但我質疑測驗具有公正性嗎？這套測驗是否適用於所有人，還是

只對於服膺於這測驗下隱含價值觀的人有利？現在回想起來，自己是升學主義下的受益者也是受害者，這導致我習於服從規範、重視學業的表現，卻很少去關注、質疑社會上不公義的事情，並提出批判，因為我也無形中服膺了主流社會的價值觀，合理化這套價值觀的存在。這群所謂被學校放棄的學生，確實對於學校這個環境適應不良，但為何學校成為壓迫學生、期望學生服從其價值觀的機構，而非以學生為主體去找出適合所有人發展的方式？

看到學生已經發展出一種重新觀看世界的方式，我其實是非常興奮的，因為他們已經了解批判不是在批判他人，而是在批判自己。當我們尊重（respect）他人的時候，不是只有看到別人（to look at），也在回觀自己（to look back on）。我與他者不是兩個不相關的群體，我的經驗缺乏他者的參與，是不可能存在的。

但是教學並非永遠都是順利的，有些非預期的潛在課程產生，而且這些情形每年都重複出現。第一種情形我稱之為「語言文字的壓迫」，對於有些初次接觸多元文化教育的學生而言，他們喜歡將許多時髦的名詞掛在嘴邊，例如：增能、霸權、抗拒、解放等，或是在討論中展現他們讀了多少「大理論」，所以在課堂上我們會聽到類似這樣的指導語：「這個問題韋伯在《新教倫理與資本主義精神》一書中有說明，我建議你去讀一讀。」而這種說法在彰顯自己的同時也貶抑了他人，更阻礙了進一步討論的可能性。這種疏離的、菁英式的言說方式，也常讓另一群人自我貶抑，開始質疑自己的言說方式不夠學術，甚至懷疑自己言說的能力，而被噤聲。我除了提醒自己的語言要平易近人，少用大名詞外，也提醒學生語言的功能在達意，不在炫耀或展現文字競賽的壓力。以文字操弄能力來界定學習，對文化弱勢學習者而言是一個不利的學習情境。

由於本土的多元文化教育相關文獻並不多，因此我必須指定大量的英文閱讀，我雖盡量挑選淺顯易懂的文章，但是某些涉及批判理論或族群理論的文章，還是難以理解的，英文閱讀對學生而言，是學習上相當困擾的事情。有些學生常常質疑為什麼要閱讀英文文本，我們不是在反文化帝國殖民嗎？只能從

英文閱讀去理解多元文化教育，不是和多元文化教育的「多元」理念相違背嗎？我只好告訴學生在本土文獻不足的情形下，這樣的作法主要在理解西方（尤指美國）如何建構多元文化主義，更重要的目的是要培養「給他寫回去」的回應能力，不過這個目標對學生而言好像太遙遠了。我常思索這對學生而言會不會是另一種形式的壓迫，但是這個問題到目前為止，我還是沒有其他的解決方法。

大部分的學生都害怕衝突，因此學會察言觀色，立場不確定的學生選擇靠邊站，當某方的聲音過於強勢時，另一方為了避免衝突或被圍剿，則選擇沈默以對，形成一種緘默文化。為了改變這種情形，呈現不同的聲音，我採用議題中心教學的結構性爭論[7]，讓每個學生都必須經歷正反兩面的說法，以理解與自己立場不同者的想法。剛開始學生對於要說出與自己觀點相違背的立場時，都覺得好像在說違心之論，無法說服自己；或是像鸚鵡一樣重複對方的論點，但是學生最後卻發現，這樣的歷程有助於理解不同的觀點，以及擬情能力的培養。可是也有學生覺得被迫說出與自己立場不同的論述，是另一種形式的壓迫。

第二種情形我稱之為「對本質的質疑」，我們常希望學生對學習內容要持批判的態度，不要照單全收，但是當學生將批判的槍口對準「多元文化教育」時，我一方面很欣賞學生實踐「批判就是在批判自己」，另一方面又陷入「學生是來砸店」的矛盾。有一位學生敘述他如何從當初對於多元文化教育的好奇，至全盤接受，而今卻對其中內容與未來去向產生疑惑，他的省思或發言時常就像一盆冷水，也讓我進入「覺醒會對現狀造成威脅」的一種具體想像。

> 回顧多元文化的發展，可說是源自於美國一九七〇年代的民權運動，主要是因為當時美國境內黑人受到極度不平等的待遇所致。環視臺灣，儘管本身也有族群上的問題，但其嚴重性似遠未及美國，然而曾幾何時，遠在東亞的我們自一九九〇年起竟也吹起一股多元文化風（瘋），更令人訝異的是，臺灣人民對這詞的接受度好像頗高，好似這套外來的思潮只專門

---

7 結構性爭論與一般辯論的差異在於結構性爭論必須互換立場，並且達成共識。

為臺灣量身定做般。我不禁產生了疑惑，臺灣人民真的那麼自主地呼喊著我們需要多元文化，抑或有一股力量在扮演著推波助瀾的角色。

我時常在反思為什麼我在欣賞學生的批判力的同時，又感受到一種對現狀很大的威脅，批判他人容易，但接受他人的批判為什麼是一種難以跨越的邊界？這點是我還要繼續努力的功課。

Freire 的對話教學真能實現嗎？

我一直很欣賞 Freire 的對話式教學觀，對話是一種學習與認知的過程，需要有一個先決條件，那就是它總是與一種知識上的好奇有關，想要去了解對話中的要素。對話本身是人們完成其身為人類之意義的方式，是一種人類存在的必要性，對話是一種創造的行動，而不是宰制他人的工具。愛、謙卑與信心是對話的三大要素，愛必須能引發他人的自由行動，對話者要謙卑，任何人都不能自視為知識與真理的擁有者，對話需要對於人性有高度的信心，相信人有創造與轉化的力量。而這三大要素都必須在信任的基礎上進行，對話才可能實現。所有人都可以發展出對於存在世界之方式進行批判覺察的力量，而他們正是以此力量並且在這個力量中去發現他們自己；他們開始不再將世界當成是一種靜態的現實，而是當成一種不斷進行改變過程中的現實。

在教學歷程中，我盡量營造一種開放的討論氣氛，鼓勵學生發言，我希望習慣於對老師、對政策察言觀色的學生，能透過省思與批判的過程，發展主體性。當我詢問「同學有沒有意見？」時，有些學生保持沈默，以策安全，不管我是真心想知道他們的意見。有一位學生在課後訪談時說出他不想發言，是因為他發現我對某些議題已有特定的立場。

> 有些教授標榜自己自由開放的作風，說會尊重我們的說法，讓我們自由發言，但是當我們的意見和他們不一樣時，馬上就會被他批評，這樣的教授真的很多，所以我們已經學會說老師喜歡聽的話或乾脆不說話。所以當我們發現老師對某些議題的立場與我不同時，我就放棄辯論的權利。

雖然我自認為在教室中不斷釋放出「我是可以溝通的」、「師生關係是平等的」這樣的訊息，但實際上還是有一種無形的壓力，讓學生噤聲。這種無形的壓力包括教師掌握評鑑學生的權力、學生視老師為全知全能者的印象，使得平等的師生關係難以真正達到。我曾經在課堂上舉辦「多元文化體驗日」，希望學生藉由扮演不同角色，體會多元文化之美，或是體會弱勢者的處境，所以當天學生必須選擇某一種角色，例如原住民、殘障、不同性別、職業等，改變扮裝，並進行一整天的體驗，再將體驗的歷程書寫出來。這個活動曾經在大學部實施過，學生的反應很好。但是在研究所實施時，則是出乎我的意料之外。幾週前與學生解釋活動性質時，學生並未對這個活動提出質疑，似乎也很期待的樣子，我也提醒他們如果覺得裝扮對自己有壓力，也可以選擇不裝扮，我覺得這樣的選擇應該可以舒緩部分學生的壓力。直到活動日的前一天，學生在另一位老師的課堂公開地提出對這個活動的質疑，我才知道學生承受如此大的壓力，竟然不敢直接和我討論。我當時的反應是雖然我處處釋放民主的善意，但是學生所投射出來的我仍舊是一個壓迫者，我感受到我與學生之間缺乏對話的「信任」基礎，對話教學是難以實現的。我是在晚上十一點透過助教的轉述才知道學生的質疑，由於已經來不及做任何活動改變，所以決定且戰且走。

體驗日當天，有些學生裝扮、有些學生未裝扮，我請他們先談一談他們裝扮的角色或是不裝扮的理由，之後我決定「打開天窗說亮話」，告訴學生我很驚訝他們承受如此大的壓力卻不敢告訴我，我直覺這是對話的信任基礎不夠，但是學生澄清他們並沒有壓力，只是因為不知道要扮演何種角色而緊張，並不是對活動意義的質疑。對他們的回答我又疑惑了，到底我所理解的哪一種才是真相？師生之間的權力關係真的平等嗎？或許這些問題都不是那麼重要了，我們其實也非預期地體會了另一個壓迫與被壓迫的現象。我也更加證實 Freire 預設行動者都是理性者這樣的理想，其實還是有待努力的。

敘事的力量與不安

受到科學理性的影響，傳統認為知識應該客觀中立，不應該受到主觀與情感的影響，於是教室的討論成為堅硬的理論的考究與臆測歷程，我們發現學術

知識與自己的生命經驗產生疏離的現象。為了改變這樣的斷裂，我在教學中逐漸加入敘事的成分，這樣做並不是想訴諸一種浪漫的教學模式，將生命經驗的敘述擴大為一種發聲的過程。而是受到 Freire 對生命經驗在學習的地位說法的影響。

> 如果學生無法將他們的生命經驗轉化成知識，並且進一步去運用那些已經獲得的知識，而將其當成一種揭露新知識的過程，那麼嚴格說來，他們將永遠無法參與對話的過程，特別是對話作為一種學習和認知的過程時。（方永泉譯，2003：13-14）

我請每位學生寫一篇「文化自傳」，回溯並分析族群、性別、階級等對自身處境的影響，這些因素如何交織型塑現在的我。一方面透過書寫，了解自己為何是現在的樣貌，另一方面透過文本的閱讀，讓我進一步了解學生。這個書寫過程讓學生重新看見自己，成長歷程並不是文化中立的，而是受到社會文化的建構。

除了書寫，我也看到言語敘說的力量。有一位平時很少發言的阿美族女同學在聽了太巴塱胡永寶主任的演講後，心有所感，開始述說她的故事，當她說到：「如果不是原住民加分政策，我現在可能是工廠的女工」時，我看到一種震撼的力量。有些同學在省思札記中說出了她對生命經驗述說的看法：

> 這堂課讓我覺得非常感動的，除了大家勇於表達己見外，那就是許多同學非常感性地與我們分享他們的感覺與經驗，整個課堂的氣氛除了熱烈的討論還多出了一份感性。記得有一次小慧與我們分享她的成長經驗，讓我看到了一個與我認識不同的小慧，如果不是這堂課，我們永遠無法知道小慧的想法。

> 小慧的發言是整學期中最令我震撼的事情。記得我國小時總是忿忿不平地回家向媽媽抱怨，為什麼原住民同學可以領那麼多文具及補助費？上了國中後，不公平的加分政策更在無形中讓我對原住民同學不滿，現在我

才發現，原來事情並不如我所想的那麼簡單，原來漢人帶給原住民的不是進步與文明，而是他們原有文化的一種浩劫，而使年輕一代失去自我認同與定位。

也有學生聽到小慧的故事後，開始反省自己是否因為刻板印象，不知不覺中傷害到他人而不自知，進而提醒自己要減低刻板印象與偏見。我想這樣一個鮮活的例子，可能比生硬的理論還能產生認知失衡的效果。

在研究法的課堂上，這是全所老師協同教學的課程，我們強調知識不能與自己的生命經驗疏離，有些學生選擇從自己的生命經驗出發，連結理論知識與實踐知識，當她們（大部分是女性）敞開胸懷陳述自己的生命故事，陳述自己的勞工家庭背景、自己與母親的關係，講到激動處也會傷心落淚，我們很高興在課堂上營造一種安全的氣氛，讓學生放心地說出心中的話。我也試圖將自己的生命述說連結到學術的討論中，以呈顯經驗的價值性及其如何與學術知識相連結。「當教師開始將自己的生命經驗述說帶入課堂時，就已經破除了教師是全知全能的形象」。（hooks, 1994）

雖然我知道敘事的力量，我和其他老師並不強迫學生分享，他們可以選擇公開自己的省思與文化自傳，但是這樣的選擇權並未消除部分學生的恐懼感，有些學生會臆測公開談論自己的生命經驗比較能受到老師的青睞，他們私下反應敘事研究有一種無形的壓力，壓迫他們自我揭露，即使我們強調我們尊重學生發言的形式，不希望學生嘗試任何我們所不想冒的險，去分享任何我們不想分享的經驗，但是這樣的不安依然存在。

看不見與不願意看見——對抗優勢的霸權

Johnson（1997/2001）形容種族中心主義就像我們住在盒子裡，我們看不到外面，就容易以為其他文化都和我們一樣。我們想要看到比小盒子的視野還更寬廣的世界，我們得先把小盒子本身看清楚。我的教學目標之一就是在讓我與學生共同認真嚴肅地看待這個小盒子。Freire 認為，階級是一個有助於我們理解壓迫的多重形式的重要因子，如果要對於壓迫進行理解，就必須透過某種

形式的階級分析才能達成。

在教學的過程中，我逐漸發現多元文化教育亟需努力的，不是提升弱勢族群的文化與自我認同，而是在對抗優勢族群背後難以撼動的意識型態。在分析的過程中，當優勢族群被掀開的難堪，會產生對號入座，立刻為自己辯駁的情形，於是課堂上就會出現男與女的對抗、漢人與原住民的對抗。而這裡顯現出來的就是優勢族群的「看不見」與「不願意看見」。看不見是因為生活經驗的侷限，不願意看見則是不願意失去權力。有一位學生分析優勢族群為什麼會看不見。

> 以前我從來不在乎多元文化對自己有什麼影響，更覺得沒有深入探討的必要，反而會覺得那是某些刁鑽人士發起的新話題。因為我的生活過得很安穩，享有受教、工作的權益，同樣的也受到國家法律的保護，除了個人因素失敗之外，似乎一生不會受到什麼特別的挫折。但經由這門課較深入的探討後，才發現原來我一直沒有覺察到的不平等不是不存在，只是被從小到大所處的環境有意無意給定型、箍制住了，所以感受不到處於弱勢地位的悲哀。

另一位學生則說明看不見是因為沒有能力看見：

> 我時常被女友嫌我有大男人主義，其實我也很清楚我有大男人主義，可是我總是解釋為：「我是個新大男人主義。」因為我總覺得自己和我爸爸的大男人主義不同，我沒他那麼誇張！雖然這樣說，但是有時候還是希望自己能夠清楚的知道，男女之間到底應該存在怎樣的平等才是真平等？我又到底哪裡很大男人主義？我很希望知道答案，可是一直無法完全看清楚。

我曾經為一個主任儲訓班擔任「兩性平等教育的理念與實踐」的講座，在講課的過程中，我看到一群眼中泛著光亮奮筆疾書的參與者，也看到另一群焦躁不安蓄勢待發的挑戰者。

課堂的前半場進行得還算順利，老師的反應還不錯，但是後半場時有一位

三十多歲的男老師終於按捺不住，打斷我的話，開始抱怨。

> 我們來進修為什麼要上性別教育的課，我們在不同的研習已經聽過很多這方面的課程，性別議題真的有這麼重要嗎？我們看事情可以從很多角度觀看，為什麼要用性別放大鏡檢視所有的現象。像你剛才提到的電視廣告，我就不會想到他們和性別有關，每個人的詮釋不同。例如有一個廣告，一對青梅竹馬在路上開車相遇，男生在車內喊著對方的名字，很多人會覺得這個廣告很溫馨，我就會覺得這個車子的隔音很差。

我反問他參加研習應該也聽很多次九年一貫課程、學校本位課程的演講，「但是你會覺得你聽過很多次嗎？」我想提醒他是否對性別議題比較敏感，一聽到「性別教育」就覺得不舒服。他說這是不一樣的，不能相提並論。

另一位坐在教室最後面年約五十歲的男老師，激動地說出他對性騷擾議題的不滿：

> 自從有了性騷擾委員會之後，很多莫須有的罪名就產生了，有羅生門的現象，學生隨意指控老師，造成老師人人自危的情形。報紙的性騷擾案件都亂寫，唯恐天下不亂，我都不相信報紙的報導。

有一位年約五十歲的女老師說出她的困擾，希望大家告訴她應該如何幫助「矯正」有陰柔氣質的男學生：

> 我班上有一個男學生，我在點名的時候，他會發出「有」（拉長音且尖銳）的聲音，他的聲音很女性化，我聽到他的聲音會起雞皮疙瘩，學生也一直嘲笑他，我一直想糾正、引導他，這樣他到國中就讀時才不會被欺負。

我問：「你為什麼要糾正他？如果是一個左撇子，你也會這麼積極地想糾正他嗎？」她回應：「這是不一樣的，不能相提並論。」課堂上有一些女老師回應她：「這是天生的，沒辦法改變的。」這位女老師很疑惑：「為什麼沒有

辦法改變？這樣他會不會變成第二個葉永鋕[8]。」我更疑惑的是，這是在我講完葉永鋕的故事後，這位老師提出的問題，可見她完全無法從葉永鋕的事件中看到「應該改變的不是葉永鋕，而是我們」。這位老師其實反映很多人對處於光譜中間的性別氣質的焦慮。

　　有些基層教師看不到校園裡性別不平等的現象，他們認為小學廁所是男女生共用，沒有性別空間的問題。現在女生能力很強，班長都是女生，男生變成弱勢。男老師被迫當導護，才是被壓迫者。這些都是在潛意識中不願跳出框架來思考問題。

　　有一位泰雅族同學因為有家人受漢人迫害的經驗，所以對於族群議題及自己的邊緣位置特別敏感，在討論時，她指著同學說：「你們漢人……」時，有些學生覺得聽了很刺耳，因為他們從來沒有聽過別人當面叫他們漢人，我這才發現原來對主流學生而言，漢人這樣的身分是理所當然，不需要界定的。這也應證了王甫昌（2003）所說的，族群是相對性的群體認同，這種相對性的族群類屬通常是被自認為弱勢的族群所界定出來的「優勢族群」。被界定為優勢族群者，不一定認為自己是一個族群，更不一定會有族群意識。

　　右派的門戶之見者，是將自己封閉於他的真理中，其目的在履行他天生的角色。因為他一直在他的真理中打轉，所以當其真理受到質疑時，他們會感受到威脅（Freire, 1970/2003）。「你們不了解學習遲緩的定義」，這是我們在課堂上討論學習遲緩學生的處境，以及測驗的文化偏差等議題時，一位學生丟出來的一句話，一句話抗拒對問題重新思考的可能性。好像這些學理定義是銅牆鐵壁，完全沒有拆解的可能。教室是社會的縮影，抗拒型學生難以接受挑戰，對他們而言，跨越邊界是危險的事，這些學生抗拒的力量往往比開放的學生更大，而這正是多元文化師資培育者必須面對的挑戰。

從看見到實踐的歷程

　　在大學部的課程中，我設計了一項作業叫作「搶救臺灣教育大作戰」，要

8　葉永鋕是屏東縣高樹國中的學生，因其性別氣質發展沒有得到學校適當的對待與同學接納，意外死亡的一位學生。

學生檢視我們的教育環境，並提出解決之道。學生很喜歡從自身的學習環境開始檢驗，有一組檢驗師資培育課程，探討在大學四年內學到了哪些課程，這些課程是否足以讓他們成為一個具批判力的老師，學生最後提出一個疑問：「一個缺乏選擇性的師資培育課程，如何培養準教師的課程選擇能力？一個沒有批判性的課程，如何培養準教師的解放能力？」

　　當我在聆聽學生的報告時，我的思緒被拉回到學校教務會議的場景，教務會議時常上演一幕幕的課程保衛戰，在教育學程總分學數不變的情形下，每一個學分的變動都會牽涉到學系的消長，每一位系主任背後背負著同系教師的壓力，大聲疾呼自己的領域最重要，提醒委員這方面的知識與能力是未來教師必備的能力，學分數絕不能減少。而身為研究所的所長，在自認為是為正義發言後，私下會被有些同事「好意」的提醒：大學部的事情，研究所的所長還是少發言，以免「顧人怨」。最後，我看到的是權力競逐與妥協後的課程拼圖，難以看到這些課程想要描繪出怎樣的小學教師圖像。

　　我很高興學生看見了課程的問題，我鼓勵他們將報告呈給學校，向學校表達看法，他們說：「我們已經大四了，我希望可以順利畢業，不要惹麻煩了。」當他們說這句話時，我看到的是他們不相信學校有改變的可能性，我只是擔心當這群職前教師帶著這樣的想法進入職場，他們相信教育改革的可能性嗎？對學生而言，作業只是作業，它不可能改變現狀。

　　也有學生想改變現狀，卻缺少行動力，只是以文本呼籲大家不要紙上談兵。

　　　　在這門課，我們學到了如何去發現問題，如果可以的話，我們把這樣的聲音傳達出去，讓大家也看到我們發現的問題，一同來解決，一樣走向多元化的社會，不是很好嗎？如果只是紙上談兵，這樣的討論都是沒有意義的。或許我們可以從小環境做起，花師校園環境無障礙設施不足，我們看出來了，我們檢視到問題，應該進一步建議校方改善，而學生權益被忽略，我們是否也該出聲了，要讓學校知道學生的權益在哪？校園內器材的使用族群是學生，借用器材的辦法有沒有可能以學生為出發點，而不是以

老師為主呢？我認為實際去做永遠比紙上談兵來得重要。

但也不是所有的報告都這麼悲觀，有一組學生將檢視機車停車棚報告送到負責的行政單位，學校立即在可能的範圍內改善停車棚，學生深受感動，我發現他們已經產生行動之後的效能感。有學生說多年後，當他回到花師校園，他會很自豪地告訴他的朋友，這個車棚是因為他們在課堂的報告而改善的。

我的課程不主張理論的優越性，也不主張實踐可以不以理論為基礎，我認為課堂知識必須與學生生活經驗相結合，應該強調一種實踐的知識。所以我希望學生將他們的生命經驗轉化為知識，並且進一步去運用這些已經獲得的知識。只是當我企圖拉近理論與實踐之間的鴻溝時，我也要避免給予他們強迫實踐的壓力，而是思考如何引導他們產生實踐的動能。我希望學生上完課後告訴我的不再只是「我很喜歡這門課」，而是「這門課改變了我的行動與處境」。

說完故事之後──對多元文化師資培育的啟示

經歷了這幾年的教學，我對教育有了重新的理解，「當老師」這件事對我而言早已經脫離當初命定的選擇，而變成一種認同了。這是一種發自內心的認同，它也定義了我的存在。我在我的場域裡努力實踐理論的知識，提醒自己跨出自己的框架，看見自己也看見學生。我希望「民主」不只是課本上的說詞，它是教室中的實踐。我希望學生不是被馴化成為「好老師」，而是具批判力與行動力的文化工作者。我希望在教學的過程中，也能成為 Freire 所說的「同時身為學生的教師」（teacher-student），我希望與學生共同成長，共同跨越邊界──學生與老師、主流與邊緣、理論與實踐的邊界。當學生在實踐自由的同時，我也獲得了自由。

對抗原本就是一件沈重的事，在教學過程中，我經歷了定義多元文化教育的困境、危險對話的衝突、學生的質疑、意識型態難以撼動的沮喪、理論與行動難以跨越的鴻溝。我時常在想，如果我不是一個師資培育者，如果我不是教多元文化教育，我的疑惑會不會少一些？但相對的，我的成就感與樂趣會不會也減少了？

　　這樣的書寫方式是我首次的嘗試,過去的我在文章中都是隱身的,我選擇用一種外人的位置在分析他人以及他人的教學,這次我選擇從客體變成主體,以現身的方式,述說我與學生的互動以及在互動過程中產生的困境。我發現這樣的回溯、實踐、反思、閱讀與展望的歷程,是一種充滿困頓與不安的歷程,也是一種解放與獲得自由的歷程,我深信教師的實踐知識是來自於對自己教學實務的反省與批判。

　　我以我的教學故事說明在師資培育機構進行多元文化教學的困境,並不是要質疑這個課程的可行性,相反的,是要凸顯多元文化教育在師資培育課程的重要性。近幾年,多元文化教育已經成為師資培育課程的選修科目之一,但是有許多課程設計仍舊停留在讚頌差異(celebrating diversity)的層面,讚頌差異固然是認識多元的基礎,但也容易將差異固著化,因而將他者同化成虛假的集合體,從而消弭差異所帶來的矛盾,使讚頌差異成為新世界秩序服務的工具,這樣多元文化教育所強調的公平正義,就更難以實現了。誠如Ladson-Billings (1995)所言,多元文化師資培育應該是一種真正的課程改革,而不是一種修辭。我們在進行多元文化師資培育時,課程應強調人與文化的互動而不僅是文化研究 (interacting with vs. studying about cultures, Zeichner & Hoeft,1996)。更重要的是,整個師培課程本身應該就是一種多元文化課程模式,而且是社會行動取向的模式。

參考文獻

中文部分

方永泉（譯）（2003）。P. Freire 著。**受壓迫者教育學**（Pedagogy of the op-
　　pressed）。臺北市：巨流。

王甫昌（2003）。**當代臺灣社會的族群想像**。臺北市：群學。

成令方、林鶴玲、吳嘉苓（譯）（2001）。A. G. Johnson 著。**見樹又見林：社
　　會學作為一種生活、實踐與承諾**（The forest and the trees: Sociology as life,
　　practice and promise）。臺北市：群學。

余漢儀（2001）。社會研究的倫理。載於嚴祥鸞（主編），**危險與祕密：研究
　　倫理**（頁 7-29 頁）。臺北市：三民。

宋文里（2000）。**再現青少年**。論文發表於臺灣師範大學舉辦之「青少年人格
　　建構研討會」，臺北市。

宋文里（譯）（2001）。J. Bruner 著。**教育的文化：文化心理學的觀點**（The
　　culture of education）。臺北市：遠流。

陶蕃瀛（2002）。**行動研究：一種增強權能的助人工作方法**。論文發表於臺灣
　　行動研究學會舉辦之「述說與行動工作坊」，臺北市。

楊幸真（2003，9 月）。**重構女性主義教室：愛、信任、倫理與關懷**。論文發
　　表於臺灣女性學學會舉辦之「意識‧認同‧實踐——2003 年女性主義學
　　術研討會」，新竹市。

蕭昭君（2003，9 月）。**誰需要女性主義的教育？一個師資培育者自我解放的
　　行動研究**。論文發表於臺灣女性學學會舉辦之「意識‧認同‧實踐—
　　—2003 年女性主義學術研討會」，新竹市。

西文部分

Banks, J. A. (1994). *An introduction to multicultural education*. Boston: Allyn &
　　Bacon.

Bigler, E., & Collins, J. (1995). *Dangerous discourse: The politics of multicultural literature in community and classroom.* Albany, NY: SUNY.

Gay, G. (2000). *Culturally responsive teaching: Theory, research, and practice.* New York: Teachers College Press.

Kanpol, B. (1999). *Critical pedagogy: An introduction* (2nd ed.). South Hadley, MA: Bergin & Garvey.

Ladson-Billings, G. (1995). Multicultural teacher education: Research, practice, and policy. In J. A. Banks & C. A. M. Banks (Eds.), *Handbook of research on multicultural education* (pp. 747-759). New York: Macmillan.

hooks, b. (1994). *Teaching to transgress: Education as the practice of freedom.* London: Routledge.

Plumwood, V. (1993). *Feminism and the mastery of nature.* London: Routledge.

Sleeter, C. E. (1996). *Multicultural education as social activism.* New York: SUNY.

Young, R. L., & Tran, M. T. (2001). What do you do when your students say "I don't believe in multicultural education?" *Multicultural Perspectives, 3*(3), 9-14.

Zeichner, K., & Hoeft, K. (1996). Teacher socialization for cultural diversity. In J. Sikula, T. Buttery & E. Guyton (Eds.), *Handbook of research on teacher education* (2nd ed. pp. 525-547). Old Tappan, NJ: Macmillan.

Zuniga, X., & Nagda, B. A. (1993). Dialogue groups: An innovation approach to multicultural learning. In D. Schoem, L. Frankel, X. Zugiga, & E. A. Lewis (Eds.). *Multicultural teaching in the university* (pp. 233-248). Westport, CT: Praeger.

Chapter 9

專業標準本位的師資培育制度之建構

吳武典

國立臺灣師範大學特殊教育學系教授

摘要

　　為確保我國師資專業化和優質化，教師專業應建立專業標準；無論師資養成、教育實習、資格檢定、教師甄選或教師專業成長哪一個層面，都必須以教師專業標準貫穿全局，做妥善的規劃。這符合國際脈動，也因應國內需求。本文列舉教師專業標準本位的內涵，作為規劃的參考，再摘述《師資培育建議書》之具體建議，期待專業標準本位（standards-based）的師資培育系統之建立，成為我國師資培育政策的主軸，結合傳統「作為人師」的師範精神，樹立我國教師的優良品牌。

關鍵詞：師資培育、專業標準、標準本位、專業化、優質化

壹、前言：變中求進

　　十年來，我國師資培育政策發生了前所未有的變革。首先，一九九四年以後，法制上，「師範教育」為「師資培育」所取代；精神上，從一元化走向多元化；具體而微的是由公費制走向自費制，由計畫式走向儲備式，由分發制走向市場制，由分流培育走向合流培育（尚未成型）。自二〇〇三年以後，再變為：教育實習從一學年減為一學期，實習者的身分從教師變為學生，從有津貼變為無酬並需繳付學費，教師資格從檢覈改由統一考試決定。這些變化使我國的師資培育呈現嶄新的面貌和嚴酷的挑戰，深深影響著未來教師的供需和教師專業的發展 （吳武典，2004）。

　　這些鉅大的變化帶來了不少的問題。為檢討我國當前師資培育政策與措施之利弊得失，探究師資培育重大論題與未來發展願景，藉以規劃改進與發展師資培育的可行方案，教育部乃研議提出師資培育白皮書，並先行委託中華民國師範教育學會研議《師資培育建議書》。此研究案由斯時學會理事長吳武典教授（筆者，時為臺灣師範大學教育學院院長）擔任計畫主持人，參與的研究人員有楊思偉教授（學會秘書長）、周愚文教授（臺灣師範大學教育系）、吳清山教授（臺北市立師範學院國民教育研究所）、高熏芳教授（淡江大學師資培

育中心）、符碧真教授（臺灣大學師資培育中心）、陳木金教授（政治大學師資培育中心主任）及方永泉副教授（臺灣師範大學教育系），另聘請陳盛賢先生（臺灣師範大學教育系博士生）協同研究並擔任專案連絡人（以下簡稱研究小組）。

　　此項研究已經完成（吳武典等，2005）。此一「師資培育白皮書規劃研究」（研究報告稱為《師資培育建議書》），在釐清我國師資培育的基本理念、掌握世界師資培育的脈動、分析我國師資培育現況的得失和問題之後，研究小組乃就我國師資培育未來的推動策略和行動方案進行規劃，提出政策性建議，其主軸為建立教師專業標準本位（standards-based）的師資培育和進用系統。在策略規劃方面，分就師資養成、教育實習、教師資格檢定、教師甄選與教師專業發展等五個層面加以綜述；在行動方案方面提出了八項：建立「標準本位」的師資培育政策、協助師範校院轉型發展、建立師資培育機構績效評鑑與進退場機制、新增教學專業碩士師資培育管道、健全教師資格檢定制度、落實教育實習、強化教師專業能力發展、建置教師供需評估機制與教師資料庫系統。

　　專業標準本位的師資培育系統之建立，應是我國未來師資培育政策的主軸，也是本文討論的重點。

貳、師資培育為何要與標準本位掛鉤？

　　為何要把師資培育和標準本位掛鉤？可從國際脈動和國內需求兩方面來看：

一、國際脈動

　　「我國師資培育政策白皮書規劃」研究小組（吳武典等，2005）曾以北美地區的美國與加拿大、大英國協的英國、澳洲和紐西蘭、歐洲的法國、德國與東亞的日本、中國大陸等國師資培育教育的現況，做比較分析。綜合而言：

（一）共同的特色

1. 師資生的基本學歷為大學畢業

   只有中國大陸例外，不過也在提升中。英、法兩國更是規定在大學畢業後，始能進入師培機構，即採學士後師培模式。另有些國家（如美、法）具有研究所學歷的教師人數比例已逐漸提高。

2. 中、小學師資皆分流培育

   或雙軌，或多軌；例如法國，小學為一類，中學分四類。各軌或各類的師資生入門條件差異較小，但在師培課程設計上差異較大，主要係配合學生身心發展的階段性差異和中小學教學育目標的不同，特別是在專門學科知識上。就美國而言，中學教師愈來愈被要求具有堅實的專門學科基礎，故特別強調內容本位（content-based）的培訓模式，有別於小學的能力本位（competency-based）模式。

3. 皆訂定全國性或地區性（州、省、邦）的教師專業標準或教學品質標準

   以供師資培育機構遵循，並作為教師資格認證和機構認可與評鑑的準據，由師資培育認可委員會或類似組織負責執行。

4. 都非常重視實習

   教育實習皆為一至二年，之外另有至少五週的試教（加拿大則長達九週以上）。

5. 都必須經過全國性或地區性的教師資格檢定考試才能取得合格教師證

   多為考試加檢竅（如美國），也有一試決定（英國，完成培訓為「初任教師」，再考試及格為「新任教師」），最嚴格的是兩階段考試中夾實習（德國，一試取得實習教師資格，經過一年半至兩年的實習，再參加二試取得教師資格）。

6. 大都經過試用期，再聘為正式教師

   試用期為一至二年，稱為試用教師或初任教師。

7. 大都非常重視教師專業發展

例如，澳洲以教師專業發展課程種類繁多著名，德國每年更以嚴格的評鑑督促教師的專業成長。

（二）不同的特色

1. 師資培育機構不同

各國大都以大學教育學院或相關院系為師培單位（多需經過認可），但法國則是於各大學區成立師資培育所，再與大學區內有關大學合作，共同培育師資；中國大陸是唯一以師範校院為主、其他高等學校為輔，共同培育師資的國家。

2. 資格檢定、教育實習、在職進修的注重程度不同

多數國家都三者兼重，但也有少數例外，例如日本，並無教師檢定，修得必要之教育學分與專門科目學分，即可輕易取得「免許狀」（證照），但日本卻相當重視教師專業發展；再如法國，檢定與實習都有嚴格要求，但對在職進修則較不重視。

3. 教師身分不同

多數國家的教師屬自由業，透過聘約關係在校服務；法、日則不然，法國的教師依法是「公務員」，日本則視教師為「教育公務員」。

4. 各國教師供需狀況不同

除了日本與中國大陸因教師資格取得容易，合格師資供過於求外，其他國家大都面臨合格師資缺乏的問題，教師社會地位與待遇都不高應是主要原因，此以美國為最典型。然而，美國並未因此而放鬆教師品質管制，各州仍然紛紛強化師資培育與認證制度。

二、 國內的需求

平心而論，外國師資培育政策和重要措施未必都比我國高明，例如我國師

資供應量充足,教師素質整齊,社會地位高、待遇不錯,便是許多國家所不及。但基於取法乎上、精益求精原則,仍有足資我國借鑑之處,以美國為例,開放中有管制,師資缺而不濫,便很難得。相形之下,我國近十年來在盲目的開放與多元化師資培育政策下,易放難收,亂象叢生,師資量足而質漸濫矣。我國原有札實的師範教育傳統(人師為貴),也有教師社會地位與待遇相對較高的優勢,可惜如今反而成為負數——青年學子競逐「教師市場」,教育學程開設浮濫,師資嚴重供過於求,造成資源浪費和社會問題,傳統優勢已逐漸在腐蝕中。最近,教育部透過師範院校轉型改制及教育學程評鑑措施,力行師培減量(期在三年內減半),加上目前教師工作「一職難求」的冷酷現實,師資生人潮明顯消退;但相伴而來的是新進師資生(尤其是原師範學院系統的師資生)基本程度大為下降,形成另一種隱憂,如何「減量不降質」,是我們所面臨的另一項新挑戰。

國際比較提供了我們反思的機會,我們覺得最可借鑑者有以下數項(吳武典等,2005):

1. 中、小學師資分流培育(先進國家無一例外)

——我國有合流培育的政策,但窒礙難行,也不敢執行。

2. 訂定全國性教師專業標準(美國最為典型)

——我國沒有訂定此種標準。

3. 教育實習應至少為一年,之前的試教(至少五週)不可少

——我國新制由一學年改為一學期,短期教學實習(或稱為「試教」)一般大學院校的教育學程根本做不到。

4. 教育實習前應有檢測,以適度控制實習教師(實習生)數量

——我國教育實習前沒有檢測,教育實習後才參加「教師資格檢定考試」。

5. 聘為正式教師之前應有至少一年之試用期

——我國沒有「試用教師」制度,合格教師一經錄用,即成為正式教師。

6. 重視並妥善規劃教師專業發展

——我國有教師進修活動，但未有系統及進階之規劃。

當前臺灣中小學教師約有二十二萬人，其素質有逐年提高的趨勢，根據教育部（2002）的教育統計指標顯示：從一九七六到二〇〇一學年度，國民小學教師具有師範專科以上畢業者，已經從 88.20%提升至 98.77%；國民中學教師具大專以上學位者，已經從 90.94%提升至 99.67%；高級中學教師具學士以上者，已經從 76.77%提升至 94.50%；高級職業學校教師具學士以上者，已經從 62.55%提升至 90.69%。此外，根據教育部最新統計，高中職以下各級學校教師具有碩博士學位的比率年年上升。二〇〇三學年度國小教師具有研究所學歷比率已提升到 8.1%，比十年前（1.1%）成長七倍多；國中教師具有研究所學歷的比率也從 4.1%提高到 11.7%；高中教師從 10.2%提高到 25.0%；高職教師更從 6.4%提高到 20.1%。也就是目前高達四分之一的高中教師及五分之一的高職教師具有碩士或博士學位（中央日報，二〇〇四年十月二日）。雖然如此，並不意謂著師資素質沒有提升的空間。吳清山（2002）即指出，當前教育面臨資訊化、自由化、本土化、國際化和多元化的衝擊下，師資培育是否能有效地因應，值得深思；其次，一連串的教育改革呼聲中，師資培育是否能趕上教育改革的腳步，值得探討；此外，師資培育的定位、角色與功能，是否能夠符合社會大眾的期待，亦有待研議。

從國際比較中，我們發現，即使許多國家都為如何「擴充師源」傷腦筋（我們反而是為「師資過剩」傷神），但也都努力追尋師資的專業化和優質化。無論怎麼開放，怎麼多元，決不能以犧牲專業化和優質化為代價，這應是基本共識。從積極面來看，專業化和優質化的尋求，教師專業標準為本的師資培育系統之建立，無疑是最重要的保證。醫師、律師、建築師、會計師，甚至於社工師、心理師等，在社會上都被肯定是一種專業——有其獨特條件和素養，教師的專業性要獲得如此的肯定，教師專業標準的建立應是必要的途徑。

參、教師專業標準本位的內涵為何？

一九九六年九月，由美國一群著名教育家、決策者、企業家和社會領袖組成的「國家教學與美國未來委員會」（National Commission on Teaching and

America's Future, NCTAF），歷經兩年廣泛研究之後，發表了一份影響深遠的報告，稱為「什麼最重要：為美國未來而教」（What matters most: Teaching for America's future）。這篇報告指出，當前美國教育改革失敗的原因，主要是大多數學校和老師不能提供新改革所需的教學品質，這並不是因為他們不想這麼做，而是因為他們不知道如何做，及其工作環境無法協助他們；換句話說，是教師的素質有問題。因此，該委員會強烈建議要對教師訂定培育和認證的標準（劉慶仁，1999；Cimburek, 2005）。同年，標準本位的師資培育方案（Standards-based Teacher Education Project, STEP）便在美國基礎教育委員會（Council for basic Education, CBE）和美國大學師資培育協會（American Association of Colleges for Teacher Education, AACTE）的合作下發展出來了，旋即紛紛為各州所採用（Garvin, 2003）。STEP的目的在培養能讓學生達標的優質教師。所謂優質教師（high quality teacher）的基本要求有三：(1)熟稔所教的學科；(2)曉得如何教這些學科；(3)懂得評量學生的學習。一切一切，要確保學生達到一定的標準。自從「不讓任何孩子落後法案」（The No Child Left Behind Act, NCLB）於二〇〇二年一月小布希總統簽署頒布以後，美國對 P-12 （學前至高三）學校教師素質及學生學科成就的要求大為提高，更推波助瀾地使「標準運動」（standards movement）擴展開來，STEP也水漲船高（Carter, 2003）。

以自認為教育改革前鋒的肯塔基州為例，肯塔基州教育專業標準委員會（Kentucky Education Professional Standards Board）於一九九九年五月第三度修正新進教師培訓和在職教師的專業標準，作為認證的依據（Sandidge, 2004）。前者有九項標準，後者多加了一項（第十項）「專業領導」的標準。每項標準都有具體的說明和細目，便於檢核。茲摘要列舉如下（詳見Sandidge, 2004）：

標準 I：設計／計畫教學

　　教師應設計／計畫教學以及學習氣氛，以發展學生下列能力：運用溝通技巧、應用核心概念、成為自足的個人、成為有責任感的團隊成員、思考和解決問題、整合知識。

表現標準：教師做到的程度

- 將教學焦點放在一個或多個肯塔基學生學業期望目標上。
- 發展學生運用知識、技巧以及思考過程的能力。

    （以下略）

標準 II：創造和保持學習氣氛

　　教師應創造出一種學習氣氛，以支持學生發展下列能力：運用溝通技巧、應用核心概念、成為自足的個人、成為有責任感的團隊成員、思考和解決問題、整合知識。

表現標準：教師做到的程度

- 用正向和支持的態度和學生溝通（話中帶著挑戰）。
- 建立和維持教室互動的標準，俾在個人和團體的活動中，分享彼此的期望，並相互尊重。

    （以下略）

標準 III：執行／管理教學

　　教師引介／執行／管理教學，以發展學生下列能力：運用溝通技巧、應用核心概念、成為自足的個人、成為有責任感的團隊成員、思考和解決問題、整合知識。

表現標準：教師做到的程度

- 傳達在學習上的明確標準和要求。
- 教學時，與學生先前的知識、經驗，以及家庭和文化背景相結合。

    （以下略）

標準 IV：評量／溝通學習結果

　　教師教導學生運用溝通技巧、應用核心概念、成為自足的個人、成為有責任感的團隊成員、思考和解決問題、整合知識，評量學生的學習狀

況，並與學生及有關的人溝通評量結果。

表現標準：教師做到的程度

- 運用多樣化的評量和數據來源。
- 因應學生的社會、文化和生理的差異，做適切的評量。

（以下略）

標準 V：省思／評量教學

教師省思並評估特定的教學、學習情況或課程。

表現標準：教師做到的程度

- 正確的評量、分析、溝通，以促進教學效能，並且做適當的改變以改進學生的學習。
- 對個人和班級做整體分析，評估學習經驗的有效性，並且做適當的改變以改進學生的學習。

（以下略）

標準 VI：與同事／家長／其他人協同合作

教師和同事、家長，以及其他人員或單位協同合作，設計、執行並且支持學習課程，以發展學生運用溝通技巧、應用核心概念、成為自足的個人、成為有責任感的團隊成員、思考和解決問題、整合知識的能力。

表現標準：教師做到的程度

- 能清楚知道在什麼樣的時間及地點條件下，和他人合作能夠促進學生的學習（例如：主題單元、個別教育計畫、校本的決策）。
- 能明確地表達合作的目的和範圍。

（以下略）

標準 VII：從事專業發展

　　　　教師在示範和教導肯塔基學習目標、磨練必備的技能和過程、執行專業發展計畫這幾方面，評估自己的整體表現。

表現標準：教師做到的程度

- 正確地表達出認證的教學領域所應具備的技巧和核心概念。
- 有效地應用認證的教學領域之探究問題方法。
　（以下略）

標準 VIII：對所教科目擁有豐富知識

　　　　教師對於認證的教學領域展現出最新的、足夠的知識，有能力發展學生在該領域的知識和表現。

表現標準：教師做到的程度

- 對所教的科目展現出廣泛的知識。
- 對所教的科目擁有最新的知識。
　（以下略）

標準 IX：教學科技的應用

　　　　教師能運用科技輔助教學，評量並且運用數據，增進專業成長和成果，和同事、家長以及社區溝通、合作，以及做研究。

表現標準：教師做到的程度

- 操作電腦多媒體及周邊設施，裝設及運用多種的軟體。
- 在書面和口頭溝通上都能適切運用電腦及科技相關術語。
　（以下略）

標準 X：展現專業領導能力（在職教師適用）

　　　　教師在學校、社區及教育專業中提供專業領導能力，以促進學生的學

習和福祉。

表現標準：教師做到的程度

- 在學校和社區內建立良好關係，並促進學校和社區間的正向互動。
- 參加專業團體及其活動。

（以下略）

肆、如何建構教師專業標準本位的師資培育？

　　師資培育政策涉及師資養成、教育實習、資格檢定、教師甄選、教師專業成長等五個層面，根據「師資培育白皮書規劃」研究小組的建議，無論哪一個層面都必須以「教師專業標準」貫穿全局，做妥善的規劃。就這方面，茲將研究小組（吳武典等，2005）建議的基本革新策略摘述如下：

一、師資養成方面

（一）建立「專業標準本位」師資生篩檢機制，以確保師資生入口品質和未來教師素質。

（二）建立「專業標準本位」政策，修訂現行師資養成課程。

（三）確立中小學教師分流培育制度，以增進師資專業化及教學品質：中、小學教育目標畢竟有所不同、學生身心條件有異，尤其對於專門學科之要求不同，實不宜混和培育。未來應確立中、小學師資分流培育制度，同一機構可兼辦中、小學教育學程，但須分途培育。透過職前雙修或在職進修（跨類），自亦可同時或先後取得中學和小學教師資格，以期增進師資專業化及提升教學品質。

（四）建立教學專業學院（professional institute of instruction）制度，提供教師高深專業教育：教育專業學院招收大學畢業，具有未來任教學科知識背景者。此種學院提供兩年碩士程度的教育專業訓練，著重培養教學能力，對教育決策、教育議題有自己判斷能力的教育

家，而不是只重教學技巧的教書匠，畢業後同時授予教學專業碩士學位及教學專業證書。教學專業學院的成立採申請認可（accredit）制，即各師資培育機構可申請成立此一功能性之學院，培育碩士級專業教師。中央主管教育行政機關得依據近年各師培機構的評鑑結果及師資培育條件，作為認可的重要依據。

二、實習與檢定方面

（一）根據教師「專業標準本位」原則，強化教育實習內容，以提升實習教師實習品質。

（二）教育實習應真正融入整體師資培育課程之中：

1. 實習的時程應仍維持一學年，以提供實習教師更完整的學習機會，同時也不致造成師培機構和實習學校行政作業上的困擾。

2. 教育實習應與師培課程中之各科（或各領域）教材教法和教學實習（試教）緊密結合。在師培機構所授的教學實習課程中，應該更加強學生的實地試教與實作部分。

3. 各學科（或學習領域）的教材教法則應重視實際教材的內容分析與理解，並且強化學科專家、教育專家及基層教師之間的合作關係。

4. 教育實習仍應以教學實習為主，其次為導師實習，再其次為行政實習及研習活動。

5. 教育實習應著重教師之反思態度及精神的養成。

（三）建立「師傅教師」（master teacher）制度，以獎勵資深優良教師投入實習輔導工作，提升實習輔導之成效：所謂「師傅教師」，乃是對於合格、資深且優良的實習指導教師（包括現職和退休教師），授予的一種長期性榮銜（可考慮配合教師換證，每一聘五至七年）。獲此榮銜者，擔任實習指導工作，將獲得包括提供研究所進修機會、減授鐘點、給予實際津貼等獎勵；其指導成效卓著者，予以記功或嘉獎，藉以增強資深優良教師參與實習輔導工作的誘因，並提升實習指導的效能。

（四）建立專業發展學校 （professional development schools, PDS） 制度，以獎勵優良中小學校參與實習輔導工作：專業發展學校係指那些與師培機構建立良好夥伴關係之公私立學校，由主管教育行政機關授予此一榮銜；教育實習學校經評鑑、審核，發現其可以整合教學、研究及實習輔導功能，並提供相當貢獻者，則可提升為專業發展學校。實習學校層次提升，榮譽與責任隨之。

（五）採行「多元教師證照」（multiple certificates）制度：以提供教師更多轉換跑道之自由與彈性，體現師資培育多元化精神。當教師取得某一類、科之合格教師證書後，再於修畢其他類、科之必、選修學分（含各類、科教材教法及教學實習），經檢定（檢覈或檢測）後，可直接登記取得該類、科之合格教師證書，不必再經過教育實習及另一次教師資格檢定考試。此一制度的優點是，鼓勵在職教師進修，培養多項專長，以充裕各類、科教師之需求，活化各類、科教師之聘用。此制對於特殊類、科（如特殊教育、小學英語、中學地理、鄉土語言）師資供應問題之解決，特別有效。

（六）研擬規劃教師資格檢定「兩階段篩檢」制度：以有效降低待業教師數量，提升實習教師素質，確立教師專業地位。採行「先檢定、後實習」的兩階段篩檢制度，在實習教師進入教育實習之前先進行教師資格檢定的「第一試」（類似現行之教師資格檢定考試），通過後取得「實習教師」資格，參加教育實習；實習完成之後，再進行教師資格檢定的「第二試」（類似舊制的複檢），通過後始能取得正式合格教師證書。

（七）根據教師「專業標準本位」精神，建立公正客觀的教師資格檢定機制：教師專業標準涵蓋教師所應具備的三類知能：核心教育專業知能、專門學科或教學領域的知能、教材教法的知能（含一般性和特殊性）。此項工作甚為複雜、艱鉅，宜參考國外成功範例，儘速組成全國性教師專業標準機構或委員會，進行規劃研究，形成法制，以作為教師資格檢定之依據。

三、教師甄選方面

（一）根據「教師專業標準本位」的精神，建立公平的甄選環境，分區聯
　　　合辦理教師甄選，以有效遴選優秀合格教師。

（二）容許各校訂定合宜的甄選條件，以因應地區與個別學校之特殊需
　　　求。

（三）建立教師甄選的標準作業準則，形成有效取才機制。

四、專業發展

（一）建立教師進修的一貫體系，推動整體性及進階性的教師專業發展

以教師專業發展為主軸，依教師教學年資的不同、職務晉級的需要，區分
不同的進修研習課程。

就教師專業發展階段而言，可分為五個階段，依序為探索期（1～2年）、
建立期（3～5年）、轉化期（6～10年）、維持期（11～20年）、成熟期（21
年以上）。

在課程架構上，分為三大類：(1)「基本知能」的指定研習進修；(2)「專門
知能」的增能研習進修（教學科目研修、職務知能研修、重要議題研修、師傅
教師研習等）；(3)「特別知能」的專業研習進修（國外長期進修、國內長期進
修、專業學位進修、教師獨立研究等）。

在課程內容上，係根據「教師專業標準本位」規劃，可包括七大向度：(1)
教育信念與教學技巧；(2)教學新知與教育發展；(3)班級經營與學生輔導；(4)學
科知識與教材教法；(5)專業態度與研究知能；(6)實用智能與創造智能；(7)教育
管理與教學領導；(8)內省能力與人際關係。亦可參考美國成功案例（如前述肯
塔基州），研訂適用於我國國情者。

就組織發展而言，採多種機構、多元模式。即結合各級主管教育行政機
關、縣市教師研習中心、師資培育機構、教師專業團體、認證合格的教師進修

機構、校本進修及教師獨立研究等各種教師進修研習組織，形成教師專業發展系統。此一系統有五個層級：中央政府層級、縣市政府層級、鄉鎮市區層級、學校單位層級、教師個人層級；彼此分工合作，整體規劃辦理教師進修研習活動。

（二）建立教師進修研習的評鑑機制，以確保主題研習及學位進修之品質

1. 教師在職進修內容調整：可分學位進修與主題研習。主題研習有議題導向、專門導向、教育導向及學分導向等不同進修類別；學位進修包括國內外大學或研究所之學位進修。
2. 教師進修研習的證明：可分學位證書、學分證書、成長證書、研習時數等不同類別。
3. 重視學位進修的專業發展：逐年提升高中職教師學歷至碩士層級。
4. 規劃結合教師晉級之循序進階的教師進修研習制度。

伍、結語：我們的願景

師資培育政策在確保師資素質的卓越性和師資供需的穩定性。師資培育多元化雖是社會發展的趨勢，然而，無論如何改變，應確保師資培育「專業化」和「優質化」。在未來的社會裡，可預知教師對學生的影響依然存在，教師素質的良窳終究關鍵著教育發展的成敗，因此任何一套培養教師的制度，都不能悖離「提升教師素質」的最高原則。所謂教師素質，包括專業知能與專業精神兩大層面。無論是職前師資培育、教育實習或在職進修，都必須有系統的規劃，讓師資生或現職教師能夠享有良好的學習機會和環境。為了強化師資培育功能，政府有必要對於師資培育機構做更多的投資。

如果師資開放、專業自主是一股無法抵擋的力量，則開放中有節制、自主中有責任、競爭中有調控，應是我們應掌握的原則。在師資培育上，我們要在教師「專業標準本位」的主軸上，進行各種必要的改革；其中，健全師資培育機構、建立機構評鑑與進退場機制，妥善規劃和落實教育實習制度、檢定制度及進修制度等，將扮演重要的角色。

如果我們能從宏觀的角度出發，把握「標準本位」的原則，面對現實，有效因應目前供需失衡等問題，則我國的師資政策將朝向較理想的方向邁進。期待最近的未來，我國的師資培育能呈現一番新的景象，正如研究小組（吳武典等，2005）所企盼者：

（一）確立了「標準本位」的師資培育政策：從職前師資養成、教育實習、檢定考試或檢覈，到在職進修，都有系統規劃，一以貫之。

（二）絕大多數教師皆素質優異，並具有高度的教育專業素養，使我國的教師基本素質和專業精神繼續名揚四海。

（三）師資生（包括師範生和師培生）經層層篩檢和焠煉後，應徵教職總成功率在可接受的 50%以上，所謂「流浪教師」問題不復存在。

（四）教育實習的夥伴關係漸入佳境，實習教師在「師傅教師」指導下，獲得寶貴的實務經驗和歷練，以無比的信心迎向未來的教師生涯。

（五）高中職增加聘用從「教育專業學院」培訓出來的碩士級專業教師，大大提升高中職的教學品質，學生的學習成就也相對提高。

（六）「師傅教師」與「教育專業發展學校」數量愈來愈多。這種另類的教師分級與學校分級制度，激勵教師自我提升與學校力爭上游，打破教育界長期以來的假平等現象，有助於良性競爭，活化整個教育環境。

（七）教師資格檢定「兩階段篩檢」制度開始執行，進入教育實習的人數獲得有效控制，實習品質因而獲得提升，實習學校也更願意配合。

（八）持有多元教師證書者愈來愈多，無論學校用人或個人謀職，皆更為方便、更有彈性，形成雙贏局面，皆大歡喜。

（九）教師進修研習結合薪資晉級，循序漸進，且又有多元選擇機會，由外塑而內發，逐漸形成主動積極進修的教師文化。

當然，要使以上願景實現，首先必須審慎規劃研訂結合傳統「人師」的師範精神，又兼顧世界潮流的各類、科教師之專業標準。類、科之間應有共通者，亦有殊異者；新進教師與在職教師之間亦然。進而，勢在必行的是，儘速創設專責教師專業標準審議和教師認證的具有公信力的常設性機構。

參考文獻

中文部分

吳武典（2004）。師資培育與教師專業的挑戰。載於中國教育學會與中華民國
　　師範教育學會（合編）：**教師專業成長問題研究：理念、問題與革新**（頁
　　3-24）。臺北市：學富文化。

吳武典、楊思偉、周愚文、吳清山、高熏芳、符碧真、陳木金、方永泉、陳盛
　　賢（2005）。**師資培育建議書**。臺北市：中華民國師範教育學會。（未出
　　版）

吳清山（2002）。中小學師資培育。載於群策會舉辦之「**邁向正常國家：群策
　　會國政**」研討會論文集（頁 330-352）。臺北市：群策會。

教育部（2002，2004）。**中華民國教育統計**。臺北市：作者。

劉慶仁（1999）。美國師資培育的挑戰與改革。**文教新潮，4**（3），5-12。

西文部分

Carter, N. (Ed.). (2003). *Convergence or divergence: Alignment of standards, assessment, and issues of diversity*. Washington, DC.: AACTE Publications.

Cimburek, S. (Ed.). (2005). *Leading a profession: Defining moments in the AACTE agenda 1980-2005.* Washington, DC.: AACTE Publications.

Garvin, P. (Ed.). (2003). *Developing knowledgeable teachers: A framework for standards-based teacher education supported by institutional collaboration.* Washington, DC.: AACTE Publications.

National Commission on Teaching and America's Ffuture (1996). *What matters most: Teaching for America's future.* New York: Columbia University.

Sandidge, R. F. (2004). Preparing quality teachers: Standards-based teacher education in kentucky. Keynote paper presented at the Teacher Education Symposium, Taipei Municipal Teachers College, July 3, 2004.

大學教學評鑑之實施與檢討——以國立臺北科技大學為例

張仁家

國立臺北科技大學技職教育研究所助理教授

壹、大學教學評鑑的實施

一、教學評鑑的基本概念

　　教學評鑑是一種以學生的觀點來看教師教學表現的證例（Peterson,
1995）。這種證例通常是藉著問卷或量表來調查學生對教師教學的意見，或者
以開放性的問題對學生做個別訪問或者群體訪問（張德勝，2002）。傳統的教
學研究只著重「投入─產出」模式，而「投入─產出」模式忽略了學生心智過
程對教學效能的影響，認為學生在教學過程中是被動的接受者（馮莉雅，
2002）。依據我國的教育基本法第二條明載：「人民為教育權之主體」（總統
府，1999），所以，教學之目的應該以學生學習之感受與成效為目的，使學生
成為教學活動中的主體。教學是教師本質的文化（teacher's native culture），
就人類學的觀點來說，學生必須精熟此陌生文化，故有許多研究者主張要了解
教師教學效能必須從學生的觀點加以探討（Weinstein, 1982）。國內學者馮莉
雅（2002）亦認為，要找尋一種有效的教學方法，必須了解學生對教學效能的
看法，以及探討影響學生知覺的因素。

　　一般而言，評鑑乃是有系統地評估某一對象的價值或優缺點之歷程。而為
了進行有系統的評估，必須廣泛蒐集有用的資料，據以描述事實並加以判斷，
以作為決定之參考。而大學教學評鑑是以「教師」為評鑑對象，以「教學」為
評鑑範圍，透過多元資料的蒐集、分析、詮釋與判斷，藉以了解教師教學表現
的品質，以達到教學改進與教學績效的雙重目的（孫志麟，2003）。就學生評
鑑教師之形式而言，學生對於教師的教學評鑑可分為非正式與正式評鑑兩種。
前者係指各教學單位主管或教師本人以各種非正式的方式（如訪談或焦點團
體），了解部分學生對教師教學的觀感；後者係指學校行政單位、教學單位、
學生單位或教師本人，為了了解教師的教學情形，以專家所設計的標準化教學
評鑑表或問卷（如教學意見調查表），供學生以不具名的方式填寫，表達其對
教師教學的意見，之後統一收回，並採取一定的計分標準，計算出全班學生對
任課教師在教學各方面表現的分數。一般而言，採用正式的問卷或標準化評量

表來評鑑最為普遍，因為這種方法容易取得大多數學生對教師教學的反映資料（葉重新，1987）。

孫志麟（2003）認為，大學教學評鑑的目的有：(1)教學改進：協助大學教師檢討並改進教學品質；(2)績效責任：強調教學績效，以評鑑結果作為教師升等、獎勵、選拔優秀教師、人事決定之參據；(3)學生選課：提供教學評鑑結果及相關資訊，作為學生選課之參考；(4)透過教學評鑑來改善或發展課程；(5)學校革新：將教學評鑑視為學校革新重要的一環，彼此相互連結。

而編製教學評鑑工具，可說是教學評鑑工作中最重要的一環。因為工具的良窳，不但會決定評鑑工作的好壞，還會影響到評鑑結果的正確性、可靠性與可用性（張德勝，2000）。一般而言，各大學校院所使用的教學評鑑工具，在問卷題目的設計上，通常包含「封閉式」與「開放式」兩類題型（陳啟明，2001）。根據張德勝（2000）的分析，在國內目前已經實施教學評鑑的大學校院中，所採用的評鑑工具都設計有「封閉式」的題型，題目數量最少的只有3題，最多的高達31題，但大多數學校的題數在10至20題之間。至於「開放式」題型，有些學校並未採用，有些學校則提供1至4題，供學生自由填寫。其中，以安排1題的學校為最多。

學生對於教師教學的評鑑有何功能？唐學明（1996）認為有下列四種功能：(1)激勵教學的動機：由於評量結果反映教學的成效，對教學認真的老師不只是一種鼓勵，對表現欠佳的老師也是一種警惕，提供自我反省的機會，兩者均可以提高教學的動機；(2)提供溝通的管道：評量結果也直接反映學生對於教學的意見，促使教師調整並改進教學缺失；(3)確保教學品質，提供監督與控制教學品質的工具；(4)提供衡量教師教學績效的客觀標準，可以依據評量的結果決定教師之任用與升等，並提供優良教師選拔之參考。

Peterson（1995）則認為，學生對於教師的教學評鑑可以對於教師的教學過程提供一個重要、有用而且可以信賴的資料，同時亦可提供教師關於班級的學習動機、學習機會、師生溝通和同學互動等主要的訊息。除此之外，亦可提供關於課程的反映與回饋的意見，如教科書和參考書的實用性、考試的公平性和作業的回饋等。總之，學生是教師教學反映的鏡子，因為學生最了解自己的

學習情況，也知道同學心裡的想法和感覺，同時又直接接觸並觀察老師的教學（張德勝，2002）。

Schmelkin、Spencer 和 Gellman（1997）則是分別從行政人員、教師及學生等三種不同身分的角度，來看學生對於教師的教學評鑑的功能。從行政人員的角度而言，學生對於教師的教學評鑑結果可以作為教師續聘或升等之教學績效的參考依據，而且具有總結性評量的功能；從教師的角度來看，學生對於教師的教學評鑑結果可以作為教師教學改進與反省之參考，具有形成性評量的功能；而就學生的角度而言，學生對於教師的教學評鑑結果可以作為選課的參考，具有輔助學習的功能。

綜合以上，大學實施教學評鑑無非是藉由學生對教師進行多方面的評價，期能使教師之教學歷程與教學效果能夠不斷向上提升，亦是提供大學教師自省的一項重要參考依據。

教育部自一九七五年期開始對全國大學院校實施評鑑，期以提升大學教育的水準，教學亦列為評鑑的重要項目。國內各大學院校教師申請升等時，除了審查研究著作之外，亦參酌教師的教學、研究與服務的成績。由於近年來，大學生人數大幅擴張，社會大眾日益關切高等教育的品質，教育部高教司與技職司除定期舉辦研討會並出版相關訊息之外，亦於一九九八年三月提出八大具體措施，其中「建立教學品質管制系統」即為主要項目之一。同年五月三十日，教育部並函請各大學院校訂定教師教學服務成績考核辦法，並規定教學服務成績占教師資格審查總成績 20%到 30%。自此，教學評鑑廣受研究與教學單位的重視，其中又以學生評鑑教師這部分最受矚目（周祝瑛，2003）。

二、國立臺北科技大學教學評鑑的發展

國立臺北科技大學（以下簡稱臺北科大）於一九九四年八月由原國立臺北工專升格改制為國立臺北技術學院，設有二年制七個學系和四年制十個學系。復於一九九七年八月改名為國立臺北科技大學，同時設有二年制各學系在職進修班利用晚間上課，提供社會在職青年進修高等技職教育的管道。目前臺北科大設有機電、工程、管理、設計及人文與科學等五個學院，共計有機械等三十

七個系所（含十六個大學部、十九個碩士班、三個博士班），全校學生人數近八○○○人。臺北科大師資充實，素質優異，現有專任教師三六七人（其中教授五十四人、副教授一七六人、助理教授七十一人、講師六十六人），具有博士學位者佔 78%，其中助理教授以上佔 82%，兼任教師三二○人（其中教授二十七人、副教授七十一人、助理教授八十六人、講師一三六人），其中助理教授以上占 57.5%，不論是專任或是兼任教師，每位教師均具有豐富的教學與實務經驗，使臺北科大成為我國高等技職教育之指標學校，亦是一所具有優良傳統之一流學府，並努力朝向研究型科技大學之目標邁進。

　　根據《CHEERS 快樂工作人雜誌》於二○○四年三月針對一千大企業所做的問卷調查結果，在「企業最愛大學生」項目，臺北科大名列第七名，在全國一百五十餘所大專校院中，臺北科大能夠創造出如此佳績，乃是全體師生共同努力之成果，足見臺北科大之辦學成效已得到社會和企業界的高度肯定。為了維持高品質的教學成效，臺北科大爰自一九九六學年度第一學期起正式實施教學評鑑的制度，希望透過教學評鑑的調查結果，以學生的觀點對教師給予最直接的回饋，以促進教師的專業成長和提升教師之教學成效。

　　臺北科大教學評鑑意見調查表之發展，係由副校長鄭永福教授（時任教務長）及臺北科大各系之教授於一九九五年間蒐集各大學校院之量表經篩選和考慮適合臺北科大之文化後而製訂完成，在經過各系教授討論通過之後，於一九九六學年度第一學期起開始正式實施教師之教學評鑑。專任教師與兼任教師之抽測方式略有不同，若為專任教師，則由該教師所有的任教班級中隨機抽出三分之一的班級進行評量；若為兼任教師，則由其任教的班級中抽出一班來進行評量。

　　根據臺北科大教務處課務組在二○○○至二○○三學年度調查統計的資料得知，二○○○學年度全校對所有問題填答的平均值為 4.34；二○○一學年度全校對所有問題填答的平均值為 4.38；二○○二學年度全校對所有問題填答的平均值為 4.39；以及二○○三學年度全校對所有問題填答的平均值為 4.40 的數據來看，得知臺北科大學生對於教師的教學評鑑大多是給予肯定的，且有逐年提高之趨勢，顯見教師在教學上之努力與改進有明顯的成效。

除此之外，臺北科大自二○○○學年度起由教務處主辦「提升教學效果研討會」，目前臺北科大已經實施四屆，除了在會中熱烈討論各種能夠提升教學績效之方法與態度之外，並於會後製作出該屆之「教學錦囊」供全校教師研讀，對於提升教師的教學績效有很大的助益。以二○○二學年度之教學錦囊為例，是由四位經過學生評量後有顯著教學績效的老師來分享自己的教學經驗，經過整理可以歸納出各項提升教學績效之方法，例如，探討學生學習績效不佳之原因；老師教學時應注意之事項；老師教學時應避免之事項；善用資訊科技；教學與管理：從管理的觀點談教師專長、教學態度、教學方法、教學進度、授課內容、成績評量方式……等，都是深具價值的作法，值得所有的教師參考引用。他山之石可以攻錯，希望透過這些老師的經驗分享，讓每一位教師都能夠成為學生心目中最具有教學績效之好老師！值得一提的是，四位教學績優之教師在研究或升等上亦有非常傑出的表現，無亦把「『教學』與『研究』無法兼重」的神話給打破了！

貳、教學評鑑之調查統計及分析

一、調查過程

本研究係採用臺北科大教務處課務組所提供二○○四學年度第一學期之統計資料。在取得本研究所需之統計資料的 XLS 原始檔案之後，隨即進行資料的分析與處理，本研究原有資料為 20,216 筆，先將無效問卷予以剔除，其中包括課號代碼與流水編號無法辨識的 4 筆資料、完全空白之問卷有 2,495 筆資料、答題不完整（部分未作答）之問卷 2,953 筆資料，最後的有效問卷共計 14,764 筆。隨即將已篩選出來的有效資料以 SPSS 10.0 軟體進行統計與分析。

「學生意見調查表」共分為三大層面，第一個層面為「課程內容」，共 3 題，第二個層面為「教師與教學」，共 12 題；第三層面則加入一個開放性的意見「如有其他意見請書明與答案卡背面」供學生填答。

二、統計結果分析

從表 10-1 我們可以看到，整體學生對於教師教學普遍感到滿意的程度，平均數為 4.24，若以各題之滿意度平均數來看，即可發現：學生對於教師的教學評鑑滿意度以「教學目標與進度說明」（平均數為 4.40）為最佳，由於臺北科大係具有歷史悠久之校風，此一結果並不意外，因臺北科大教師往往在教學之初即已明訂教學計畫，並依計畫進行教學；其次是「教師學識與解答是否適任該科目」（平均數為 4.33）及「教學態度與熱忱」（平均數為 4.31）；而讓學生感到滿意之項目以「成績考評方式是否反應學生程度」（平均數為 4.16）

表 10-1　國立臺北科技大學學生意見調查表之各題統計結果

題號	各題內容摘要	平均數	標準差
1	教學目標與進度說明	4.40	.72
2	該科目之課程內容	4.18	.75
3	教材、授課內容與試題配合	4.23	.76
4	教學準備與進度掌握	4.21	.79
5	教學音量、表達清晰、條理分明	4.22	.80
6	留意學生反應與解惑	4.24	.77
7	作業、測驗之批閱與執行	4.20	.79
8	指定作業與課堂中測驗	4.25	.81
9	成績考評方式是否反應學生程度	4.16	.83
10	課程問題請教教師並解答	4.21	.80
11	教學態度與熱忱	4.31	.77
12	教學方法是否得宜	4.21	.80
13	是否啟發學習興趣	4.24	.81
14	教師學識與解答是否適任該科目	4.33	.78
15	是否願意推薦同學選讀該科目	4.28	.84
	合　　　　　計	4.24	.79

為最低，此一結果顯示，教師之成績考評方式似乎與學生的期待仍有差距，頗值得教師注意；其次在「該科目之課程內容」與「作業、測驗之批閱與執行」則分別為次低的 4.18 和 4.20。我們可以清楚地看到，學生對於教師的教學滿意度以教師本身和課程內容部分為最高，有趣的是，和學生自身成績有高度相關之學習評量部分，其滿意度相較於其他各項要來得低，這意味著教師對於學生成績評量的嚴格度，確實也影響了學生對於教師教學評鑑的填答結果。但是就整體而言，針對各項問題填答的平均值為 4.24，表示學生對於教師的評量依然大都是持正面的態度，也就是說，大部分的學生都能夠滿意自己所選讀的課、授課教師、授課方式和授課內容，相信對於學生的學習也是有正向的幫助。

三、統計方法、分析

（一）信度分析

本研究信度分析係採 Cronbach α 係數，考驗量表內部的一致性。α係數其值愈高，表示各層面的內部一致性也愈高。分析的結果在「課程內容」層面之α係數是 .7223；而在「教師與教學」層面之α係數高達 .9208；總量表之α係數亦達 .9354，表示其量表內部一致性甚佳，其結果如表 10-2 所示。

（二）效度分析

所謂內容效度或稱為內容關聯效度（content-related validity）是指工具的內容能否充分代表其所欲測量的行為領域（余民寧，1997）。所以就內容效度的概念而言，學生對於教師教學評鑑之工具就必須要有足以反映出教師的教學績效才適當（張德勝，2002）。

依此定義，要評量一位教師的教學是否成功，就應考慮到在整個教學過程中的各個環節與內容，才能夠測量出學生對於教師教學與該科目的看法。從表 10-2 的量表中我們可以發現，該評量表僅簡單地區分為「課程內容」及「教師與教學」二個向度，雖然包含了「課程內容」（第 1、2、3 題）、「教學準

表 10-2　國立臺北科技大學學生意見調查表各層面信度分析
一覽表

層　面	各題內容摘要	α係數
課程內容	1. 教學目標與進度說明 2. 該科目之課程內容 3. 教材、授課內容與試題配合	.7223
教師與教學	4. 教學準備與進度掌握 5. 教學音量、表達清晰、條理分明 6. 留意學生反應與解惑 7. 作業、測驗之批閱與執行 8. 指定作業與課堂中測驗 9. 成績考評方式是否反應學生程度 10. 課程問題請教教師並解答 11. 教學態度與熱忱 12. 教學方法是否得宜 13. 是否啟發學習興趣 14. 教師學識與解答是否適任該科目 15. 是否願意推薦同學選讀該科目	.9208
總量表	1-15 題	.9354

備」（第 4 題）、「教學方法」（第 5、12、13 題）、「師生關係」（第 6、10、15 題）、「學習評量」（第 7、8、9 題）與「教師本身」（第 11、14 題）等部分，不過，這似乎並無法代表整個教學過程的所有環節。如果能夠在量表之中適度地加入「課程難度」、「學生自評」、「教學設備」、「班級經營」、「營造學習氣氛」、「適度的運用板書」、「媒體運用」……等項目的話，是否能夠更加完整地評量出教師的真正績效，對於提高量表的效度也會有所助益。雖然在該量表的最後有加入一個開放性的問題，供學生提出其他意見之用，不過真正會寫出意見的學生卻是少之又少。

　　另外，若以因素分析加以分析，則在向度的畫分上有頗大的變動。因素分析全部資料以主成分分析及斜交轉軸進行處理，保留特徵值大於 1 的共同因素，共可解釋 68.60% 的變異量（參見表 10-3）。從這五個因素所包含的題目內容，可將因素一命名為「教學能力」；因素二命名為「測驗評量」；因素三命名為「教學目標」；因素四命名為「學生學習」；因素五命名為「作業指

表 10-3　國立臺北科技大學學生意見調查表之因素分析矩陣

題號	因素一	因素二	因素三	因素四	因素五	共同值
14	.721					.793
15	.707					.617
13	.700					.667
5	.640					.577
12	.600					.584
4	.525					.817
11	.512					.677
9		.702				.957
7		.599				.717
3		.573				.620
10		.520				.593
1			.796			.636
2			.578			.667
6				.792		.698
8					.900	.668
特徵值	3.634	2.153	1.799	1.561	1.143	
可解釋變異量	24.23%	14.35%	11.99%	10.41%	7.62%	68.60%

＊因素負荷量小於 .30 以下者未列出

定」；該量表可建構成以上五個因素，各因素題目的分配情形如表 10-4 所示。

由表 10-4 可以得知，「教學目標」、「學生學習」與「作業指定」等三個因素之題項明顯偏少，無法有效得到更完整的評鑑分析資訊。本研究針對上述情形，列出臺北科大教學評鑑學生意見調查表之建議題項，如表 10-5 所示。

表 10-4　國立臺北科技大學學生意見調查表各因素題目分配表

因　素	題　數	題　號
教學能力	7	4,5,11,12,13,14,15
測驗評量	4	3,7,9,10
教學目標	2	1,2
學生學習	1	6
作業指定	1	8

參、結論與建議

本研究經實際調查的資料與統計分析後結果，歸納下列結論，並提出若干建議供學校日後實施教師教學評鑑的參考。

一、結論

（一）原有設計的學生意見調查表可再加入「教學能力」等向度將更為周延

臺北科大學生意見調查表經過本研究的統計分析之後，得到其信度分析的結果在「課程內容」層面之α係數是.7223；而在「教師與教學」層面之α係數高達.9208，總量表之α係數亦達.9354，表示其量表內部一致性甚佳；且經過因素分析之後發現，臺北科大學生意見調查表的命題內容可以再建構成「教學能力」、「測驗評量」、「教學目標」、「學生學習」與「作業指定」等五個因

表 10-5　國立臺北科技大學學生意見調查表之建議題項

原因素	原題項內容摘要	建議增加題項內容
教學能力	4. 教學準備與進度掌握是否得宜 5. 教學能否表達清晰、條理分明 11.教學態度與熱忱是否充足 12.教學方法是否得宜 13.是否能啟發學習興趣 14.教師學識與經驗是否適任該科目 15.是否願意推薦同學選讀該科目	
測驗評量	3. 教材、授課內容與試題配合 7. 作業、測驗之批閱與執行適宜 9. 成績考評方式能否反應學生程度 10.課程問題請教教師並獲解答	16.教師會給予學生建設性的回饋 17.學習評量方式多元化
教學目標	1. 教學目標與進度說明 2. 該科目之課程內容	18.教學能引發學生進一步探究相關 　　學科的興趣 19.學生可以學習到完整的知識概念 20.教師會使用資訊科技輔助教學
學生學習	6. 留意學生反應與解惑	21.教師會根據學生特性與需求規劃 　　適切的教學活動 22.相關教材有上網供學生下載 23.學生在課堂上能表達自己的想法 24.對於學生的提問，教師會給予適 　　當的回應
作業指定	8. 指定作業與課堂中測驗	25.作業內容與授課內容相關 26.作業指定之份量合理 27.教師對於作業的評分公平合理

註：1.該評鑑表除保有原量表之 15 個題項之外，另增加 12 題。
　　2.建議評鑑表應加入性別、年級、系所別代碼等基本資料，以利分析比較。

素；另外，本研究發現學生對於教師的教學評鑑滿意度，以「教學目標與進度說明」（平均數為 4.40）為最佳，而學生感到滿意之項目則以「成績考評方式是否反應學生程度」（平均數為 4.16）為最低。

（二）學生意見調查表的結果並未發揮其功能

學生意見調查的目的旨在希望透過學生對調查結果呈現多層面的教學資訊，包括對教師的課程安排、教學態度、組織表達、與學生的互動情形等，反應出學生的感受，作為教師教學改進的參考。因此，欲評斷教師教學效能的高低，透過學生對教師教學表現的評鑑是重要的依據之一，因為學生是教學的主體，也是教師上課時間接觸最多且關係最密切的人（馮莉雅，2002）。所以，學生評鑑教師的統計結果，除了提供學校評定教師教學效能的參考依據之外，更期望教師都能將被評鑑的結果當作自己和自己教學之比較，亦可跟其他教師互相比較，如此才能使教師自己本身的教學過程一次比一次進步，學校行政亦能根據評鑑的結果，共同尋求協助教師的專業成長與教學的問題所在，如此而將更有助於學生的學習與成長。

（三）影響學生對教師教學評量的因素頗多，可增加評鑑的指標與形式

Hanna 等人（1983）指出，教學評鑑使用學生評鑑的注意要項，包括學生動機、學生偏好、班級大小等外來因素，會干擾教學效能，所以發展學生評定量表時，須修正外來因素所造成的誤差。換言之，學生對於教師的教學評鑑，除了教師本身的教學品質與教學態度（又稱為「教學因素」）會影響評量的結果之外，還有一些外在因素亦有可能會影響評量的結果，例如教師的等級、教學的年資、教師的年齡、教師的職位、教師的性別、教師的外在儀表、教師的人格特質，以及學生對成績的期待、學生的性別和對該學科的興趣……等等「非教學因素」，都會直接影響教學評鑑的結果。Williams 和 Ceci（1997）的研究指出在「非教學因素」中，又以教師的人格特質最具關鍵影響。另一方面，在實施教學評鑑時，如果是全班在一起實施，則同儕之間的互相比較與討

論也會影響評量的結果；若是教師本身當時亦在現場，或是學生為了討好教師，也許在畫卡時根本就心不在焉，從頭到尾只選一個答案，這樣的評量結果就會造成偏差了。綜合上述，教師的教學評量不能端賴學生的評鑑結果，尚須包括其他形式的評量，如輪流舉辦教學觀摩、定期審查教師的上課計畫表、隨機面談學生、考核學生的學習表現等，才能真正作到客觀與公正（Ryan & Harrison, 1995; Williams & Ceci, 1997）。Schmelkin 等人（1997）則建議，由專門的教學顧問指導來解讀學生的意見調查表，才能最有效的利用，進而達成改進教學的目的（曹嘉秀、魏孟雪，2003）。

二、建議

根據各項統計分析之結果，本研究提出三點建議：

（一）加強評鑑結果的後續處理

臺北科大教學評鑑之結果，在經過統計之後，若是兼課教師之評量結果平均值低於 3.5 者，則下一學期將不再續聘；但是，對於專任教師平均值低於 3.5 者，卻只有將評量的結果送交各系，由系主任自行處理之外，學校方面並沒有針對教學績效不佳的專任教師進行約談的程序或懲處，如此將無法真正了解到這些教師教學績效為何不佳的原因何在，亦無法有效尋求改善教學的方法，此點值得學校方面深思。或可仿效某些大學的作法，在每學期寄給教師的評鑑表中，除了臚列教師個人的表現之外，亦呈現了該教師所屬系、所、院的平均以及全校教師的平均數，讓各教師可以了解自己與他人的相對表現。

（二）以更多題項並評鑑所有教學科目，以擴大其客觀性

臺北科大教學評鑑的實施，係採抽測而非全面調查的方式，亦有較大的偏差存在；另加上教學評鑑問卷並未設計反向題，因此無法避免學生因社會期許或心向反應而導致填答不確實，並應考慮加入的題項包括「教學能力」、「學習評量」、「教學目標」、「學生學習」與「作業指定」等五個向度。唯該意見調查表在「教學目標」、「學生學習」與「作業指定」等因素上所呈現之題

數較少，因此較無法取得更完整之分析資料依據，若能將上述三個向度再增加若干題項，將可以擴大教學評鑑的客觀性。另外，也建議將量表加入填答者之基本資料選項，如性別、系別、年級……等，以利將來統計分析時，能夠更容易尋求各個變項之間的差異性。

（三）考慮使用網路進行教學評鑑

現階段網際網路的發展已經相當普及，技術方面也非常成熟，如果將學生對教師的評量方式改為以網路填答，並修法規定學生若非於某一個限制的時段內填答者，則假設該科期末予以扣考或搭配其他相關的配套措施。如此作法，因為授課教師不在現場，而且又在一個可以不受其他同學干擾之下且較為隱私的場所填答問卷，相信可以避免浮濫的答題產生，不但可以節省學校製作量表與卡片之經費與統計分析的時間之外，也較能真正反應出學生對於該科目授課教師的意見。根據花蓮師範學院的經驗，運用上網評鑑有以下的優點：一是沒有老師或同學在場，可將填答時的環境干擾減到最低；二是學生可以不受十分鐘的填答時間限制，較能審慎作答；三是節省評鑑卡的印製費用，與實施評鑑作業的人力與時間（張德勝，2000）。建議學校如欲以網路填答問卷之方式進行，應避免冒名填答、重覆填答等情事發生，至於要如何利用安全管理機制來加以控管，就需要借重系統程式設計人員的智慧與經驗了。

（四）教師評鑑的實施應有完整的配套措施

學生評鑑老師，只是教師教學評鑑的一種手段。眾所皆知，教師評鑑制度的實施對教師專業的認定與教學品質的提升具有正面的功能。然而，教師教學評鑑的實施仍有其條件性，但在評鑑相關措施規劃時，應考慮其合理性（包括：實施頻率、實施方式、評鑑標準的合理性）、自主性（包括：校訂評鑑標準項目、校訂判斷標準值、參與評鑑小組的自主性）、公正性（包括：評鑑委員的選定、參與規劃評鑑方式、程序、標準判斷值的公正性）、公平性（包括：校內評定的差異性、評鑑委員人選、升遷與獎懲、評鑑項目的公平性）、公開性（包括：評鑑結果、升遷與獎懲、評鑑過程的公開性）、完整性（包

括：計畫公告、作業程序、評鑑結果與配套措施，如薪級與職級等之完整
性），方能落實教師教學評鑑實施的準備工作。

參考文獻

中文部分

余民寧（1997）。**教育測驗與評量：成就測驗與教學評量**。臺北市：心理。

周祝瑛（2003）。淺談大學教學評鑑。**研習資訊，20**（3），49-57。

唐學明（1996）。多管道教學評鑑方法之研究──以政治作戰學校為例。**復興崗學報，57**，167-187。

孫志麟（2003）。評鑑什麼？大學教學表現指標之建構。載於**提升高等教育競爭力：二十一世紀大學教育的發展國際學術研討會**（頁1-28）。臺北市：臺灣大學。

張德勝（2000）。**師範學院師生對「學生評鑑教師教學」態度之研究**。臺北市：五南。

張德勝（2002）。**學生評鑑教師教學：理論、實務與態度**。臺北市：揚智文化。

曹嘉秀、魏孟雪（2003）影響學生評鑑教學之背景因素探討。**測驗學刊，50**（1），143-162。

陳啟明（2001）。臺中師院「教學評鑑」經驗分享──建立以回饋為主的教學評鑑工具。載於**第八屆教育行政論壇論文集**（頁313-334）。新竹市：新竹師範學院。

馮莉雅（2002）。學生評鑑教師教學效能之探討。**教育資料與研究，47**，86-93。

葉重新（1987）。**臺灣地區九所大學教師對「學生評鑑教師教學」期望之研究**。國立政治大學教育研究所博士論文，未出版，臺北市。

總統府（1999）。**教育基本法**。中華民國八十八年六月二十三日公布華總（一）義字第八八○○一四一七三○號。

■ 西文部分

Hanna, G. S., Aubrecht, J. D., & Hoyt, D. P. (1983). Discriminate and convergent validity of high school student rating of instruction. *Educational and Psychological Measurement, 43*, 873-878.

Peterson, K. D. (1995). *Teacher evaluation: A comprehensive guide to new directions and practices.* Thousand Oaks, CA: Corwin Press, Inc.

Ryan, J. M., & Harrison, P. D. (1995). The relationship between individual instructional characteristics and the overall assessment of teaching effectiveness across different instructional contexts. *Research in High Education, 36* (5), 577-594.

Schmelkin, L. P., Spencer, K. J., & Gellman, E. S. (1997). Faculty perspectives on course and teacher evaluations. *Research in Higher Education, 38 (5),* 575-592.

Weinstein, R. S. (1982). *Student Perceptions of Schooling.* National Inst. of Education, Washington, DC. Teaching and Learning Program. Paper presented at the National Invitational Conference, "Research on Teaching: Implications for practice". (ERIC Document Reproduction Service No. ED 221 533).

Williams, W. M., & Ceci, S. J. (1997). "How am I doing?" problems with student ratings of instructors and courses. *Chang, 29,* 12-23.

Part IV

學校領導與教師專業素養之提升

Chapter 11

國民小學教師集體效能感之研究

黃彥和
桃園縣新屋國民小學教師

壹、緒論

近年來，社會環境逐漸趨向多元、開放與競爭，學校教育與社會脫節的情形益加嚴重。於是，政府順應時勢所趨與民間呼聲而實施教育改革，希望以嶄新的教育幫助孩子健全地發展。回顧過去的教育改革措施，不論是在體制方面或是課程方面，都遇到了許多困難，並引起不少的爭議與批判，教改的措施與焦點經過檢討後，可能會發現教改的核心是人的素質（詹志禹，2003）。身為教改第一線的教師，是否具有再學習的熱情、參與協同的意願和創新改變的勇氣，則是教育革新成功與否的重要因素（陳惠邦，2002）。所以，教師不僅是教育改革成功與否的關鍵，其在學生學習的過程中也扮演著極為重要的角色，而教師對其教學能力的信念，更是與學生的學習成就有著強烈的關聯性。

九年一貫課程的實施，使得教學內容與評量方法大幅更新改變、教師專業標準重建版圖、學校生態重新解構，致使教師面臨巨大的衝擊與挑戰（江文慈，2003）。所以，教師能否察覺課程改革的動向，體認教師的角色與使命，了解九年一貫課程的精神與內涵，是影響課程改革成功與否的關鍵（游家政，1999）。根據《天下雜誌》在一九九八年的調查，有 59%的教師認為過去師資養成教育，不足以當一位稱職的教師；43%的教師擔心自己的專業能力，無法應付教育改革後的教育需求（莊宗憲，1998）。陳宣伯（2001）研究發現，在九年一貫課程改革所帶來的工作壓力問題上，有七成多的教師感到焦慮。此外，現職教師面對九年一貫課程的改革時，其心理壓力及教學能力能否勝任，都可能是教師們所擔憂之事（丁衣，1998；謝祥永，2001）。在這短短的幾年之間，劇烈動盪的課程改革徹底地衝擊教師們對其個人的教學能力信念。站在課程改革第一線的基層教師，其教學能力攸關著學生們的學習表現，也將對九年一貫課程的實施有著深刻的影響。由於教師們的互動更為頻繁，彼此之間溝通討論的機會也增加許多，更要透過協同合作才能達成教育目的，因此教師們對其集體教學能力的信念為何？亦即教師集體效能感（collective teacher efficacy）為何？實有探討之必要，關於「教師集體效能感」的概念將說明如後，此乃研究動機之一。

教師們是在互動的社會系統內集體工作，而且教育組織會有一些不同的挑戰與壓力，許多反映社會經濟問題的不利情況都必須要加以面對與處理，因為這些情況將會影響學生教育及學校環境（Bandura, 1997）。換言之，當教師們身處不同的環境中，將面對不同的問題與挑戰，因此，教師們的集體效能感是否會受到服務年資、學校規模、地理位置的影響而有所差異，值得進一步的探究。此外，由於教學的歷程複雜多變，當教師們在教學時，也必須考量到影響教學情境的因素，教師們對於學生特質、家長支持、同事之間教學專業分享、校長支持、課程改革等教學情境的知覺，可能會影響其教學能力信念，因此了解教師集體效能感的影響因素為何，此乃研究動機之二。

雖然過去許多研究已建立教師自我效能感與促進學生成就的教師行為之間的關係（Ashton & Webb, 1986; Gibson & Dembo, 1984; Woolfolk & Hoy, 1990）。但是，Baker（2001）亦指出，有些研究（Campion, Medsker, & Higgs, 1993; Gibson,1999; Little & Madigan, 1997; Prussia & Kinicki, 1996）發現，個人在預期任務的表現時，會根據任務、過去的行為以及環境的訊息來判斷；此外，研究亦發現自我效能感也存在於團體的層次，成員們對於團體能力的信念，會影響目標的設定、堅持和努力的程度。換言之，教師自我效能感屬於個人層次的信念，教師集體效能感則屬於團體層次的信念，兩者之間的關係似乎是密不可分，探討教師自我效能感與教師集體效能感之間的關聯性為何，此乃研究動機之三。

基於上述的研究動機，本研究的主要目的有以下四點：

（一）了解國民小學教師集體效能感現況。

（二）探討教師集體效能感在不同背景變項的差異。

（三）探討教師的教學情境知覺變項與教師集體效能感的關聯性。

（四）探討教師自我效能感與教師集體效能感之關聯性。

貳、文獻探討

本章旨在探討教師集體效能感的概念與相關研究，分別為「集體效能感之理論基礎」、「教師集體效能感的意涵」、「教師集體效能感的測量與研究模

式」，茲分述如下。

一、集體效能感之理論基礎

Bandura（1982）認為知識和行動之間的個人認知歷程，對其行為表現的影響深遠。而其所提出社會認知理論與自我效能感理論，更是許多效能感研究參考的理論基礎，茲將分述如下。

（一）社會認知理論（social cognitive theory）

Bandura（1982）認為介於知識與行為之間，存在一個自我參照思維（self-referent thought）的機制，藉以調和知識與行為之間的關係。Bandura（2001）指出思維並不是脫離現實的無形物體，其認知過程是創發的大腦活動，能發揮決定的影響力。而創發的特性不可化約，因為其與組成的要素是不同的性質。根據 Bunge（1977）的比擬，水的獨特創發的特性是易變性（fluidity）、黏性（viscosity）和透明，而非簡單地聚集氧和氫元素的特性，其會透過交互作用的結果而轉變成新的現象。人們的心智亦是如此，其不僅有反應的（reactive）能力，其還具有生產的（generative）、創造的（creative）、前攝的（proactive）、反思的（reflective）能力。社會認知理論主張，行為、認知和其他個人因素以及環境事件等三者間存在著交互影響的關係，形成一個三元交互的因果關係（Bandura, 1997）（如圖 11-1）。

此即行為的產生與持續，是以個人的認知為基礎，面對的環境為背景，三者之間不斷地交互影響。社會認知理論的核心信念是人們能選擇、創造和改變環境情勢；而且，除非人們相信他們能藉著行動創造渴望的結果和克服不利因素，否則他們在面對困難時，將會缺乏動機與無法堅持不懈（Naowaruttana-vanit, 2002）。換言之，行為結果是透過自我系統的心理機制影響所產生，自我系統的心理機制包括個人的抱負、效能感、標準、情感狀態及其他自我調節（self-regulatory）的影響（Bandura, 2001）。

Bandura 將個體產生一連串行動的意圖稱為「人類動因」（human agency），動因是透過人們將才能、信念系統、自我調節能力、分配結構、功能

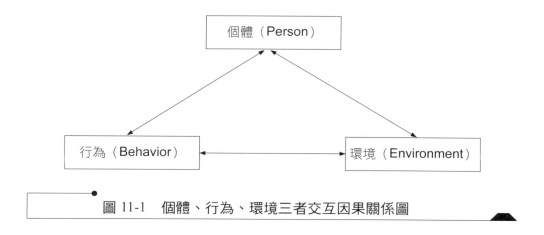

圖 11-1　個體、行為、環境三者交互因果關係圖

資料來源：*Self-efficacy: The exercise of control*（p.6）,by A. Bandura,1997, New York: W. H.Free-man.

等具體化運用的影響，而非某個特定的抽象形體，其核心特色是使人們能隨著時間改變而自我發展、適應、自我復原。人類動因可分為以下三種形式（Bandura, 2001）：⑴個人動因（Personal agency）：是指個體透過自己的行動達成目的。如果人們認為他們缺乏能力產生結果，他們將不會試圖去嘗試。⑵代理動因（Proxy agency）：是指當個體遭遇到無法自行解決的困難，或是無心學習達成目的之必要知能時，個體會使有足夠能力的他人來代其達成其目的。⑶集體動因（Collective agency）：是指個體透過眾人合作以達成目的的分享信念。社會認知理論將人類動因的概念延伸至集體動因。人們創造成果的集體能力之分享信念是集體動因的關鍵要素，因為人們並非獨自在世界上生活，有許多事情需要透過眾人共同的努力才能達成，因此要互助合作才能互補所需。

　　人類動因除了可分為個人動因、代理動因及集體動因三種形式外，尚具有四項核心特色，分別敘述如下（Bandura, 2001）：

　　1. 意圖性（Intentionality）

　　　　動因是行動的意圖性，而意圖性則是表示未來表現的作法。因為特定意圖而產生行動的力量是個人動因的關鍵特性。然而，不管動因的運用帶來益處、損害或是意想不到的結果，都不是

動因的特徵（Bandura, 1997, 2001）。

2. 預知性（Forethough）

人們在設定目標時，會預期未來行動的可能結果，然後選擇與
產生一連串的行動以獲得可能的渴望成果及避免不利的結果，
並且在預期的未來事件中激勵及引導自己的行動（Bandura,
2001）。就組織而言，其有如 Senge 對願景的詮釋：「共同願
景最簡單的說法是──我們想要創造什麼？正如個人願景是人
們心中或腦海中所持有的意向或景象，它是在人們心中一股令
人深受感召的力量；是組織中人們所共同持有的意向或景象，
亦是組織所持有的價值觀和努力的方向。」（引自林建昌，
2002）

3. 自我反應（Self-Reactiveness）

動因不僅要有選擇與計畫行動的能力，也要有能力激勵和調節
適當行動的方式。動機、影響和行動的自我調節，是受到自我
監控、個人的自我指導、改善的自我反應等自我參照的次要功
能所影響。行動透過與個人目標及標準引起自我反應的影響，
目標並不會自動地產生決定動機與行動的自我影響。換言之，
人們會從事一些事情以自我滿足、自豪、自我價值，或是克制
一些會造成不滿、貶低及自我責備的表現。具有挑戰性的目標
卻能引起強烈的興趣，並且全神貫注，因此，可以先逐步達成
具體的次要目標，最後就能順利地完成主要目標了（Bandura,
2001）。

4. 自我反省（Self-Reflectiveness）

後設認知的能力可以讓自己有適當的思維與行動，人們透過自
覺意識評估其動機、價值及生活的意義。在後設認知的活動中，
人們判斷預測的正確性及運用思維對照行動的結果，以及其他
人們行動所產生的影響。在個人動因的機制中，以效能感最為
重要，效能感是人類動因的基礎，其藉著活動的形式及人們選

擇的環境,透過挑戰的目標及結果預期,在動機的自我調節中扮演重要的角色。除非人們相信他們能藉著行動產生渴望的結果和避免不利的影響,否則他們沒有行動的動機或是在面對困難時的堅持(Bandura, 2001)。

根據上述,人們會因應環境而對未來會有所期待,根據預期而選擇與產生行動,並且予以激勵或適當調節,而行動的結果將成為建構新行動的動因。就教師而言,其會對學生學習表現有所期待,根據學習成果的預期而選擇與產生教學行為,並且不斷地激勵或調節教學行為,其教學成果將成為建構教學新行為的動因。

(二)自我效能感理論(Self-efficacy theory)

Bandura(1986)認為,自我效能感是指個人對於其達成特定工作的自我能力之判斷。其將自我效能感界定為個人對於自己能夠組織並執行一連串行動以產生某種成果的信念,而此種信念是個人針對自己從事某項工作時的預期表現及能力評估的一種主觀評價。自我效能感分為兩大主軸(如圖11-2所示):一是對於自己是否能成功達成任務的能力評估,稱為「效能預期」(efficacy expectany);二是行為結果的判斷,稱為「結果預期」(outcome expectany)。

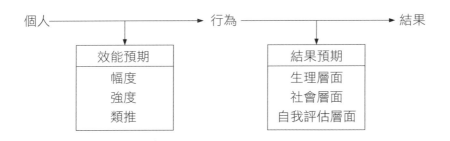

圖 11-2　教師效能感的兩個主軸:效能預期與結果預期之區分

資料來源:*Self-efficacy: The exercise of control*(p.22),by A.Bandura,1997, New York: W. H. Freeman.

　　上述兩者並不完全相同，其主要的區分在於主觀判斷的焦點不同（張俊紳，1997），個人雖然相信某種行為將會產生某種結果（結果預期），但是個人卻未必會相信自己具備完成特定工作的能力，而引發相關的行為（效能預期），即使有也未必持久（王受榮，1992）。

　　由以上的定義中可以顯示出，自我的能力與一般性的個別技能的概念是不同的。以駕駛汽車的自效能感為例，Bandura（1986）認為，個人可能擁有操縱、剎車、發出信號等一般性的個別技能，但卻不一定有能夠在高速公路上或彎曲的山路上行駛或做判斷的能力。自我效能感不管個人擁有多少種能力，而是指個人在不同的情境中，其預期自己表現的能力。所以，即使是擁有相似能力的不同人們或是具有不同能力在相同情境的人們，都會有不同的成就表現（Bandura,1997）。

　　在自我效能感的構面之中，主要包括了幅度（magnitude）、強度（strength）及類推能力（generalizability）等三個構面。自我效能感的幅度是指個人相信他所能執行工作的困難程度（如低、中、高的工作困難度），以教師而言，是指教師對其具備面對教學工作困難程度的能力信念，有些教師自我評估僅能擔任較為簡單的教學工作，而有些教師則願意面對具有挑戰性的教學工作；另外，自我效能感的強度是指個人評斷其是否能從事某一特定工作的堅信程度（如非常有信心或是非常沒有信心）。因此，只要透過自我效能感中的大小及強度的測量，就可以得知個人自信心的程度。

　　Bandura（1997）認為，個人對於自我效能感的判斷係奠基於四項訊息來源，分別是親身的精熟經驗（enactive mastery experience）、替代性經驗（vicarious experience）、言語的說服（verbal persuasion）、生理和情緒的狀態（physical and emotional state）四項訊息。而集體效能感是根源於自我效能感（Bandura, 1982），並且 Goddard、Hoy 和 Hoy（2000）指出，效能感的訊息來源會同時影響個人與團體兩個層次。所以，上述四項訊息亦可說明集體效能感的來源。

　　根據上述，由於集體效能感是根源於自我效能感（Bandura,1982），兩者皆為針對其從事某項工作時的預期表現及能力評估的一種主觀評價。自我效能

感所評估的對象是自己，而集體效能感評估的對象為其群體。因此，可將自我效能感理論作為集體效能感的理論基礎（吳璧如，2002）。

二、教師集體效能感的意涵

由於集體效能感係根源於自我效能感，因此在了解教師集體效能感之前，本節將先探討「教師自我效能感的意義」。此外，教師集體效能感會影響教師們面對教學工作時的行為，因此，本節也將探討教師集體效能感的意涵與測量方式，茲分述如下。

（一）教師自我效能感的意義

自我效能感與其他的自我概念不同，如自我價值、自尊等。因為「自尊」經常被認為是個人情感自我評估的個人特徵，如自我價值或自我喜愛的感覺。相對地，自我效能感是關於任務能力的評估，並不是固有天性的評估（Gist & Mitchell, 1992）。因為個體可能會高估或低估自己真實的能力，所以自我效能感並不是指個人實際的能力，它只是個人能力的自我知覺（Tschannen-Moran, Hoy, & Hoy, 1998）。Schunk（1984）認為，自我效能感是指個人在特定的情境中，對於自己統合行為能力及實踐行為能力之判斷；也是對自我能力有效達成預期目標程度的信念。Bandura（1997）將自我效能感界定為個人對於自我組織與執行動因以達到某種成就之能力的信念。此種信念是對特定情境或工作任務的主觀知覺，以及對於自我是否能夠達到某種成就表現的評估。

Goddard、Hoy 和 Hoy（2004）認為，要避免使用「teacher efficacy」的語詞，因為會讓人誤以為是教師效能（teacher effectiveness）或成功的教學（successful teaching）。而教師的效能感知覺（teachers' perceptions of efficacy）、效能感判斷（efficacy judgments）、效能感（sense of efficacy）、知覺到的效能感（perceived efficacy）或效能感信念（efficacy beliefs）等，都是指完成任務能力的判斷。所以，為避免上述混淆的問題，並且與「教師集體效能感」區分，本研究擬以「教師自我效能感」來代表相同概念的「教師知覺的效能感」、「教師效能感判斷」、「教師效能感」、「教師效能感察覺」、「教師

效能感信念」、「教師自我效能」等術語。

因此，為了釐清教師自我效能感的概念，研究者試著從自我效能感理論的兩大主軸「效能預期」與「結果預期」來分析。在效能預期方面，教師自我效能感是教師個人認知動機機制，強調教師對其個人教學表現預期的能力信念，是「主體」與「手段」的連結，本質上與主張「手段」和「目的」的結果預期或內外控有所區別（孫志麟，2003）。換言之，教師自我效能感是教師個人對其教學表現能力的主觀評價，具有特定情境及未來導向的特性，教師在評估自我效能感時，要強調以教師本身為主體，其教學能力為重點，而非因為某種教學行為產生的結果為評估的內容，所以應該是「我將能……」，而不是「某種教學行為會……」。此外，因為環境並非固定不變，所以教師自我效能感會受外在環境的影響而改變，因此教師自我效能感亦是動態的認知歷程。

在結果預期方面，研究者認為教師的工作不僅在「教學」而已，因為「教學是指施教者有效地影響學習者達成預期行為改變結果之歷程；就學校教育而言，教學是由師生交互影響、多向溝通、共同參與，以及學生自動學習的活動」（朱敬先，1993）。對於國小教師的角色而言，其在學校中不僅只有教學而已，尚有「養子使作善」的責任，這裡所指的「善」，應該與上述學者們所指的「特定成就」具有相近的意義，代表了學校存在的理由，同時也說明了學校教師要共同完成的任務。因此，教師自我效能感應該是指教師對其教育學生的能力評估之信念。

綜合上述分析，本研究將教師自我效能感界定為「教師自我效能感是教師對於自己在學校中從事教育工作時，將教導學生達到特定成就的能力判斷之信念」。

（二）教師集體效能感的意義

Bandura（1997）清楚地界定集體效能感是集體能力的分享知覺，是一個社會體系的全部表現能力，會影響任務知覺、社會體系的目的、達成任務的承諾、組織成員如何能共同工作，及面對挫折時的恢復力。不過，Gully、Incal-caterra、Joshi 和 Beaubien（2002）綜合研究發現，集體效能感的概念在最初

時是模糊不清的，分不清是個人的還是分享的（Zaccaro, Blair, Peterson, & Zazanis,1995），有些研究者是關注於個人層次的集體效能感（Cannon-Bowers, Tannenbaum, Salas, & Volpe, 1995; Riggs & Knight, 1994; Shamir, 1990）；亦有關注在分享的知覺（Lindsley, Brass, & Thomas, 1995; Zaccaro et al., 1995）。此外，有些學者認為，集體效能感運作的層級是在團體層級（Little & Madigan, 1997）、個別成員的層級（Jung, Avolio, Murry, Sivasubramaniam, & Sosik, 1996; Sosik, 1995）；或是認為集體效能感不完全是團體的現象（Jung & Yammarino, 2001）。

　　另外，集體效能感和團體潛能（group potency）是相關的構念，兩者都是有關於團隊能力的信念。不過，團體潛能是指關於團體的整體效能信念（Baker,2001），包含一般任務與情境的團隊能力的廣義知覺（Gibson, 1996; Gully et al.,2002; Guzzo, Yost, Campbell, & Shea, 1993）。集體效能感與表現之間的關係會受到任務環境特性的強烈影響，相對地，一般任務的團體潛能與表現之間的關係受到環境特性的影響較少，不過，集體效能感與團體潛能兩者都是團隊表現的重要決定因素（Gully et al., 2002）。

　　雖然如此，近年來學者們對於集體效能感的看法漸趨一致，認為集體效能感是在特定情境中關於團隊能力表現的知覺（Prussia & Kinicki, 1996），就像團隊成員中分享的團體特性（Bandura, 1997; Zaccaro, Blair, Peterson, & Zazanis, 1995），例如，Bandura 認為，集體效能感是表示群體對於其能夠共同組織與執行一連串行動以產生達到特定成就的共享信念（吳璧如，2002；Bandura, 1997）。就教師而言，是指教師們對於全體教師促進學生成就能力的共享信念（Goddard, Hoy, & Hoy, 2004）。換言之，教師集體效能感是教師們的認知動機機制，透過團隊合作、互動與對話的歷程而共享，強調教師們對其全體教師教學能力的信念。

　　綜合而言，本研究將「教師集體效能感」界定為「一所學校的全體教師們對其在學校中從事教育工作時，將共同教導學生達到特定成就的整體能力判斷之共享信念」。

（三）教師集體效能感的測量方式

Bandura（1997）認為，過去有關教師自我效能感的測量工具大部分仍是一般性的測量，而非針對教學功能的範圍來「量身訂做」。同樣地，令人感到好奇的是，教師集體效能感的測量工具，是否也針對教學功能的範圍來「量身訂做」，亦即教師集體效能感的任務特性該如何區分？另外，學者們對教師集體效能感的測量方式看法如何？兩者都值得做更進一步的討論。

綜合歸納學者的看法（吳璧如，2002；Baker, 2001; Gibson, Randel, & Earley, 2000; Goddard, Hoy, & Hoy, 2004），對於集體效能感的測量方式，分別說明如下。

1. 聚集個別成員的自我效能感以表示集體效能感

   此種測量方式是指聚集個別成員對自己在組織中執行個人任務的能力信念。不過，Bandura（1997, 2000）認為，集體效能感不是簡單地把團隊成員的自我效能感知覺作個別相加就可以。所以，此種教師集體效能感的測量方式有其不足之處。

2. 聚集個別成員參照團體能力的個人知覺

   此種測量方式是指聚集個別成員對於團體執行某項任務的能力信念。當人們增加與其他成員共同工作的經驗、學習他人的才能、分享過去表現、對未來表現的預期逐漸趨向一致時，集體效能感將會創發，此時即適用以聚集個人對團體能力的知覺的方式來測量集體效能感（Baker, 2001）。

3. 團體成員共同討論團體的能力

   團體成員共同討論團體的能力的測量方式，是為了達到對集體效能感的一致性共識。有些學者建議採團體討論的方式，即以團體討論產生團體內單一評估的團體效能感（Gist, 1987; Gibson et al., 2000）。

4. 關注在團體成員個人知覺一致性的程度

   Goddard 於二〇〇三年的研究指出，在不同團體之間自我能力的

個人知覺不相同的程度低於 5%；相對地，在不同團體之中對於團體能力的個人知覺不相同的程度卻超過 40%（Goddard, Hoy, & Hoy, 2004）。與 Bandura（1997）所主張的一致，集體效能感在不同團體之中，存在的差異很大。

對學校教師而言，由於各校的環境有所不同，影響教學的機會與限制也會有所差異，所以，集體效能感的判斷必須要考慮教學的任務及其脈絡（Goddard, Hoy, & Hoy, 2000）。根據上述分析，教師集體效能感也可被認為與特定的任務、情境相關，是以「教學」為特殊情境所形成的構念。

參、研究方法

本研究主要是探討國民小學教師集體效能感，所採用資料蒐集的方法是問卷調查法，藉著實證資料之蒐集，以作為分析討論的根據，藉以了解有關集體效能感之研究情形，以作為本研究之理論分析、建立研究架構、研究假設與發展測量工具之依據。茲將本研究的研究架構、研究對象與樣本、研究工具編製、實施程式與資料處理方式介紹如後。

一、研究架構

本研究旨在探討國民小學教師集體效能感及其影響因素，根據文獻探討結果，以及本研究之研究目的與問題，茲呈現本研究之研究架構如圖 11-3。本研究以學校背景及教學情境知覺為自變項，教師自我效能感與教師集體效能感為依變項，探討自變項與依變項之間的關係；同時，並了解教師自我效能感與教師集體效能感兩個變項之間的關係。

二、研究樣本

根據「桃園縣國民中小學名冊」的統計資料，九十三學年度桃園縣有一四八所公立國民小學，教師數為 8,940 位（桃園縣政府，2004）。本研究採取多階段群集抽樣（multistage cluster sampling）。第一階段抽樣的方式是採分層比例抽樣的方式，依學校規模分為下列四種類型：(1) 12 班以下；(2) 134 班；(3)

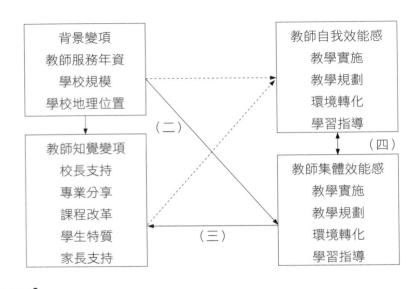

圖 11-3　研究架構圖

（註：實線表示為本研究試圖驗證的關係，虛線表示其關聯性有存在的可能，但非本研究之範圍）

258 班；(4) 49 班以上，將四種類型的學校分別以 35%的比例先抽取本研究的樣本學校。

　　第二階段是在各類型的樣本學校中以簡單隨機抽樣的方式，分別抽取樣本教師，5、10、15、20 位教師。總計抽樣 66 所學校，發出 820 份問卷，回收 59 所學校 663 份問卷，問卷回收率達 80.9%。去除無效問卷 17 份，計得有效問卷 646 份，可用率 78.8%。

三、研究工具

　　本研究係以自編的「國民小學教師教學情境知覺問卷」、「國民小學教師效能感調查問卷」為資料蒐集之研究工具。本調查問卷採李克特（Likert）六點量表的填答方式，「國民小學教師教學情境知覺調查問卷」計 20 題，各個層面的 Cronbach α係數分別為校長支持：0.942；專業分享：0.841；課程改革：0.890；學生特質：0.709；家長支持：0.716；而總量表為 0.911。由此顯示其

內部一致性不錯，顯見本問卷具有相當的可靠性。根據因素分析結果可解釋總變異量為 71.716%。

「國民小學教師效能感調查問卷」計 24 個題目，Cronbach α係數分別為教學實施為.9290；教學規劃為.9237；環境轉化為.8526；學習指導為.9071；而總量表為.9365。由此顯示其內部一致性不錯，顯見本問卷具有相當的可靠性。因素分析結果，本量表可解釋總變異量為 64.01%。教師自我效能感量表與教師集體效能感量表的向度區分及計分方式也相同，採一題兩欄式作答。

肆、研究結果

本研究旨在了解國小教師集體效能感之現況，試圖了解在不同的環境變項下，國小教師集體效能感是否有所差異，並探討教師教學情境知覺、教師自我效能感與教師集體效能感之關聯性。

一、桃園縣國民小學教師集體效能感之現況呈現中上的程度，其各向度間的得分呈現顯著差異

桃園縣國民小學教師集體效能感呈現中上的程度。而且教師集體效能感各向度間有顯著的差異，最高為「學習指導」，其次依序為「教學實施」、「教學規劃」、「環境轉化」。

二、教師集體效能感在不同背景變項上呈現部分顯著差異

（一）不同服務年資的教師集體效能感呈現顯著差異

1. 教師集體效能感的整體層面
   教師集體效能感有隨著服務年資增加而逐漸遞減的現象，服務年資一年以下的教師顯著高於服務年資六至十年、十一至二十年、二十一年以上的教師。

2. 教師集體效能感各向度上
   在「教學規劃」、「環境轉化」方面，服務年資一年以下教師

顯著高於十一至二十年、二十一年以上教師；在「學習指導」、
「教學實施」方面，服務年資一年以下教師顯著高於六至十年、
十一至二十年、二十一年以上教師。

（二）不同學校規模的教師集體效能感呈現顯著差異

1. 教師集體效能感的整體層面
   學校規模 13-24 班、25-48 班的教師顯著高於 49 班以上的教師。
2. 教師集體效能感各向度上
   在「教學規劃」、「教學實施」方面，學校規模 13-24 班、25-48
   班的教師顯著高於 49 班以上的教師；在「環境轉化」方面有隨
   著學校規模增大而逐漸遞減的趨勢，學校規模 12 班以下、13-24
   班的教師顯著高於 49 班以上的教師；在「學習指導」方面，不
   同學校規模的教師之間並無顯著差異。

（三）一般地區與偏遠地區的教師集體效能感整體層面及其各向度間皆無顯著差異

一般地區與偏遠地區的教師集體效能感整體層面及其各向度間皆無顯著差異。

三、教師教學情境知覺與教師集體效能感具有顯著正相關

教師們對教學情境的知覺與教師集體效能感之間屬於高度的正向關聯。教師教學情境知覺之「專業分享」、「家長支持」、「校長支持」、「學生特質」、「課程改革」的知覺，與教師集體效能感之「教學實施」、「教學規劃」、「學習指導」、「環境轉化」屬於高度的正向關係，表示教師對教學情境的各項知覺得分愈高，教師集體效能感整體層面及其各向度的得分也愈高。

四、教師自我效能感與教師集體效能感具有顯著正相關

教師自我效能感之環境轉化、學習指導、教學實施、教學規劃與教師集體

效能感之環境轉化、學習指導、教學實施、教學規劃屬於高度的正向關係，表示教師自我效能感整體層面及其各向度的得分愈高，其教師集體效能感整體層面及其各向度的得分也愈高。

伍、討論與建議

一、討論

（一）國民小學教師集體效能感之現況分析

根據實證結果顯示，國小教師在集體效能感整體層面每題平均的得分為4.22，略高於中位數 4 分，表示桃園縣國小教師的集體效能感為中上程度。

而教師們在教學規劃（4.15）、環境轉化（4.08）、學習指導（4.34）、教學實施（4.31）等向度上集體能力的評估亦為中上程度。進一步針對四個向度考驗後，實證結果可以發現桃園縣國小教師們對集體效能感的評估上，以「學習指導」為最高，其次依序為「教學實施」、「教學規劃」、「環境轉化」。

就「環境轉化」而言，本研究發現資源不足、環境限制會阻礙教師的課程實施能力，教師們轉化教學環境的能力信念也因而受到影響，教師們深受「巧婦難為無米之炊」之苦，以及負面的社會文化、不良網站及電視媒體等外在環境，更會影響教學成果。

就「教學規劃」而言，其可能的原因是九年一貫課程的主要理念是教學創新，強調鬆綁、能力、多元與統整，雖然教師們擁有教學專業自主的空間，但是過去教科書、教學過程與評量方式均有教師手冊可供參考使用，因此對於廢棄多年的「武功」，猶覺得功力略有不足。雖然教師們教學規劃的能力屬於中上程度，但是仍有發展的空間。

就「教學實施」而言，教師們對於課程改革的結果，似乎仍是以「萬變不離其宗」的原則，使用最熟練流暢的教學法進行教學活動，所以教師們可能會以過去的精熟經驗訊息來評估教學實施的能力，因此本研究結果顯示，教學實

施會顯著高於教學規劃與環境轉化。

就「學習指導」而言，如果是針對評量的真正目的，不在於成績如何的外顯，而是根據其結果提供師生教與學的回饋建議，使學生的學習策略得以調整，教師能獲得專業成長並體會教學的成就感，因此可能是學習指導能力評估最高的原因。

（二）不同背景變項之教師集體效能感差異分析

1. 涉世未深的初任教師其集體效能感是否可能過度樂觀

根據實證結果可知，服務年資一年以下的初任教師們其集體效能感顯著高於六至十年組、十一至二十年組、二十一年以上組，其餘不同服務年資組別之間則無顯著差異。此項研究結果與Kit-chens（2000）的研究不相符，其研究結果顯示教師集體效能感與教師教學年資沒有顯著相關。此外，教師集體效能感有隨著服務年資增加而逐漸下降的趨勢，由於此方面的研究甚為缺乏，因此還須相關研究加以驗證。

綜合而言，會造成初任教師與其他組別教師在集體效能感整體層面及各向度上顯著差異的原因，可能是資淺教師在面對複雜的教學影響因素時，可能不若資深教師般得心應手，以致於挫折感較多，因而認為資深教師的教學能力較佳，並高估教師集體效能感；資深的教師可能因為教學經驗豐富而較具有成就感，因而認為資淺教師的教學能力較不如自己，所以可能低估教師集體效能感，以致於教師集體效能感隨著年資增加而逐漸降低。本研究結果與Baker（2001）發現相符，高成就的團體成員往往會低估其團體的能力表現；反之，低成就的團體成員卻會高估其團體的能力表現。

至於其他組別的教師們在集體效能感整體層面及各個向度上的得分並無顯著差異，而且在教師教學情境知覺上也無顯著的差異性，推究其原因可能是實施九年一貫課程的時間並不久，教

師們接觸九年一貫課程的時間差不多，因而減緩了服務年資的影響。

2. 數大未必就是美，學校規模過大造成教師集體效能感下降

根據實證結果可知，學校規模 13-24 班組、25-48 班組的教師集體效能感顯著高於 49 班以上組，此項研究結果與 Goddard（2002）、Kerr（1989）的研究相符，集體效能感會受團體規模的影響，當學校規模愈大，教師集體效能感愈低。但是本項研究結果與 Kitchens（2000）的研究不相符，其研究結果顯示教師集體效能感與學校規模沒有顯著相關。至於不相符的原因是文化差異還是其他因素造成，有待相關研究加以驗證。

綜合而言，學校規模 13-48 班之間最適於教師集體效能感的發展，而當學校規模達 49 班以上時，將不利於教師集體效能感的發展。當學校規模愈大時，其班群教師相對較多，對於教學規劃、協同教學、佈置學習環境、進行多元評量、設計學習單等，應該有更多人力來分擔，教師們也因而有更多的心力與時間來進行教學活動，「三個臭皮匠，勝過一個諸葛亮」，在眾人的腦力激盪之下，應能激發出更多創意的火花；「三人行，必有我師」，多元的師資陣容，彼此分享、相互學習，教學能力的成長應該更是容易。

可是，當學校規模超過 49 班以上時，教師集體效能感卻顯著地較低，似乎是受某些組織因素所影響，可能是當學校規模過大時，學校科層體制化程度較高，教師們彼此之間較為疏離，互動分享與專業對話的機會較為缺少的影響，所以教師們彼此之間的共同目標不明確，人際互動上會有疏離的現象，在溝通協調、分工合作方面較不容易。不過，本研究推論仍有待相關研究驗證。就此而言，政府推動小班小校的政策值得鼓勵，實應繼續加以推動。

3. 距離不是問題，不同學校地理位置的教師集體效能感沒有顯著

差異

根據實證結果可知，一般地區與偏遠地區的教師們在集體效能感整體層面及其各向度上並無顯著差異，此項研究結果與 Goddard 和 Goddard（2001）、Goddard（2002）的研究不相符，其研究顯示少數民族地區與教師集體效能感呈現負向的關聯性。

綜合而言，一般地區學校與偏遠地區學校的教師集體效能感及教師自我效能感並無顯著差異的原因，可能是因為桃園縣的交通、傳播、通訊與網路的發達，以及近幾年來政府在教育經費的分配上，以教育優先區的方式補助，力求縮小城鄉差距、照顧弱勢地區；此外，師資培育多元化後，偏遠地區教師的資格與一般地區教師無異，所以偏遠地區學校的師資、設備與一般地區學校相較並不遜色，使得學校型態的同質性高。由於不同學校地理位置的教師集體效能感研究甚為缺乏，仍有待相關研究加以驗證。

（三）教師教學情境知覺與教師集體效能感之相關分析

根據實證結果可知，教師們對教學情境的知覺與教師集體效能感之間屬於高度的正向關聯。教師教學情境知覺之「專業分享」、「家長支持」、「校長支持」、「學生特質」、「課程改革」的知覺，與教師集體效能感之「教學實施」、「教學規劃」、「學習指導」、「環境轉化」屬於高度的正向關係，表示教師對教學情境的各項知覺得分愈高，教師集體效能感整體層面及其各向度的得分也愈高。

就專業分享而言，與 Collins（2001）的研究相符，研究顯示分享信念方式是影響集體效能感的顯著因素。在家長支持方面，家長支持與教師集體效能感之間具有顯著的正向關聯。在校長支持方面，與Armstrong-Coppins（2003）、Goddard（2002）、Scott（2003）等研究相符，研究發現校長領導與集體效能感顯著地相關，其能發展或維持教師集體效能感。在學生特質方面，與Hoy、Sweetland 和 Smith（2002）研究相似，其指出當教師們遇到高社經背景的學

生，其面對家庭與社會的阻礙較小，將有利於教學工作，集體效能感會較高。此外，學生的學習動機與表現亦可說是集體效能感訊息來源中的精熟經驗，與王受榮（1992）、張俊紳（1997）的研究相似，教師對於學生的學習動機與表現愈滿意者，其教師自我效能感較高。在課程改革方面，教師對於課程改革的知覺較差時，其教師集體效能感也較低。此項研究結果與自我效能感理論相符，在課程改革的過程中，教師們所感受到的壓力會影響其生理與情緒狀態，所知覺到的成果如團隊的精熟經驗或替代經驗，都是教師集體效能感的訊息來源，而且會影響教師集體效能感。

（四）教師自我效能感與教師集體效能感之相關分析

根據實證結果可知，教師自我效能感之環境轉化、學習指導、教學實施、教學規劃，與教師集體效能感之環境轉化、學習指導、教學實施、教學規劃屬於高度的正向關係，表示教師自我效能感整體層面及其各向度的得分愈高，其教師集體效能感整體層面及其各向度的得分也愈高。

本研究之結果與 Goddard 和 Goddard（2001）、Mackenzie（2001）的研究相符，各校之間教師自我效能感高，其集體效能感也高；教師自我效能感低，其集體效能感也低，亦即集體效能感與教師自我效能感之間有著顯著的正向關係。

二、建議

依據本研究調查國民小學教師集體效能感之結果，研究者提出下列建議，以提供教師、學校及未來進一步研究之參考。

（一）研究結果之建議

1. 對於教師的建議
⑴增加專業分享的機會，參與專業的教師社群
本研究發現，教師教學情境知覺中以專業分享和教師集體效能感的關聯性最高。所以，教師們要具有高度的知識分享知

覺，以建構知識管理的平臺，並組織教學團隊、行動研究團隊，建立專業教師社群以增加教師專業對話的管道，透過教學經驗分享、正向回饋與傳承，共同討論學習輔導的策略以提升學生的學習動機與成就，形成一種彼此勉勵、互助合作、相互支援的和諧關係，共同分享教學的成就感與專業成長的喜悅。

(2)提升教師集體效能感，增進教師自我效能感

本研究發現教師自我效能感整體層面及其各向度的得分愈高，其教師集體效能感整體層面及其各向度的得分也愈高，兩者之間具有顯著的正向關聯性。高教師集體效能感將能接受具有挑戰性的目標、更加努力與面對困難時能更加努力而堅持不懈，透過個人的成功教學經驗，與專業分享的互動，進而形成學校環境的規範，伴隨著社會約束的力量，而促使努力不夠的教師逐漸改變，影響教師們的自我參照思維與教學表現，其教師自我效能感也將相對提升。

(3)可從事設計導引，以協助初任教師釐清教學任務

在教學過程中，教師們彼此的互動是影響教師教學信念的因素之一（陳金萍，2003）。Tschannen-Moran 等人（1998）認為，集體效能感對新手教師在進入教學工作的社會化歷程中的影響是特別顯著。換言之，集體效能感是學校教師的規範體系，是各學校中教師集體經驗的成果，其可學而得，可從事設計導引，提供教學規劃、教學互動、親師溝通、教學資源的運用與管理等方面的專業協助，協助初任教師釐清教學任務，找出教學問題的癥結。初任教師與資深教師們在透過密切地互動以及共同經歷不同的挑戰之後，教師集體效能感將會逐漸地發展並且趨向一致。

2. 對於學校的建議

(1)校長應該給予教師適度的社會支持，激勵教師們專業能力的發

展

本研究發現，校長支持與教師集體效能感息息相關。校長是學校的靈魂人物，亦是教師們的重要他人，當教師們長期得到校長的社會支持，有助於集體效能感的提升。所以，校長應該要鼓勵教師積極參與成長性、專業性的進修活動；整合發展課程發展委員會的功能，發揮教師們教學決定的影響力；能和教師們共同討論與改進教學內容，經常稱讚教師們發揮團隊創意的教學行為；並且給予教師們關懷與協助，營造良善的教學環境，以提升教師們專業能力的發展。

(2)因應學校環境變遷，共同型塑教師們集體能力所能達成的學校願景

當學校的規模過大時，科層體制化的程度較高，因應環境變遷的能力較弱，教師們彼此之間的互動機會較少，共同的目標缺乏分享而不明確，可能不是教師們共同渴望的成果，或是學校願景陳義過高而不切實際，導致無法激勵教師們的教學行為。所以，學校應該增進教師們互動分享的機會，共同型塑教師們集體能力所能達成的願景，而且是具有挑戰性、規範性與分享性的目標，更將是教師們未來集體經驗的成果。

（二）對未來研究之建議

1. 擴展研究對象

本研究為初探性研究，對象僅侷限於桃園縣國民小學教師，因此未來的研究可考慮針對不同區域、或以全體教師來實施驗證性研究，研究結果將更為完備。

2. 增加研究內容

研究者建議在未來研究時可針對學校願景、學校文化、組織氣氛、校長效能感、教師互動、組織承諾、教學創新行為、工作壓力、學生學習表現等因素加以探討，將更有助於了解教師集

體效能感與組織因素之間的關係。

3. 調整研究方法

本研究以問卷調查法為主，研究結果僅能代表整體趨向，無法
針對個別情形予以分析討論。因此，未來進行教師集體效能感
研究時，可再增加質性的研究方法，例如個案研究法、深度訪
談、團體討論等方法，蒐集更深入的資料，以了解教師們如何
知覺教師集體效能感。

參考文獻

中文部分

丁衣（1998）。反省與改造的年代。**康軒教育雜誌，33**，20-23。

王受榮（1992）。**我國國民中小學教師效能感及其影響因素之研究**。國立臺灣師範大學教育研究所博士論文，未出版，臺北市。

朱敬先（1993）。**教學心理學**。臺北市：五南。

江文慈（2003）。教育改革中的教師情緒。**師友月刊，436**，1-5。

吳璧如（2002）。教師集體效能感初探。**教育資料與研究，49**，72-78。

林建昌（2002）。**臺北市國民小學學校願景發展之研究**。國立臺北師範學院國民教育研究所碩士論文，未出版，臺北市。

孫志麟（2003）。教師自我效能的概念與測量。**教育心理學報，34（2）**，139-156。

桃園縣政府（2004）。**桃園縣國民中小學名冊**。桃園縣政府，未出版，桃園縣。

張俊紳（1997）。**國民小學教師教學效能之研究——不同教學效能信念類型教師的教學——表現及其教學生產力**。國立高雄師範大學教育學系博士論文，未出版，高雄市。

莊宗憲（1998）。教師大調查。**天下雜誌，教育特刊——跨世紀希望工程師**，84-90。

陳金萍（2003）。**九年一貫生活課程教學與教師信念關係之探討**。國立新竹師範學院美勞教學碩士班碩士論文，未出版，新竹市。

陳宣伯（2001）。**國民小學教師對九年一貫課程的意見調查與研究**。國立屏東師範學院國民教育研究所碩士論文，未出版，屏東市。

陳惠邦（2002）。**初等教育專論：新世紀教育家的信念與實踐**。臺北市：元照。

游家政（1999）。面向新世紀的課程改革——九年一貫課程綱要的內涵及其對

教師的衝擊，文收錄於「理論與實務──國民教育九年一貫課程」，臺北
市：教育部國民教育司。

詹志禹（2003）。課程創新與教師的自我創化──系統演化的觀點。載於**教育
資料集刊：教師專業發展專輯，28**（頁 145-172）。臺北市：國立教育資
料館。

謝祥永（2001）。**參與九年一貫課程教師之工作特性與專業倦怠**。國立成功大
學教育研究所碩士論文，未出版，臺南市。

西文部分

Armstrong-Coppins, D. R. (2003). What principals do to increase collective teacher efficacy in urban schools. (Doctoral Dissertation, Cardinal Stritch University), *Dissertation Abstracts International, 65* (1), 25A. (AAT3119769 Pro-Quest Dissertation Abstract).

Ashton. P. T., & Webb. R. B. (1986). *Making a difference: Teacher's sense of efficacy and student achievement*. New York: Longman.

Baker, D. F. (2001).The development of collective efficacy in small task groups. *Small Group Research, 32*(4), 451-474.

Bandura, A. (1982). Self-efficacy mechanism in human agency. *American Psychologist, 37*, 122-147.

Bandura, A. (1986). *Social foundations of thought and action: A social cognitive theory*. Englewood Cliffs, NJ: PrenticeHall.

Bandura, A. (1997). *Self-efficacy: The exercise of control.* New York: W. H. Freeman.

Bandura, A. (2000). Exercise of human agency through collective efficacy. *Current Directions in Psychological Science, 9*(3), 75-78.

Bandura, A. (2001). Social cognitive theory: An agentic perspective. *Annual Review of Psychology, 52*, 1-26.

Bunge, M. (1977). Emergence and the mind. *Neuroscience, 2*, 501-509.

Campion, M. A., Medsker, G. J., & Higgs, A. C. (1993). Relations between work group characteristics and effectiveness : Implications for designing effective work groups. *Personnel Psychology, 46*, 823-850.

Cannon-Bowers, J. A., Tannenbaum, S. I., Salas, E., & Volpe, C. E. (1995). Defining competencies and establishing team training requirements. In R. A. Guzzo & E. Salas (Eds.), *Team effectiveness and decision making in organizations* (pp. 333-380). San Francisco, CA: Jossey-Bass.

Collins, P. D. (2001). Personal teaching efficacy and collective efficacy: A case study of teachers' beliefs during mandated change. (Doctoral Dissertation, The University of Akron), *Dissertation Abstracts International, 62* (7), 2345A. (AAT 3019309 Pro-Quest Dissertation Abstract).

Gibson, C. B. (1996). Collective cognition in action: The formation, operation, and transformation of group-efficacy beliefs in the workplace. In J. George-Falvy (Chair), *Defining, measuring, and influencing group level efficacy beliefs*. Symposium conducted at the 56th annual meeting of the Academy of Management, Cincinnati, OH.

Gibson, C. B. (1999). Do they do what they believe they can? Group efficacy and group effectiveness across tasks and cultures. *Academy of Management Journal, 42*, 138-152.

Gibson, C. B., Randel, A. E., & Earley, P. C. (2000). Understanding group efficacy: An empirical test of multiple assessment methods. *Group & Organization Management, 25*(1), 67-97.

Gibson, S., & Dembo, M. H. (1984). Teacher efficacy: A construct validation. *Journal of Educational Psychology, 76* (4), 569-582.

Gist, M. E. (1987). Self-efficacy: Implications for organizational behavior and human resource management. *Academy of Management Review, 12*, 472-485.

Gist, M. E., & Mitchell, T. R. (1992). Self-efficacy: A theoretical analysis of its determinants and malleability. *Academy of Management Review, 17*(2), 183-211.

Goddard, R. D. (2001). Collective efficacy: A neglected construct in the study of schools and student achievement. *Journal of Educational Psychology, 93*(3), 467-476.

Goddard, R. D. (2002). Collective efficacy and school organization: A multilevel analysis of teacher influence in schools. *Theory and Research in Educational Administration, 1*, 169-184.

Goddard, R. D., & Goddard, Y. L. (2001). A multilevel analysis of the relationship between teacher and collective efficacy in urban schools. *Teaching and Teacher Education, 17*, 807-818.

Goddard, R. D., Hoy, W. K., & Hoy, A. W. (2000). Collective teacher efficacy: Its meaning, measure, and impact on student achievement. *American Educational Research Journal, 37* (2), 479-507.

Goddard, R. D., Hoy, W. K., & Hoy, A. W. (2004). Collective efficacy beliefs: The-oretical developments, empirical evidence, and future directions. *Educational Research, 33* (3), 3-13.

Gully, S. M., Incalcaterra, K. A., Joshi, A., & Beaubien, J. M. (2002). A meta-analy-sis of team-efficacy, potency, and performance: Interdependence and level of analysis as moderators of observed relationships. *Journal of Applied Psychol-ogy, 87* (5), 819-832.

Guzzo, R. A., Yost, P. R., Campbell, R. J., & Shea, G. P. (1993). Potency in groups: Articulating a construct. *British Journal of Social Psychology, 32*, 87-106.

Hoy, W. K., Sweetland, S. R., & Smith, P. A. (2002). Toward an organizational model of achievement in high schools: The significance of collective efficacy. *Educa-tional Administration Quarterly, 38* (1), 77-93.

Jung, D. I., & Yammarino, F. J. (2001). Perceptions of transformational leadership among Asian Americans and Caucasian Americans: A level of analysis per-spective. *Journal of Leadership Studies, 8*, 8-21.

Jung, D. I., Avolio, B. J., Murry, B. D., Sivasubramaniam, N., & Sosik, J. J. (1996). *Leadership in work groups: An empirical investigation of leadership style, col-*

lective efficacy, collective identity, and group performance. Paper presented at the 56th annual meeting of the Academy of Management, Cincinnati, OH.

Kerr, N. L. (1989). Illusions of efficacy: The effects of group size on perceived efficacy in social dilemmas. *Journal of Experimental Social Psychology, 25*, 287-313.

Kitchens, G. W. (2000). A relational study of the perceived collective efficacy of Northern Mississippi elementary teachers and selected school and teacher charac- teristics. (Doctoral Dissertation, The University of Mississippi), *Dissertation Abstracts International, 62* (1), 40A. (AAT3003006 Pro-Quest Dissertation Abstract).

Lindsley, D. H., Brass, D. J., & Thomas, J. B. (1995). Efficacy-Performance spirals: A multilevel perspective. *Academy of Management of Review, 20*, 645-678.

Little, B. L., & Madigan, R. M. (1997). The relationship between collective efficacy and performance in manufacturing work teams. *Small Group Research, 28* (4), 517-534.

Mackenzie, S. (2001). Collective efficacy and collaborative climate in Maine high schools. (Doctoral Dissertation, The University of Maine), *Dissertation Abstracts International ,61* (9), 3426A. (AAT9986550 Pro-Quest Dissertation Abstract).

Naowaruttanavanit, M. (2002). Relationships of collective efficacy, cynicism, and motivation to transfer on transfer of training in Thailand. Unpublished doctoral dissertation, The university of Minnesota. Digital Dissertation Consortiam, *3039646*。

Prussia, G. E. (1993). A motivational investigation of group effectiveness using social cognitive theory (collective efficacy). (Doctoral Dissertation, The Arizona State University), *Dissertation Abstracts International, 54* (11), 4175A. (AAT 9411000 Pro-Quest Dissertation Abstract).

Prussia, G. E., & Kinicki, A. J. (1996). A motivational investigation of group effectiveness using social-cognitive theory. *Journal of Applied Psychology, 81* (2), 187-198.

Riggs, M. L., & Knight, P. A. (1994). The impact of perceived group success-failure on motivational beliefs and attitudes: A causal model. *Journal of Applied Psychology, 79* (5), 755-766.

Schunk, D. H. (1984). Self-efficacy as a predictor of teacher participation in school decision making. (Doctoral dissertation, Standford University). *Dissertation Abstracts International, 50,* 07A.

Scott, C. (2003). Organizational effectiveness: Its relationship to teacher efficacy and school climate. (Doctoral dissertation, ST. Johns University). *Dissertation Abstracts International, 64*, (09), 3155A. (AAT3107135 Pro-Quest Dissertation Abstract)

Shamir, B. (1990). Calculation, values, and identities: The sources of collectivistic work motivation . *Human Relations, 43,* 313-332.

Sosik, J. J. (1995). *The impact of leadership style and anonymity on performance, creativity, and satisfaction of group in a GDSS environment.* Unpublished doctoral dissertation, School of Management, State University of New York at Binghamton.

Tschannen-Moran, M., Hoy, A. W., & Hoy, W. K. (1998). Teacher efficacy: Its meaning and measure. *Review of Educational Research, 68*, 202-248.

Woolfolk, A., & Hoy, W. K. (1990). Prospective teachers' sense of efficacy and beliefs about control. *Journal of Educational Psychology, 82*, 81-91.

Zaccaro, S.J., Blair, J., Peterson, C., & Zazanis, M. (1995). Collective efficacy. In J. E. Maddux, (Ed.). *Self-efficacy, Adaptation, and Adjustment* (pp.305-328). New York: Plenum.

註：本文改寫自黃彥和（2005）。國民小學教師集體效能感之研究。私立中原大學教育研究所碩士論文，未出版。

C*hapter* **12** >.>.>.>.>.>

教師專業與課程領導

王慧勤

臺北縣秀山國小教師

臺北市立教育大學國民教育研究所博士班研究生

壹、前言

為了提升國力，世界各國政府紛紛採取積極的作法，設定努力的目標，期望能藉由各項教育改革的措施，有效提升教育品質，以迎接二十一世紀的知識經濟時代。國內現階段的教育改革，從實施九年一貫課程以來，也帶動了一連串的課程、教學與評量上的教育革新方案，目的在改善教師的教學品質，及提升學生的學習成效。根據學者專家的分析（吳財順、張素貞，2004），無論是存在於理論與實踐上的差距，或是出現在規劃與落實之間的落差，教育改革是否能夠成功地推展，教師往往被認為是最重要的影響因素。

作者以教師身分，首先探討課程領導成效的影響因素與改善策略；其次討論充實專業知能有助於實踐教師課程領導；接著說明教師課程領導模式的逐步建構方式；最後，對教師課程領導者提出三項建議：一、建構系統的課程領導模式；二、重視所有學生的學習成就；三、建立持續追求卓越的學校文化。

貳、課程領導的影響要素與改善策略

學校革新是一種持續追求卓越的工作（Zmuda, Kuklis & Kline, 2004），傳統將課程領導的工作視為校長的天職，然而並非所有的校長都具有充分的課程與教學知能或經驗，校長所熱心引領的課程革新工作也往往與教師的理念不同；因此，教師不是抗拒改變，就是虛以委蛇，導致學校課程領導的結果總是成效不彰（歐用生，2004；莊明貞，2003；林淑貞，2004；薛東埠，2003；廖展杉，2003；胡協豐，2003；Zmuda et al., 2004）。

一、學校行政對課程領導成效的影響

學校的課程領導問題，國內外的研究報告均顯示下列現象：

（一）學校文化生態抗拒課程改變，課程領導推動困難。

（二）學校欠缺各領域課程領導的專業人員。

（三）以行政領導代替課程領導，將學校課程發展當作行政工作來處理。

（四）學生被排拒於課程決策之外。

（五）管理和控制仍然是課程領導的基本假定。

（六）教育政策與制度因素、時間因素、家長升學觀念未改、班群教學空間不夠、升學考試制度影響教學，為最大課程實施困境。

二、校長對課程領導成效的影響

當前校長課程領導的問題與困境，在於：

（一）校長的課程觀念偏頗，課程領導流於保守。

（二）校長將科目和活動二元化。

（三）校長的課程領導都依據暗默的課程假定。

（四）政策不明、搖擺不定，校長領導的政策方針無法確定。

（五）校長與教師所知覺的困難不盡相同。

（六）校長欠缺課程領導知能與課程評鑑的能力。

三、教師對課程領導成效的影響

教師的專業理念與作為，是課程領導效能最重要的影響因素：

（一）教師普遍缺乏改革意識，參與課程發展意願低落。

（二）教育改革迅速、壓力及資源不足造成教師抗拒組織變革。

（三）教師無法確實知覺校長的課程領導行為。

（四）教師無法確實認同校長的課程領導成效。

綜上所述，除了政策面的限制之外，校長的領導理念、專業知能，往往與教師對課程領導的知覺、意識、時間運用等，產生明顯的落差。據此，課程領導者在具備理論與實踐知能之外，還要敏覺教師的知覺，獲得教師的認同。為落實課程領導工作，校長應知人善任，將權力下放；教師則應發揮專業知能，勇於分擔課程領導的責任。

四、其他面向對課程領導成效的影響

課程領導的目的不外乎提升教學成效，除了上述學校行政、校長與教師等面向，影響教學成效的因素還包括（Cotton, 2003）：

（一）教師文化：學校中潛藏的教師文化，與教師渴望提升學生學習成就
　　　的心態密切相關。

（二）學校文化：學生學習成就的提升，與學校環境是否安全而正向、學
　　　校組織是否能夠彈性化、學校課程是否聚焦在學習上及學校文化是
　　　否提供成功經驗有關。

（三）社區文化：學校是社區文化的堡壘，社區人士的積極參與，社區資
　　　源的妥善運用，與學校是否促進社區溝通有關。

五、有助於改善課程領導成效的策略要素

　　革新的課程領導應建立在「真實的探究學習」上（Henderson & Hawthorne, 1995）。因此，學校課程發展應是學校所有成員共同建構的，它是一種夥伴關係共同協商的結果。Robertson 和 Wohlstetter（1995）等學者的實證研究發現，在學校本位管理的情境下，有助於學校課程與教學革新的是以下幾個要素：

（一）校長的支持與鼓勵

　1. 校長支持參與式決定，扮演促進者角色，並發展分享學校文化。
　2. 尋求提供經費、時間、人力和資訊等資源。
　3. 提供並分享學校成員各種相關資訊，適時給予教師獎賞。

（二）行政的支援與協助

　1. 行政人員、教師、家長、社區人士及學生的決策參與機會。
　2. 提供專業成長活動，協助教師專業與技能的發展。
　3. 提供學校課程理念、教材選編原則、教學方法說明等手冊，並闡明
　　之。

（三）教師的專業與決策

　1. 教師具有革新意識與專業知能，教師能從事決策與分享。

2. 師生共同創塑課程，將生活經驗與社區參與視為課程的重要內容之一。

3. 教學工作的完成，從教師個人孤軍奮鬥的教室王國，轉向協同合作歷程。

（四）學校與社區文化的轉型

1. 檢視教師文化的傾向與師生互動的特色，發展主動積極的教師信念。
2. 學校文化鼓勵勤奮向學，提供學生成功經驗，發展高層次學習結果。
3. 配合社區文化特色，發展正向的親師關係和積極的社區參與態度。

參、充實專業知能以實踐教師課程領導

即使校長應是學校整體發展上的主要領導者（歐用生，2004）；但是，課程領導，人人有責，教師在學校層次的課程領導上，應扮演重要的角色，教師也是課程與教學的領導者。據此，教師應充實專業知能，實踐教師專業成長的主體性，並展現平行互動的課程領導特色，發揮協商辯證的課程領導素養：

一、確認教師專業成長的主體性

目前，對教師教學專業能力的認定（國立臺灣師範大學教育研究中心，2004），僅涵蓋：規劃能力、教學能力、管理能力、評鑑能力和專業發展能力，尚未涉及教師的課程領導專業；然而，誠如學者專家所見，教師才是課程改革成敗的真正關鍵者（吳財順、張素貞，2004），教師有持續專業成長的需要，才足以在課程領導上扮演重要的角色。

根據國內研究報告顯示，中小學教師對於教師進修的主要意見為（教育部，2003）：在規劃教師進修之前，應先了解教師想要充實課程與教學知能的需求。教師進修方案的規劃，應掌握重大教育改革政策的要旨；並確認教師為教師專業的主體，同時也要開放教師參與有關教師進修課程方案與辦法的規劃與研訂，從而讓教師進修的主體性得以獲得確認（林生傳、陳慧芬、黃文三，2001；張素貞，2004）。

　　具有專業知能的教師，不但可因應學校革新的需要，在課程與教學的實踐上，提升學生的成就；必要時，也能運用課程與教學理論與經驗，擔任學校的課程領導者，帶動整個學校，轉變學校文化風氣，走向追求卓越之路。因此，增進教師課程領導的專業知能，必然有助於學校實現追求卓越的願景目標。

二、展現平行互動的課程領導特色

　　以作者所任教的學校為例，目前教師在課程領導上所能展現專業知能的範圍，還僅限於教室、學年、領域等單一的層級，教師在學校層級課程發展委員會的決策權仍相當受限。即使如此，Bradely（2004）還是主張，課程領導並不一定要由某個職位的教育人員來執行，只要擁有課程專業知能，並且能夠改進學校課程的教育人員，就是課程領導者的適當人選。

　　教師作為學校課程發展的領導者，與校長領導的不同之處，在於（Zepeda, Mayers & Benson, 2003）：更重視教師之間的教學經驗分享，要帶領全校教師彼此互動與對談，在信念與理念上互相溝通，在課程與教學上互相影響，藉此述說教育的故事，產生緊密的關聯。因此，教師可以成為夥伴，合作完成課程任務，共同解決教學問題；教師群體文化將取代教師的孤立文化（周淑卿，2000）。

　　教師課程領導者一旦喚起了全校教師對課程革新的知覺意識，激發了持續追求學校系統卓越發展的熱情與動力，便能擔負起協助教師改善教學品質、提升課程計畫與教學方案的水準，促進學校系統整體目標的達成。教師課程領導者與教師的專業互動，具有以下的特色（陳美如，2004）：

　　（一）生活在相同的世界，擁有相同的語言，易於溝通理解。
　　（二）分享生命的經驗，能激發能量，提供專業發展的活力泉源。
　　（三）走出教室，跨越邊界，拓展視野，提升專業互動的機會。
　　（四）持續學習，編織教師課程與教學知識的網絡。
　　（五）營造課程領導的環境，滿足所有教師在領導與被領導過程的成長需求。

　　學校課程的發展是合作、慎思的過程。學校全體人員要結合成團隊，進行

公共的論述，以促進專業成長與發展；並透過持續的自我反思和檢視，來澄清隱含的理念和理論，從而形成支持革新的學校組織和文化。基於此，教師課程領導是展現教師專業能力的另一個窗口，而教師也需要教師來領導課程革新工作。

三、發揮協商辯證的課程領導素養

在新的學校課程領導理念上，教師要發揮課程的主導權，並致力於創造協商的空間。教師與校長、行政人員、其他教師之間，及教師與學生之間，要協商出新的教學條件與方向，重建學校課程與教學的新文化，鼓勵主動學習，以提升學習成就。此外，教師在課程領導的過程，應鼓舞全校成員與社區中的每一個人積極的參與，並容忍多元的觀點和意見；能建構學校本位的課程理論，並與課程實踐產生辯證；從而能提高專業論述的品質，能質疑自己習焉不察的理論，並隨時檢討和批判。

在權力下放的革新年代，教師應具備專業素養，才能勝任課程領導的任務（Schwab, 1983）；例如，教師要發揮言詞說服的能力、落實課程慎思的經驗、閱讀各種專業雜誌，進而與人分享、了解國內外的課程實際、具有行為科學和社會科學的素養以及擁有課程和教學視導的知能。

課程領導是學習的過程（歐用生，2004）。滿足教師在專業成長上的需求，是學校革新工作的當務之急；因為課程領導者不是天生的，唯有不斷的專業成長，才能提升課程領導的知能與素養。

肆、逐步建構教師課程領導的模式

黃旭鈞（2003）曾針對脈絡、角色、內涵及結果，兼顧普遍性和本土性的需求，提出了校長課程領導的模式，以幫助校長了解課程領導脈絡評估的重要，喚醒校長領導角色知覺，並重視課程領導過程中的民主、對話、反省、合作創制，同時也強調結果的績效評估。據此，課程領導模式的建立是學校本位課程發展的重要策略，它發揮課程領導者的實踐智慧，結合學校的人力、組織、制度和運作機制，它建立課程發展與實施的共同規範和作業程序，可以確

立合理性的基礎，也可以使課程實踐導向理性化的結果（陳伯璋，2003）。同理，教師在課程領導的實踐過程，也有必要讓課程領導的理論與實踐相互結合，並配合學校的課程發展需要，建構一個合理可行的教師課程領導模式。

一、應用課程領導理論以發揮角色功能

課程領導者的角色十分多樣，教師在領導課程革新的過程，要配合理論和學校現況，發揮不同的角色功能，帶領學校成員持續針對課程發展進行規劃、設計、實施與評鑑，以建構一個系統性、長遠性、合理性，且具有學校願景特色的課程發展模式。

（一）配合理論適切扮演課程領導者的角色

課程領導的理念，除了傳統的權威式領導之外，依據不同學者專家的研究與主張（張沛文，2001；張心怡，2001；R. K. Greenleaf, 1980; 引自莫菲，1998；Bradford & Cohen, 1984; Conley & Goldman, 1994; Doll, 1996; Harris, 1986; Hersey & Blanchard, 1977; House, 1974; Lambert et al., 1995; Nanus,1992），已產生非常多樣化的發展趨勢與內涵，例如：僕人式領導、授權賦能領導、服務型領導、後英雄式領導、催化領導、轉型領導、互易領導、英雄式領導、情境領導、魅力領導、建構式領導、願景領導等；與此相應的作為，則是不同類型課程領導者的角色。

據此，教師擔任課程領導者，也要因應學校的課程現況與問題，適切地扮演多樣化的角色，例如（黃旭均，2002，2003；楊振昇，2000）：
- 能有效掌握與因應環境變遷趨勢的環境變遷洞察者。
- 能共同規劃系統性、長遠性發展願景的學校發展規劃者。
- 能提出並討論學校課程改革計畫、理念或草案的成員進修帶動者。
- 能營造民主開放氣氛，暢通溝通管道的成員潛能激發者。
- 能營造時時學習、處處學習氣氛的學習組織建構者。
- 能訂定評鑑規準並領導實施課程教學評鑑的課程實施評鑑者。
- 能有效營造積極正向的組織氣氛與文化的課程專業文化倡導者。

- 能發揮影響力，帶領學校成員共同努力的學校權力分享者。
- 能營造學校與社區間良好、和諧關係的社區關係營造者。
- 能掌握與調整學校課程朝新趨勢發展的新興議題感知者。
- 能制定適合學校的課程任務與目標的課程任務目標研訂者。
- 能溝通協調學校課程的順利實施與運作的課程事務協調者。
- 能協助學校成員解決課程教學革新問題的課程問題解決者。
- 能有效整合與爭取校內外勢力與資源的各種資源整合者。

此外，教師作為課程領導者也應是自傳者，對自我擁有深層的了解，並能在傾聽、分享他人的專業自傳中覺知做決定的類型和原則，也能利用傳記來協助了解專業的決定（Pinar et al., 1995）。教師在課程領導過程敘說自己的生涯故事，可以協助產生自我覺醒的力量，並在敘說過程進一步釐清自我的信念，發揮自傳者無形的情意薰陶功能，帶動學校成員，共同轉變學校的文化，致力於學校革新目標的達成。

（二）配合學校現況發揮課程領導者的功能

教師在課程領導過程對相關理論運用慎思、折衷的藝術，可發揮課程領導效能；例如：運用建構式領導理念或願景式領導理念，重視學校成員的平行互動，不論教師、行政人員、父母、學生，都參與領導的行動（葉淑儀，2000；Lambert, Walker, Zimmerman, Cooper, Lambert, Gardner & Slack, 1995）。此時，教師課程領導者可參照下列要項（單小琳，2001）：創造出互動與支持的環境、存在有意義和知識性的對話，讓學校成員在實際行動中有共同的目標、在團體中彼此相互領導；同時，能強調型塑願景的重要性，並領導學校成員建立共同願景，以促進學校的發展。

此外，教師作為課程領導者應有角色變革、價值文化和團隊合作的理念，包括：

- 講求領導者的角色變革：扮演革新者、理想楷模、文化塑造者、危機處理者等角色，培養自信與創新等能力。
- 結合組織的價值觀和文化：塑造學校成員的共同價值觀和文化，透過運

用此價值觀和文化，實現學校的發展目標和願景。

- 強調團隊合作：透過團隊合作的方式，形成共同願景，有效適應變革和落實學校成員的共同願景。

綜上所述，教師在課程領導過程，因應不同的學校革新任務和課程發展階段，角色十分多元（參見附錄1）。在整個學校革新的過程，最重要的是落實適切的領導理論，發揮各種角色的功能，根據學校的現況，擬定學校革新的步驟，建構一個有系統的探究模式，事前做好準備、隨時檢視修正，事後進行反思改進。

二、型塑教師信念以發展學校本位課程

學校本位的課程發展是學校成員共同建構，是透過夥伴關係的協商結果；因此，教師的教學信念類型會影響教學的品質，而教師的教學品質則會影響學生的學習成就。因此，教師信念的釐清與建立，值得課程領導者特別重視。

（一）檢視教師信念並型塑共同信念

教師的信念基本上比較保守，一般分為偏重教室和重視共享等兩類（周淑卿，2000；Zmuda et al., 2004）：

1. 偏重教室的教師信念

   這類教師將具體和立即的個別教室需求視為優先，成功意味著在學生身上看到逐漸進步；他們最強調教室活動的重要性：教學生基本的知識和技能，以便在學科領域發展得更加精通，並養成必要的態度去為未來生產性的工作、終身學習和有責任感的公民做準備。

2. 重視共享的教師信念

   這類教師主動參與持續追求卓越的旅程，不僅從理論的層次來看待革新的價值，且將革新和學生成就做具體的關聯。他們認為實現願景的複雜旅程，包括了和學校重要關係人的理念溝通、從事教室教學或實驗、回饋與指引的提供或接受，及自我認同。

重視分享的教師信念，有助於學校的革新發展；因此，在革新的課程領導過程，應協助全校教師釐清自己的信念，進而能建立共識，型塑共同的信念。

（二）營造學校本位課程並調整領導角色

學校本位課程發展的基本理念是：學校最適於規劃、設計學校課程及建構特定的教學方案，教師能夠自我實現、彼此激勵，並與學校課程決定統整關聯，而獲得成就感，課程決定是教師專業生命中的要項（Marsh, Hannay & McCutcheon, 1990）；學校本位課程發展是由學生所屬的教育機構從事規劃、設計、實施，及評鑑學生的學習方案 （Skillbeck, 1984），具有由教師主動引發的草根性，學校要擁有課程發展的自主權，也有更大的自由、機會、責任及資源來回應社會的需要。

學校本位課程發展涉及許多層面，包括：訂定目的與目標、內容的選擇與組織、學習活動與教學過程、評量學習結果、評鑑教學效能 （Hughes & Ubben, 1994）；此外，學校本位課程發展應包括：分析情境、擬訂目標、設計教學方案、詮釋與實施方案、及評量與評鑑等要項（Skillbeck, 1984）。在學校本位管理的原則下，課程組織與發展是學校的主要責任，教師與課程領導者的角色應參酌課程綱要、課程方案，並依據學生需求及社區狀況而有所調整。

三、轉化課程組織與革新學校文化

教師的教學品質之外，學校的組織和政策及學校的文化風氣也會影響學生的學習成就。對學校而言，若目標鎖定在要提升學生的表現，就必須在組織和政策上，發展一種合理的取向或哲學，讓家長與學生都能有所了解。

（一）提升學生成就的學校課程組織

學校應考量時間和空間及人員的安排問題，以擴大學生的學習效果（Danielson, 2002a）。在學校組織發展的彈性上，應以功能為導向，調整學校組織及單位，以利學校課程的實施，例如：在決定依據學科、學年或班群來分配課

表與教師位置時，應注意分配的結果是否方便教學互動與討論。

學校組織與學生的學習有密切的關聯，它應提供：全部學生高層次的學習、設施安全和情意正向的環境，及勤奮向學的學校文化和成功的機會；不論學校組織的形式是團隊、家族社團、傳統的分節形式，或是大時段教學方案，教師要傳達給學生的是：學習是重要的事情，學校份內的事情就是學習。學校各個不同組織，應都是用來協助提升學生的學習（Danielson, 2002a）。

課程是政治、種族、性別的爭論場域，革新工作是激烈的競爭過程（歐用生，2004）。要考量學校既存組織結構改變的限制與困難，先設想策略，再決定學校革新工作的發展方向（Danielson, 2002a；參見附錄 2），例如：

1. 在分組策略上：應打破長期固定不變的分組方式，彈性分組的方式比較有助於提升學生的成就。

2. 在教師的人事安排上：導師之外，整合各類輔導教師，像是彈性聘用音樂、藝術或體育的專家教師、教育優先區的教師、閱讀和數學診療師、資優生的教師等，讓每個團隊中的教師都有最好的機會協助學生的各項教學活動。

3. 在課表設計上：國小階段採教學或年級團隊為單位，不論在什麼教室學習什麼領域，學生可和相同的教師團隊維持數年相處，減少每學年初的暖身時間；國中階段可由數位核心課程領域教師共同帶領一群 100-125 個學生。對於高中階段的學生，國外多半成立校中校，以創造較小型而更個人化的學習社群。

合理的學校組織運作與政策實施方式，有助於提升學生成就與學校效能（參見附錄 3）；教師課程領導者應於法令許可範圍內，致力於調整與安排學校的組織與政策，使學校成員都能在方便互動的彈性時空內，珍視與他人課程與教學實踐的經驗分享、對話、討論、反省和慎思。

（二）重視學習的學校文化革新

要改善學校的文化，就要耐心尋求共識；教師擔任課程領導者，應努力協助學校成員建立核心價值（例如：校訓、學校願景與目標）、人際關係，及尊

重差異和專業自主的學校文化。

　　不論是校規、回家功課、出缺席，或是成績評量等組織與政策，能提升學生學習成就的學校文化特色為（Danielson, 2002b）：

1. 安全與正向的環境：包括物理的和精神的安全環境，讓學生沒有危險的威脅，並且能對學校產生認同感。
2. 勤奮向學的文化：學生會將成功歸因於努力而非運氣或遺傳，提供學生鍥而不捨追求成功的機會，不會第一次不順手就貼上標籤。
3. 成功的方針：學校政策和實作的目標，是提供發揮專長的舞台，讓學生精熟學習課程和發展他們的潛能。學校不懲罰、逼走學生或傷害他們的自信心。
4. 對學生尊重和有求必應的文化：學生無須痴痴等待教師或校長的出現，學生不會無故被傳喚到辦公室、學生不會覺得沒人相信他們的說法等，能讓學生感受到像一個人、像完全參與者一樣受到尊重。
5. 學生領導和做決定：廣泛發展學生領導的機會，例如：協助建立家庭作業的規範、擔任科學實驗室的助手，或扶持年紀較小的學生等。此外，將學生的聲音融入做決定的過程，可提供教師有價值的觀點；學生協助建立了規則與程序，就會更願意去遵守。
6. 降低競爭：學生應在學習上自我比較，學校政策和實作應重視競爭的傷害性，改變傳統的作法，採用自我參照的比較方式。
7. 學習的文化：學習是一種主動的過程，學生應成為真正的參與者；學生的學習不應僅限制在課程上，學生可從回家作業和規則政策上學習。

　　綜上所述，學生的學校經驗不只受到教學品質的影響，也受到學校政策和實作的影響。教師擔任課程領導者，應體認到學校文化基本上是有賴學校成員共同用心營造；能影響學生的政策和實作，便是營造學校文化最有力量的工具，它可用來協助型塑學校的文化，同時也可用來引導學生的在校行為。

四、釐清各類願景以型塑共同願景

　　願景是可供持續努力的目標。學校要追求卓越，最重要的是要有良好的願

景；而且，學校願景要考量學校現況、條件與發展需求而量身打造（吳天方，2000）。因此，要釐清不同的願景類型，以建立學校共識，例如（Robbins & Alvy, 2004）：

- 領導者的個人願景：它伴隨著個人的信念，並與領導的角色、應有的行動、該做的事情、不該做的事情、個人的道德規範等有關。
- 個別領導者的願景：它呈現個人對組織和成員的夢想、抱負及希望，它植基於道德核心，它來自認定重要事情的價值和信念。
- 共同的願景：它將焦點放在教學、學習和評量上，讓所有的學校或組織成員參與型塑共同的願景，它反思共同價值與信念，並將學生的學習視為學校實踐和行動的核心。
- 學校社群的共同願景：它關注學校如果沒有廣大社區作為重要的夥伴，便無法有效的運作；因為這個夥伴能夠提供豐富的、額外的資源給學校和社區的成員。

在學校革新的發展過程，教師課程領導者應協助全校成員釐清自己的願景類型，並透過系統化的步驟，型塑共同的學校願景。從個人領導願景到創塑共同願景的發展方式如下（Robbins & Alvy, 2004）：

（一）發展個人領導的願景

1. 價值和信念：我認為最有價值的事情是？我的信念是？包括：關於領導、關於學生、關於學校同事、關於社區建構、關於課程教學和評量、關於學習、關於專業發展、觀於視導、關於溝通，及關於改變。
2. 個人願景：詳述個人所渴望的未來。

（二）創塑共同的學校願景

1. 型塑共同的願景要確認：教學品質、服務對象、學生與家庭的素質、處理學校資料的委員會、過去課程的轉變力量、合適的認知、情意、心理、社會及動作目標、特殊方案與服務、期望與抱負、懷想學生的未來及高期望。

2. 使用撰寫與決定的策略：例如，使用腦力激盪法、魚骨圖法、立貼法。

五、建立學校願景的步驟與策略

由上而下的課程發展，總少有成效，不但不持久，也因人而異，沒有強制力就不會再運作；共塑學校願景，卻有助於學校的永續經營。在課程領導過程，教師應有系統的進行建立學校的願景。建立學校願景的步驟如下：

（一）尋求卓越案例

發展學校願景之前，宜鼓勵相關人員，例如：學區督學、行政人員、校長、主任與教師們，積極從事文獻蒐集與閱讀，以獲得較新的國內外教育專業知識與資訊，作為型塑學校願景的理論基礎（Goldberg, 2001）。此外，還應配合學校的地理、人文特殊性，擬定六至十二個月的參訪時間，選擇四至五所情境條件類似的參訪學校；「教育部九十三年標竿一百的學校」（教育部，2004）可供參照。

參訪卓越學校的團隊成員應在三至五名以上，最好包括學區督學、行政人員、校長、主任與數名教師。

（二）形成改革共識

在推展學校革新之初，首先至少要歷經至少三個月的探究，以決定學校所要採取的改變方式與改變方法（Goldberg, 2001）；其次，凡是跟學校革新相關的建議，均應得自研究團隊的研究結果。如此，方能有效的形成改革的共識。

在形成改革共識的過程，任何一個學校革新方案，均確時適合學區任務和研究團隊的建議綱要；因此，學校有必要成立一至三個研究團隊，在既定的期程內學習有關的論題，並發展三至四個更具體而符合學校或學區需要的項目或具體案例，依據背後理論、研究和經驗等基礎提供可信賴的想法，以調適學校革新過程任何的需要和信念系統，例如：國內的福林國小曾以五天的心靈成長

工作坊（陳錦蓮，2003），來培養學校成員互助合作與協同精神，分享實務觀點及工作信念，參與共同問題的解決與具有創意的計畫，釐清事物，尋求共識。

（三）發展成長團體

學校應成立研究團隊，協助完成學校革新任務；研究團隊需要五個成員以上或更多 （Goldberg, 2001）。研究團隊之間可互相交流，但是學校的研究團隊卻不宜超過三個以上，以免產生負面情緒而導致失敗；研究團隊要學習一些有價值的主題，並從中發展出適合學校需要的優良計畫，以解決學校獨特的方案計畫困難。

每個研究團隊不但要了解其他研究團隊的工作重點，還應各自選擇一組比較重要的主題，作為未來努力的方向；每個研究團隊可能需要逐漸聚焦為一至三個方案，以便進行深入的探究。此外，研究團隊要時時針對進度做形成性評鑑，以確認所探究的人、事、資料等都是既可靠又優質的。

國內的左營國中（薛東埠，2004）曾透過正式的會議，例如：校務會議、全校導師會議、教學研討會，及非正式的溝通管道，例如：讀書會、慶生會、教師聯誼會等，構築對話平台的機制，溝通情誼、融合理念。福林國小（陳錦蓮，2003）的課程領導者，則摒棄大團體的、由專家學者演講的週三進修活動方式，讓進修的主題、形式、地點、時間，轉由學群教師依據所知所能來加以規劃；學校領導者並蒐集與提供有關九年一貫課程的文獻、書籍、影帶、期刊等資料，敦聘校外教授協助引導，讓學校成員在閱讀、研討和對話過程，深入探討九年一貫課程的理論與實務，發展成「知識社群」（Clandinin & Connelly, 1995），進而讓「教師群體文化」在福林生根。

（四）撰寫與做決定

研究團隊的探究過程及初步結果，應寫成書面的資料，例如（Goldberg, 2001）：說明研究團隊花費的時間、閱讀的書籍、參訪的對象、選擇的楷模等，針對深入探究的主題進行描述，並提出可能成為學校或學區未來發展的革新方案建議等，再將撰寫好的初步建議呈現給學校同事檢視，它將成為大家決

定學校革新方案的參考依據。據此,可分為撰寫與做決定兩個面向來討論:

具體的撰寫策略為(Robbins & Alvy, 2004):

1. 解釋願景:陳述學校成立的目的、學校成員的信念,及維繫目標和信念的結果。

2. 建立願景宣言的原則:說明願景何以會有幫助,檢視其他組織的願景,分析願景背後潛在的價值、確認願景對於學校成員生活的可能影響。

3. 邀請同事參與願景的發展:取得共識後的願景,可成為學校成員個別的夢想,呈現學校成員共同努力奮鬥所預期的結果。

4. 慎思學校成員心中所願意信賴的學校圖像:考量孩子的對待方式、孩子會獲得的經驗內容、孩子會擁有的感覺等,讓學校成員描述自己的想法。

5. 慎思學校成員所願意整天工作的場所:它可能的樣子、學校成員置身其中的感覺、人們在其中的互動情形等等,將這些回應寫下來。

6. 選二個意見來加以混合:要求學校成員將想法寫下來。

7. 從個別想法到團體共識:匯聚四至六個個別的意見,利用朗讀的方式分享彼此的意見,從而創塑一個混合的、有團體共識的想法,寫下來,並畫上特殊記號。

8. 分享表格:將已有共識的想法聚合與分享,再將這些意見綜合為一個並寫下來。

9. 產生願景:團體共塑願景的過程,持續進行到出現參與者都有共識的願景為止。

10.整併願景:家長或學生可同時參與學校成員型塑願景的過程,或另找時間而採用相同程序,先形成願景,再由學校成員將願景整併為一。

11.陳述願景:以爭論或合作的方式來陳述願景,創造口號來簡化願景的陳述方式。

領導學校成員做決定,應注意(改寫自 Goldberg, 2001):

1. 場所:找個舒適的地方集合數小時討論,例如會議室。

2. 項目:提出過去七個月來所發現的三至四個要項,或可能導致革新的力量。

3. 解釋：讓每人選出最重要的二件事情，並且花二十分鐘為它們做註解。

4. 抉擇：花十分鐘檢視筆記，每人要決定一個願意去努力完成的方案計畫。

5. 回應：每人花四十五分鐘，寫下自己對該方案項目的回應，例如：實施該特殊行動取向需要什麼資源？為何此時此地需要實施它？如何熟悉與該方案有關的成員，並做好該做的事情？若大家全力以赴，該方案可行嗎？有哪些阻礙方案進行的因素？如何克服阻礙？

6. 分享：在不評論下，每個成員要大聲讀出自己所寫的回應。

7. 重聚：當大家都交流意見之後，大約一至二週再集合一次。

8. 表決：十天之後，舉行最後二小時的會議，為學校或學區選出二個在近期或一至四年內最優先需要的方案計畫；花三十分鐘讀出重複的選擇，並提出相關問題，然後分成二組，每組修正一個項目，並進行腦力激盪。最後，投票做出一個選擇（採用多數決，參見附錄4）。

在撰寫與做決定的過程，產生跨學年、跨學科領域、跨處室的共同意見和綜合結果，它成為學校成員全部都同意的文件陳述；這樣的過程，是一種有意義的、既快速又公平的決定方式，它讓學校成員共同決定學校改革要從何開始，也就是共同型塑學校的願景。

（五）提出改革理念

共同願景，就是學校成員所共同持有的意象或願望；學校成員想要創造什麼，願景就是什麼 （張明輝，2002）。學校現存的信念和價值，卻會反映在學校的文化中、表現在個人的行為類型上、心理地圖、不成文的規則和行為標準裡（Robbins & Alvy, 2004）。因此，課程領導者首先要積極地和學校成員一起表達分享個人的願景，並嘗試吸引其他同好，共同努力來改變現狀。

1. 描述學校願景

描述願景要簡潔有力、清楚明白，以便大家一目了然應如何實現學校的願景，例如：學校的努力目標是什麼？大家所最關心的事為何？大家所必須要完成的事情是哪些？什麼是這整個運作過程的基礎？對於學校成員和社區人士而言，任務陳述的目

標即為所要達成的願景；因此，首要工作便是能預見所想望的學校願景。透過特定的討論期程與深度會談的程序，可逐步建構出學校發展的方向，學校成員可據此一起合作，為爭取學生的最大福利而努力（張明輝，2003；Robbins & Alvy, 2004）。課程領導者個人的願景要轉化為共同的願景，才能激發學校成員發展信念、共塑願景的動力，提升學校革新的效果；但是，學校成員共塑的願景也應和課程領導者個人的願景相容，才不會產生負面的影響。據此，課程領導者可多花一些時間，將領導的理念和願景，用圖表或敘述的方式來加以描繪，以利傳達和溝通。

2. 轉化學校願景

學校的願景可轉化為語彙或圖解的方式，以描述未來一段時期可看到、聽到或經驗到的學校樣貌。因此，學校成員及與相關人士在型塑符合大家需求的學校共同願景時，要嘗試回答一些關鍵問題，例如：

- 哪一類型的學校是我們想要的？
- 學生要學習什麼？如何學習？
- 學生入學後如何獲得福利？
- 如何評量與描述學習成就？
- 學校應採用哪些教育改革或研究的策略？
- 有選校權的父母會基於什麼理由選擇到我們學校？

（六）務實推動改革

學校的情境各不相同，無法將新的理念、方法或計畫，完美地整合到現存的學校文化中；但是，以下幾點學校革新的作法，可供參考。例如（Goldberg, 2001）：

- 設計一個切合實際的進度表：用於會議、訓練或其他實施該新理念的活動。

- 化解與疏導反對的意見：考慮如何修正學校成員抗拒改變的作為，要誠懇勸退或提升他們的意願。對於批判意見要採取合理、告知、熱誠、自信與接納的態度，避免引發爭論，並持續討論細節與實施程序。
- 善用新進人員的優勢：應聘新人時，即明訂新方案是未來工作的重要部分。
- 掌握時間和經費的實際預算：例如，需要哪些軟硬體資源的費用？重要訓練需要多少時間與經費？
- 取得新方案的基本支持者：元老級的成員要持續考慮改革的方向與目標，並贏得更多人對新方案的支持。

六、教師課程領導模式的建構

　　國內針對學校本位課程領導的研究結果顯示，研究對象的教師均希望在學校本位課程發展上，能扮演好一名課程領導者的角色，並希望現行一些制度能配合他們做一些調整，以減少工作上的負擔（譚為任，2002）。然而，教師也有負面特性，如重視眼前、保守而個人主義，傾向於避免長期計畫、與人合作，抗拒參與整體學校的決定，比較喜歡在時間或資源上獲得邊緣性的改善，使自己的教室經營更順利（Hargreaves, 1989）。因此，教師課程領導者若想要超越孤立的現狀，讓學校成為有效能的系統，便需要有一個持續追求卓越的計畫，例如（Zmuda, et al., 2004；參見附錄5）：

（一）確認和釐清核心信念，以定義學校的文化。

（二）創塑一個共同願景，能明白定義未來落實的核心信念看來像什麼。

（三）蒐集正確的詳細資料，並使用資料分析去定義學校目前的所在位置，同時決定介於現實和共同願景之間的差距。

（四）確認革新將縮短介於現實和共同願景之間的差距。

（五）發展和實施一個行動計畫，支持每間教師和全校的教師通過改變過程和革新的過渡階段。

（六）悅納共同的自主，將它視為縮短現實和共同願景距離的方式，並悅納來自這個回應的共同績效責任。

綜上所述，教師的課程領導模式（參見下圖 12-1），可成為系統化的過程。說明如下：

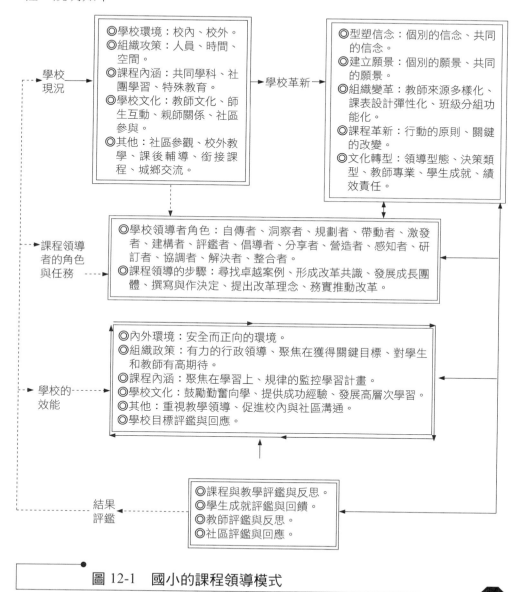

圖 12-1　國小的課程領導模式

資料來源：作者自行設計

（一）檢視學校的現況

1. 學校環境：檢視校內的學生學習需求與學習風氣、教師教學信念與專業知能及領導的型態與理念；校外的家長人力、社會資源，及社區需求。

2. 組織政策：檢視人員、時間，及空間等學校的組織結構；影響學生學習的校規、出缺席、家庭作業，及成績評量等相關政策。

3. 課程內涵：檢視共同學科的課程範圍、發展過程，及配套措施；社團學習與特殊教育的定義、師資，及教學策略。

4. 學校文化：檢視教師文化的傾向、師生互動的特色、親師關係的發展，及社區參與的程度。

5. 其他：檢視社區參觀、校外教學、課後輔導、銜接課程、城鄉交流等相關活動的設計、規劃、實施與評鑑。

（二）學校革新的步驟

1. 型塑信念：從建立個別的信念，到型塑共同的信念。

2. 建立願景：從建立個別的願景，到型塑共同的願景。

3. 組織變革：採功能導向的組織發展，讓教師來源多樣化、課表設計彈性化、班級分組功能化。

4. 課程革新：設計與提供行動落實的原則，產生有效能的改變。

5. 文化轉型：領導型態、決策類型、教師專業、學生成就、績效責任。

（三）課程領導者的角色與任務

1. 教師作為學校課程領導者，應適切扮演：自傳者、洞察者、規劃者、帶動者、激發者、建構者、評鑑者、倡導者、分享者、營造者、感知者、研訂者、協調者、解決者及整合者等角色。

2. 教師的課程領導步驟：尋求卓越案例、形成改革共識、發展成長團體、撰寫與做決定、提出改革理念、務實推動改革。

（四）學校效能的顯現

1. 內外環境：安全而正向的環境。
2. 組織政策：有力的行政領導、重視關鍵目標、對學生和教師有高期待。
3. 課程內涵：聚焦在學習上、規律的監控學習計畫。
4. 學校文化：鼓勵勤奮向學、提供成功經驗、發展高層次學習。
5. 其他：重視教學領導、促進校內與社區溝通。

（五）結果評鑑與反思回應

1. 學校目標評鑑與回應：以了解學校的願景目標達成情形。
2. 課程與教學評鑑與反思：以了解課程與教學的實踐情形。
3. 學生成就評鑑與回饋：以了解學生的學習表現水準。
4. 教師評鑑與反思：以了解教師的專業成長情況。
5. 社區評鑑與回應：以了解社區期望達成的情形。

伍、課程領導與教學革新要止於至善

回應時代變遷，永續經營學校的課程革新工作，值得所有教師共同的努力；學校的課程領導，是教師專業持續追求卓越的成長過程，是夥伴關係與自我效能的發展歷程，更是學校革新止於至善的有效途徑。教師作為課程領導者，其課程領導模式係轉向專業化的平行互動，有助於避免不同領導層級在知覺、意識上的落差，可轉化負面的文化因素以改善課程與教學革新的成效。期勉教師身體力行，凝聚共識，攜手合作，貢獻心力於課程與教學的革新工作，建議如下：

一、建構系統的課程領導模式：致力於教師建立信念、共塑願景，進而爭取組織政策上的持續性支援，以平權、對話的課程領導模式，發展專業知能，改善學校文化。

二、重視所有學生的學習成就：致力於將學校政策、組織結構、各項決

策、課程內涵、教學團隊、學習方案等，都聚焦在提升所有學生的學習成就上，讓學習成為學校的基本任務，營造重視學習的校風。

三、建立持續追求卓越的學校文化：致力於營造教師的群體文化，讓經驗分享與協同合作成為教師教學實踐的有效方式，讓悅納共同的挑戰、可能性與有價值的嘗試，能同時提升教師的班級教學成效與學校的辦學效能。

固然，教師作為課程領導者，能實現教師的專業成長、展現教師的自我效能，醞釀信賴和信任的力量，讓教師對自己的專業知能有信心，使學校課程發展的過程更具有意義；在落實學校課程革新工作的過程，卻仍要考量學校環境、組織政策、課程內涵、學校文化等情境脈絡因素，針對整個課程領導的模式，隨時進行檢視與反思，及時做好修正與調整，避免引發抗拒心理；也要注意溝通技巧，扮演教學支援者的角色；更要營造積極的教學氣氛，使學校成員耳濡目染；還要強化教師專業精神，以提升學校課程革新的成效。

附錄 1. 教師課程領導的角色與功能

角色	教師課程領導的功能
優秀的教學者	示範教學、觀察教師教學、提供回饋與討論、協助解決教學問題。
課程發展的引導者及諮詢者	從教師對話過程了解教師的興趣、意願，提供引導與諮詢，讓教師協同發展與學校願景相結合。
學年的領導者或領域的協調者	領導學年處理課程與教學事務，並引導討論、做決策，與行政溝通，協調教師的任課事宜。
教師專業發展的促進者	了解教師需求，以安排專業成長活動，並與教師教學經驗連結，以改進教學實務。開放學習管道，引介校外的專家教師或學者專家。
改進學習評量的倡導者	從教師對話過程，了解學生的在班學習情形，並討論因應策略；共同設計多元評量的內涵與形式，以獲得學生的真實學習能力。
資訊的提供者與知識的管理者	引介課程、教學、學生發展與學習等專業知識與新知，以閱讀、討論方式提升教師專業知能，並管理學校知識，協助教師做好知識管理工作。

附錄 1. 教師課程領導的角色與功能（續）

角色	教師課程領導的功能
行動研究的協同者	擔任協同研究者，提供批判意見，參與討論，提供可行方式，協助教師做好行動研究。
問題的解決者	利用對話過程，提供教師心靈支持，協助教師解決問題、化解衝突，及做好危機處理。
學習、合作、互信氣氛的營造者	利用人際互動關係，隨時把握機會，營造整體的物理與心理環境，提供教師安全的感受與實質的幫助。
溝通協調與理解的轉化者	教師與行政之間進行協調與溝通，促進行政理解教師的需求與現況，協助教師了解學校的願景與政策，發揮理念與行動的轉化功能。
課程領導人才的培育者	利用教師互動與對話的機會，觀察教師的特質與知能，適度鼓勵並提供機會以培養其他教師成為課程領導者，讓全校教師都能從領導與被領導的過程，擴大學習的向度，開展專業成長的可能性。

資料來源：修改自陳美如（2004：26）

附錄 2. 學校革新不可或缺的要素

	表現不好	基本程度	足供榜樣
單位大小	學校並未分成較小的單位；學生被分配給小學的單一教師或是中學的單一教室中。	某些較小的學習社群已建立得很適切，但教師在這樣的小單位中並無機會參與連結計畫。	團隊的結構允許教師為最大的學生利益而一起合作，時間表已規劃成可共同計畫的時間。
人事安排	輔導教師的工作完全獨立，無關乎正式教師，導致不完整的教學結果。	某些輔導教師已整合到正規的教室中，但是這兩種教師在正規教室中對學生的學習是分離和補充的角色。	所有的教師一起合作來擴大學生的學習，輔導教師像普通班級教學一樣提供他們的服務。

附錄 2.　學校革新不可或缺的要素（續）

	表現不好	基本程度	足供榜樣
空間規劃	即使學校的教室可分成更小的單位，學校的空間仍獨立於教師和學生的教學需要，依照不同的功能加以規劃。	只有某些有關於空間使用的決定是合理而支持學校的任務。	空間分配的方式在於擴大所有學生的學習。一起合作的教師，能很方便的接近其他人，學生可很容易的在四處找到他們要走的路。
分組	長期不變的教學小組，將學生依照真正的或覺察到的能力分組，固定分配在學校的組織結構中；沒有改變小組的可能性，或是能改變的機會微乎其微。	以能力作為分組依據的教學小組，在學校的組織中並非固定的，但是，對於將學生分配到不同的小組，學校的文化並不支持彈性化。	當學生的學習需要改變時，教師在他們的團隊中可自由的移動學生，從一個小組到另一個小組。學校的時間表規畫成提供教師最大的彈性，以切合學生的需要。

資料來源：Danielson （2002a: 5-6）

附錄 3.　有效能學校的組織與政策

	表現不好	基本程度	足供榜樣
學習文化	學校沒有學習的文化，或有負面的文化。學生滿足於正好及格。	學校的某些實作增強了學習文化，學生已部分內化了這些文化，同時某些學生對追求卓越產生共識。	學校的實作增強了學習文化，學生已內化了這些文化，同時對追求卓越產生一個認真的共識。
出缺席政策	出缺席和遲到早退政策既嚴格又重懲處，並不注意學生的學習或對個別情境給予彈性。學生沒有機會對政策的發展貢獻心力。	出缺席和遲到早退政策聚焦在擴大出席率，但對於個別的學生只有部分的彈性。學生已有機會對政策的發展貢獻心力。	出缺席和遲到早退政策聚焦在擴大出席率和學生的學習上，對於個別的情境給予彈性和回應。學生已有機會對政策的發展貢獻心力。

附錄 3. 有效能學校的組織與政策（續）

	表現不好	基本程度	足供榜樣
校規政策	學生的行為標準是霸道不合理的，違反校規的結果是懲處和嚴厲的。校規政策並未好好的公告周知，學生沒有機會對校規的發展有貢獻。	學生的行為標準和學生違反校規的結果是公平而合理的。校規政策好好的公告周知，學生已有機會對校規的發展貢獻心力。	學生的行為標準以互相尊重為基礎，學生違反校規的結果是合理的。校規政策好好的公告周知，學生已有機會對校規的發展貢獻心力。
家庭作業政策	家庭作業政策和實作是嚴格的，且並未設計來提升學生的學習。沒有完成家庭作業的結果是要懲處。學生沒有機會對政策的發展貢獻心力。	家庭作業政策和實作具有普通的彈性，並嘗試提升學生的學習。未完成家庭作業的結果是公平而合理的。學生已有機會對政策的發展貢獻心力。	家庭作業政策和實作有彈性的，並設計來提升學生的學習。未完成回家作業的結果是確實和謹慎的。學生已有機會對政策的發展貢獻心力。
成績評量政策	學生的成績是根據鐘型曲線來授予；精熟課程之外的其他因素，像合作，被用來膨脹較差的成績；授予學生的成績是以教師個人的喜好或對學生的偏愛為基礎。	教師決定成績評量是根據結合很少有關聯的要素，並未讓學生和家長好好的了解。成績不只反映課程的精熟程度，也反映努力、大量的進步，及參與和合作的情形。	學生的成績反映了課程的精熟程度，但並不反映學生相對於其他學生的位置。像努力、大量的進步、及參與和合作的情形，都和成績報告分開處理的。

資料來源：Danielson （2002b: 7）

附錄 4.　強迫選擇的形式：以積分決定學校改革從何開始

備註：嘗試使用單數的人數，來完成這種強迫選擇的形式。

指令：填寫三個以內你所喜歡的適切提議。

提議 1 _____

3 分

提議 2 _____

2 分

提議 3 _____

1 分

如果這些提議結果是平分秋色，且你無法調整出一個提議，就完成以下的部分：

陳述你最喜歡的一個提議：（這件工作也要用單數的人數來完成）

名字：_____

如果結果也平分秋色，必須決定刪除或增加一個單數人數，重新投票一次，並且取得最後的決定。

資料來源：修改自 Goldberg （2001: 5）

附錄 5.　持續進步的途徑六步驟

步驟 1：確認和釐清定義學校文化的核心信念。

解說：	操作原則：
某些教師可能把擁有學業訓練的成就，視為最主要的；其他人則可能相信學生的社會和情緒發展是最主要的。兩者都是核心信念，並驅策教師去支持現況或改變現況。	各校帶有目的之複雜生活系統。

步驟 2：創造共同的願景，清楚定義實踐後核心信念的樣子。

解說：	操作原則：
當核心信念真的實踐時，便是學校社群可見到的共同願景。	◎當核心信念已落實，共同願景便和學校未來脈絡相連的圖像有關聯。 ◎共同願景的正當性在於它所呈現的學校社群觀點。

步驟 3：蒐集正確的、詳細的資料，並使用資料分析來定義學校目前的位置，要決定介於當前的實際與共同願景之間的差距。

解說：	操作原則：
蒐集和分析資料，可讓教師在有關資料的意義及對教學實際的忠實評量之間，引導出豐富的對話。 確認介於學校當前狀況和共同願景之間的差距（gap），教師成員可釐清必須做什麼才能實現願景。	◎一旦教師成員對共同願景有了共識，就必須釐清他們達成願景的績效責任。 ◎當教師成員感受到資料蒐集與分析的信效度時，這些資料會同時確定什麼做得好，揭露介於目前的實際情形和共同願景之間的差距，並以某種方式來激勵共同的願景。

附錄 5. 持續進步的途徑六步驟（續）

步驟 4：確認革新將多半可能封閉介於現在的真實與共同願景之間的裂縫（差距）。	
解說：	**操作原則：**
教師必須有機會學習，包括個人和團體的改變將會有的衝擊。他們必須有能力去預見實踐上看起來像什麼。	◎所有的教師必須把現在的教師發展是為一種獲得想要結果的必要方式。 ◎並非在教師發展計畫中處理的革新數字，而是有計畫的結合他們，讓系統改變成為可能與容易管理的。

步驟 5：發展和落實一種行動計畫，透過改變過程和統整每間教室與全校革新來支持教師。	
解說：	**原則：**
在整個教師發展過程，教師成員必須受訓、被指導及支持，因此他們可將改變整合到教室和系統中。資源的分配將有必要在個別教師的需求和整體的強制上，對時間和經費預算取得平衡。領導者也必須對特殊的利害關係有所回應，同時仍繼續確保所有教師對切合有效革新的績效責任。	◎透過將教學視為學校分類上的性質，教師發展必須提升團體的自主權。 ◎一旦保留了充分的彈性，以調適學校的無理性活動，須提供系統改變所需的清楚計畫和具體方向。 ◎教師發展必須反思教師所關心的，可預期重新學習階段複雜的系統性結果。

步驟 6：悅納共同的自主性，作為縮短介於當前實際和共同願景之間差距的唯一方式，並於建立縮短差距的回應時，能悅納共同的績效責任。	
解說：	**操作原則：**
學生成就是最重要的，它的定義和測量有賴於與步驟 1 有關聯的核心概念。	一個有效能的系統是：系統中的每個人共同努力之後表現得更好，並接受反應進步情形的績效責任。

資料來源：Zmuda, Kuklis, & Kline（2004: 7-9）

參考文獻

中文部分

吳財順、張素貞（2004）。國民中小學課程鬆綁的美麗與哀愁：析論課程改革的問題與對策，載於高新建（主編），**課程綱要實施檢討與展望（上）**（頁 18-39）。臺北市：國立臺灣師範大學。

吳天方（2000）。塑造綜合高中學校願景的策略。**教育研究資訊，8**（6），171-179。

周淑卿 （2000）。面對統整課程與教學的教師文化。載於中華民國課程與教學學會（主編），**課程統整與教學**（頁 231-252）。臺北市：中華民國教材研究發展學會。

林生傳、陳慧芬、黃文三（2001）。國民教育階段教師在教育改革政策下的專業成長需求調查研究。**教育學刊，17**，23-44。

林淑貞（2004）。組織變革中國民小學校長變革領導行為之研究：以中部四縣市為例。國立臺中師範學院國民教育研究所碩士論文。**全國博碩士資訊網**，93NTCTC576004。

胡協豐（2003）。國小校長課程領導行為實踐之研究。國立嘉義大學院國民教育研究所碩士論文。**全國博碩士論文資訊網**，92NCYU1576027。

陳伯璋（2003）。實踐智慧（phronesis）與校長課程領導。載於中華民國教材研究發展學會（主編），**邁向課程新紀元 15：活化課程領導**（頁 3-17）。臺北市：中華民國教材研究發展學會。

陳美如（2004）。教師專業的展現與深化：教師課程領導之為何？如何？與限制。**教育研究月刊，126**，19-32。

陳錦蓮（2003）。當課程領導遇見課程計畫。**教育資料與研究，51**，21-27。

莊明貞（2003）。校長課程領導的理念與實踐對話。載於中華民國教材研究發展學會（主編），**邁向課程新紀元 15：活化課程領導**（頁 50-70）。臺北市：中華民國教材研究發展學會。

張素貞（2004）。課程變革與教師專業成長。**研習資訊，21**（2），63-72。

張明輝（2003）。學校行政專業角色的新思維。發表於國立政治大學教育學院舉辦之「**高級中學行政革新學術研討會**」。（92.01.10）。臺北市：政治大學。

張碧娟（2000）。**校長教學領導之理論與實施**。2004 年 10 月 10 日，取自 http://www.edpl.tku.edu.tw/tepl.htm

張沛文（譯）（2001）。J. C. Hunter 著。**僕人：修道院的領導啟示錄**（The servant: A simple story about the true essence of leadership）。臺北市：商周。

張心怡（2001）。授能領導：學校領導之新面向。**學校行政，13**，61-71。

莫菲（譯）（1998）。J. Jaworski 著。**領導聖經**（Synchronicity：The inner path leadership）。臺北市：圓智。

教育部（2003）。**九年一貫課程之教師進修現況與辦理意見之調查研究**。臺北市：教育部。

教育部（2004）。「**93 標竿 100：九年一貫推手**」獲選學校團隊。2004 年 12 月 20 日，取自 http://teach.eje.edu.tw/9CC/declare/content.php? ID=355

國立臺灣師範大學教育研究中心（2004）。**發展國民中小學教師教學專業能力指標專案研究**。臺北市：教育部。

黃旭鈞（2002）。國小校長課程領導發展的趨勢與展望。**教育研究月刊，104**，121-135。

黃旭鈞（2003）。**課程領導：理論與實務**。臺北市：心理。

單小琳（2001）。非線性組織變革對學校教育及領導的啟示。**教育研究，89**，20-31。

葉淑儀（譯）（2000）。L. Lambert 等著。**教育領導：建構論的觀點**（The constructivist leader）。臺北市：桂冠。

楊振昇（2000）。**學習型學校的領導理念與策略**。2004 年 10 月 10 日，取自 http://www.edpl.tku.edu.tw/tepl.htm

廖展杉（2003）。桃園縣國民小學課程領導現況及相關問題之研究。國立新竹師範學院課程與教學研究所碩士論文。**全國博碩士論文資訊網**，

92NHCT1611001。

歐用生（2004）。校長的課程領導和專業成長。**研習資訊，21**（1），60-70。

歐用生（2003）。**課程典範的再建構**。高雄市：麗文文化。

鄭懷超（譯）（2000）。H. Mintzberg 等著。**哈佛商業評論精選：領導**（Harvard Business Review on Leadership, HB04）。臺北市：天下文化。

薛東埠（2003）。國中校長課程領導與學校效能相關研究：以九年一貫課程發展為例。國立高雄師範大學教育學系碩士論文。**全國博碩士論文資訊網**，92NKNU0332054。

薛東埠（2004）。國中校長課程領導的途徑。**教育研究，12**，35-46。

譚為任（2002）。學校本位課程發展之課程領導研究。國立中正大學教育研究所碩士論文。**全國博碩士論文資訊網**，91CCU00331038。

西文部分

Bradford, D. L., & Cohen, A. R. (1984). *Managing for excellence.* New York: John Wiley & Sons.

Bradely, L. H. (2004). *Curriculum leadership: Beyond boilerplate standard.* Lanham, MD: Scarecrow Education.

Clandinin, D. J., & Connelly, F. M. (1995). *Teacher's professional knowledge landscapes.* New York: Teachers College Press.

Conley, D. T., & Goldman, P. (1994). *Facilitative leadership: How principals lead without dominating.* Oregon: Oregon School Study Council.

Cotton, K. (2003). *Principals and student achievement: What the research says.* Retrieved September 20, 2004, from http://www.ascd.org/publication/books/ 103309/chapter1.html

Danielson, C. (2002a). *Enhancing student achievement: A framework for school improvement.* Retrieved September 20, 2004, from http://www.ascd.org/publication/books/2002danielson/chapter5.html

Danielson, C. (2002b). *Enhancing student achievement: A framework for school im-*

provement. Retrieved September 20, 2004, from http://www.ascd.org/publica-tion/books/2002danielson/chapter6.html

Doll, R. C. (1996). *Curriculum improvement: Decision making and process* (9th ed.). Boston: Allyn and Bacon.

Goldberg, M. K. (2001). *Lessons from exceptional school leaders*. Retrieved September 20, 2004, from http://www.ascd.org/publications/books/2001goldberg/chapter1.html

Hargreaves, A. (1989). *Curriculum and assessment reform*. Philadelphia, MA: Open University Press.

Harris, T. E. (1986). *Organizational communication: Focusing on leadership behaviors and change management*. (ERIC Document Reproduction Service No. ED278053)

Henderson, J. F., & Hawthorne, R. D. (1995). *Transformative curriculum leadership*. N.J.: Merrill.

Hersey, P., & Blanchard, K. H. (1977). *Management of organizational behavior: Utilizing human resources* (7th ed.). Englewood Cliffs, New Jersey: Prentice-Hall.

House, R. J. (1974). A theory of charismatic leadership. In J. G. Hunt & L. L. Larson (Eds.), *Leadership: The cutting edge*. Carbondale: Southern Illinois University Press.

Hughes, L. W., & Ubben, G. C. (1994). *The elementary principal's handbook: A guide to effective action* (4th ed.). Boston: Allyn & Bacon.

Lambert, L., Walker, D., Zimmerman, D. P., Cooper, J. E., Lambert, M. D., Gardner M. D., & Slack, P. J. F. (1995). *The constructivist leader*. New York: Teachers College, Columbia University.

Marsh, C., Day, C. Hannay, L., & McCutchen, G. (1990). *Reconceptualizing school-based curriculum development*. London: The Falmer.

Nanus, B. (1992). *Visionary leadership*. San Francisco, CA: Jossey-Bass.

Pinar, W. F., W. M. Reynolds., & Taubman P. M. (Eds.). (1995). *Understanding curriculum: Anintroduction to the study of historical and contemporary discourses*. New York: Peter Lang.

Robertson, P. J., & Wohlstetter, P. (1995). Generating curriculum and instructional innovations through school-based management. *Educational Administration Quarterly, 31* (3), 375-404.

Robbins, P., & Alvy, H. (2004). *The new principal's fieldbook: Strategies for success*. Retrieved September 20, 2004, from http://www.ascd.org/publication/books/ 2004robbins/chapter1.html

Schwab, J. J. (1983). The practice 4: Something for curriculum professors to do? *Curriulum Inquiry, 13* (3), 239-265.

Skilbeck, M. (1984). *School-based curriculum development*. London: Harper & Row.

Zmuda, A., Kuklis, R., & Kline, E. (2004). *Transforming schools: Creating a culture of continuous improvement*. Retrieved September 20, 2004, from http://www. ascd.org/publication/books/2004zmuda/chapter1.html

Zepeda, S. J., Mayers, R. S., & Benson, B. N. (2003). *The call to teacher leadership*. New York: Eye On Education, Enc.

國家圖書館出版品預行編目資料

教師的教育信念與專業標準／中華民國師範教育
學會主編. --初版.--
臺北市：心理, 2005（民 94）
面；　公分.--（教育現場；8）

ISBN 957-702-846-2（平裝）

1.教師─論文，講詞等

522.07　　　　　　　　　　　　94020942

教育現場8　**教師的教育信念與專業標準**

主　　　編：中華民國師範教育學會
執行編輯：林怡倩
總 編 輯：林敬堯
出 版 者：心理出版社股份有限公司
社　　　址：台北市和平東路一段 180 號 7 樓
總　　　機：(02) 23671490　　傳　　真：(02) 23671457
郵　　　撥：19293172　心理出版社股份有限公司
電子信箱：psychoco@ms15.hinet.net
網　　　址：www.psy.com.tw
駐美代表：Lisa Wu　　tel: 973 546-5845　fax: 973 546-7651
登 記 證：局版北市業字第 1372 號
電腦排版：辰皓國際出版製作有限公司
印 刷 者：翔盛印刷有限公司
初版一刷：2005 年 11 月

定價：新台幣 350 元　　■有著作權・侵害必究■

ISBN 957-702-846-2

讀者意見回函卡

No. _____   填寫日期： 年 月 日

感謝您購買本公司出版品。為提升我們的服務品質，請惠填以下資料寄回本社【或傳真(02)2367-1457】提供我們出書、修訂及辦活動之參考。您將不定期收到本公司最新出版及活動訊息。謝謝您！

姓名：_____   性別：1□男 2□女

職業：1□教師 2□學生 3□上班族 4□家庭主婦 5□自由業 6□其他____

學歷：1□博士 2□碩士 3□大學 4□專科 5□高中 6□國中 7□國中以下

服務單位：_____ 部門：_____ 職稱：_____

服務地址：_____ 電話：_____ 傳真：_____

住家地址：_____ 電話：_____ 傳真：_____

電子郵件地址：_____

書名：_____

一、您認為本書的優點：（可複選）

　❶□內容 ❷□文筆 ❸□校對 ❹□編排 ❺□封面 ❻□其他____

二、您認為本書需再加強的地方：（可複選）

　❶□內容 ❷□文筆 ❸□校對 ❹□編排 ❺□封面 ❻□其他____

三、您購買本書的消息來源：（請單選）

　❶□本公司 ❷□逛書局⇨_____書局 ❸□老師或親友介紹

　❹□書展⇨____書展 ❺□心理心雜誌 ❻□書評 ❼其他____

四、您希望我們舉辦何種活動：（可複選）

　❶□作者演講 ❷□研習會 ❸□研討會 ❹□書展 ❺□其他____

五、您購買本書的原因：（可複選）

　❶□對主題感興趣 ❷□上課教材⇨課程名稱_____

　❸□舉辦活動 ❹□其他_____   （請翻頁繼續）

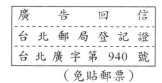

| 廣 告 回 信 |
| 台 北 郵 局 登 記 證 |
| 台 北 廣 字 第 940 號 |

（免貼郵票）

 心理出版社 股份有限公司

台北市 106 和平東路一段 180 號 7 樓

TEL: (02) 2367-1490
FAX: (02) 2367-1457
EMAIL:psychoco@ms15.hinet.net

沿線對折訂好後寄回

六、您希望我們多出版何種類型的書籍

　❶□心理 ❷□輔導 ❸□教育 ❹□社工 ❺□測驗 ❻□其他

七、如果您是老師，是否有撰寫教科書的計劃：□有□無

　　書名／課程：＿＿＿＿＿＿＿＿＿＿＿＿＿＿＿＿＿＿＿＿

八、您教授／修習的課程：

上學期：＿＿＿＿＿＿＿＿＿＿＿＿＿＿＿＿＿＿＿＿＿＿＿

下學期：＿＿＿＿＿＿＿＿＿＿＿＿＿＿＿＿＿＿＿＿＿＿＿

進修班：＿＿＿＿＿＿＿＿＿＿＿＿＿＿＿＿＿＿＿＿＿＿＿

暑　假：＿＿＿＿＿＿＿＿＿＿＿＿＿＿＿＿＿＿＿＿＿＿＿

寒　假：＿＿＿＿＿＿＿＿＿＿＿＿＿＿＿＿＿＿＿＿＿＿＿

學分班：＿＿＿＿＿＿＿＿＿＿＿＿＿＿＿＿＿＿＿＿＿＿＿

九、您的其他意見

＿＿＿＿＿＿＿＿＿＿＿＿＿＿＿＿＿＿＿＿＿＿＿＿＿＿＿

謝謝您的指教！　　　　　　　　　　　　　　41108